김성 교수의

성서고고학 이야기

The Story of Biblical Archaeology

김성 교수의

성서고고학 이야기

The Story of Biblical Archaeology

엘맨

달마시아
아드리아해
로마
이탈리아
트라케
마게도냐
흑해
비잔티움(이스탄불)
마르마라해
비두니아
본
티리니해
트로이
무시아
아시아
터키
앙카라
그리스
에게해
하티
버가모
두아디라
사데
가바도기
시칠리아섬
이오니해
아가야
고린도
아테네
서머나
필라델피아
갈라디아
비시디아
에베소
라오디게아
골로새
스파르타
델로스
밧모섬
밀레도
몰타섬
키클라데스
루기아
밤빌리아
버가
길리기
다소
타우르스산맥
테라섬
앗달리아
무라
로도스섬
크레타섬
구브로
엘리사
지중해
비블로스
베이루트
시돈
두로
나사렛
가이사랴
요단강
예루살렘
가자
헤브론
브엘세바
구레네
알렉산드리아
실레
람세스
비돔
숙곳
가데스 바네아
에돔
리비아
카이로
하로 카르콤
시나이반도
파윰 오아시스
세라빗트 엘카딤
시내산
이집트
나일강
베니하산
텔 엘-아마르나
리비아사막
룩소르
홍해
축척 1:10,000,000
0 100 200 300km
엘레판틴
아스완

N
W
E
S
코카수스산맥
폰투스산맥
세반 호수
아라랏산
카스피해
우라르투(아라랏)
반 호수
반
우르미아 호수
우르파
하란
니느웨
자그로스산맥
미타니
앗시리아
메대
앗슈르
유프라테스강
시리아광야
베히스툰
마리
티그리스강
바빌론
아카드
수사
페르시아
수메르
우룩
우르
바빌로니아
네푸드사막
페르시아만
아라비아반도

두로
페니키아
단
아람
훌라평야
게데스
악십
나하리야
훌라호수
하솔
악고
갈릴리
고라산
벳새다
막달라
가버나움
바산
거라사
타리케아
갈릴리 호수
티베리아스
엔게브
쉬크모나
텔 아부하왐
갈멜산
텔 메가딤
짜포리
가나
아틀릿트
나사렛
아르묵강
아빌라
텔 나미
욕느암
이즈르엘평야
에드레이
도르
므깃도
라못 길르앗
텔 메보라크
다아낙
길르앗
이블르암
펠라
도단
사마리아 황소지
길르앗
헤벨
요단강
텔 플레그
사마리아
디르사
사르단
에발산
세겜
텔 마자르
그리심산
숙곳
압복강
사론평야
지중해
텔카실레
에벤에셀
아담
르보나
실로
욥바
이스라엘
욕브하
벧엘
아이
암몬
랍바
룻다
미스바
여리고
게셀
라마
엠마오
기브온
메드바
에크론
딤니
벳세메스
예루살렘
쿰란
아쉬도드
길로
베들레헴
유다
갓
아쉬켈론
헤브론
디본
가자
블레셋
모압
지프
엔게디
사해
샤루켄
드빌
갈멜
데이르 엘발라
리산반도
텔 쇼켓트
아라드
맛사다
텔 엘파라
밥에드라
브엘세바
텔 마소스
누메이라
아로엘
사피
맘쉿트
하시손 다말
보스라
타마르
아브닷트
네겝
가데스 바네아
부논
에돔
바란광야
아라바
0
20
40
60km

고고학자가 들려주는 성서 이야기

『성서고고학 이야기』는 필자가 어릴 적부터 무척이나 궁금해했던 성서의 여러 가지 기적 같은 사건들로부터 시작된다. 노아의 방주가 머물렀다는 아라랏 산은 어디인가? 유황불로 멸망했다는 소돔과 고모라는 어디인가? 시내 산 기슭에서 아론이 만들었다는 금송아지는 어떻게 생겼을까? 여호수아가 무너뜨린 여리고의 성벽은 과연 발굴을 통해 찾을 수 있는가? 솔로몬 성전의 법궤는 지금 어디에 있을까? 화려했던 유다 왕들의 무덤은 어디인가? 오늘날 예루살렘의 골고다는 2천년 전 만들어진 그리스도의 무덤인가? 이탈리아 트리노 성당의 수의는 정말 그리스도의 수의인가?

끊임없는 질문은 마침내 성서의 현장인 이스라엘에서 직접 발굴하여 그 시대의 역사를 확인하고자 하는 성서고고학 유학길로 이어졌다. 성서고고학은 그 자체로서 성서의 내용을 증명하거나 반증하기 위한 학문은 아니다. 단지 발굴을 통해 드러난 유적과 유물의 분석을 통해서 성서 시대 주인공들의 생활상을 재구성할 뿐이다. 그럼에도 불구하고 성서가 이스라엘의 역사를 담고 있기 때문에 고고학적 발굴 결과는 일부 성서학자들에 의해 성서와 연관되어 해석되곤 한다.

『성서고고학 이야기』는 성서를 고고학적 관점에서 풀어나가는 이야기 모음집이다. 하지만 필자의 특성을 살려서 때로는 언어학적으로, 또는 역사학적으로, 그리고 유대교적 관점에서 성서의 어려운 대목과 사건들을 설명하고자 시도

하였다. 고고학은 철저하게 물적 증거에서부터 출발하는 반면, 성서학은 대부분 철학적인 형이상학의 분야로만 여긴다. 따라서 마치 이 둘이 조화를 이루지 못하는 것으로 착각하기 쉽다. 하지만 성서가 어디까지나 구체적인 지역에서 특정인들이 특정 시대에 살아온 이야기임을 감안할 때 그들의 언어적, 역사적, 문화적, 종교적 배경을 배제하고서는 성서를 올바르게 이해할 수 없다.

성서는 기독교의 경전으로서 이해를 위한 책이 아니라 신앙의 대상으로 우리에게 전수되었다. 하지만 필자는 『성서고고학 이야기』를 통해서 세계적으로 가장 위대한 고전인 성서는 얼마든지 현대인의 이성적이고도 합리적인 관점에서도 이해될 만한 훌륭한 책이라는 사실을 모든 이들에게 알리고 싶은 것이다.

비합리적이고도 신비스런 사건들 때문에 오늘날 성서는 젊은 층으로부터 외면받는 경우가 많다. 하지만 그들은 자신들의 합리성의 관점만 갖고 있지 결코 성서를 기록하고 편집한 고대인들의 사고관을 이해하지 못하는 오류를 지니고 있다. 따라서 우리가 성서 기록자들의 인간관, 자연관, 신관 등을 올바르게 이해한다면 성서의 내용들은 그다지 이해 못할 신비스런 사건이 아니라는 것이다.

즉, 그들과 눈높이를 맞추는 사전 작업이 필요하다. 성서를 신앙적으로 믿을 뿐만 아니라 이성적으로도 이해하고 싶은 여러 독자들에게 『성서고고학 이야기』는 참신한 안내자가 되리라 확신한다.

『성서고고학 이야기』는 우선 기독교인들에게 성서의 고고학적 배경을 알리는 목적도 있지만 일반인들에게도 인류 문명의 발상지인 이집트와 메소포타미아를 비롯한 중동과 지중해 문화권을 소개하면서 서양 역사의 이념적 구심점을 제공했던 성서 이야기도 함께 들려주고자 한다.

오늘날 성서와 관련이 있는 지역은 이스라엘을 비롯하여 모두 11개국이나 된다. 본문에서는 이스라엘, 이집트, 요르단, 레바논, 이라크, 터키, 그리스 등 7개국의 성지와 유적지를 다루고 있다. 이 유적지들 중 제대로 발굴이 된 곳도 많지만 동시에 아직까지도 발굴의 손길을 기다리는 지역도 많다. 따라서 앞으로 성서고고학이 발달하면 할수록 더 많은 성서의 신비들이 하나씩 풀려나갈 것이다.

『성서고고학 이야기』는 1998년부터 3년 동안 국민일보에 '성서의 향기' 라는 제목으로 50회 가량 연재했던 것을 일부 수정 보완한 것이다. 책의 출판을 허락하신 동방미디어의 이웅근 회장님과 편집을 담당한 유승준 편집장과 심순영 과장, 책 디자인을 위해 수고한 고승종 씨와 지도를 그린 박영미 씨, 그리고 국민일보의 이승한 종교부장께 심심한 사의를 표한다.

이 책을, 평생 학자의 길을 몸소 보여주셨던 아버님, 고 김병만 목사님과 신앙의 열정을 물려주신 어머님, 김혜주 여사께 바치고 싶다.

2001년 12월 20일

협성대학교 연구실에서

김 성

일러두기

1. 인명, 지명은 개신교 성서의 표기를 따르되, 특별한 경우 원음에 가까운 음역을 택했다.
2. 성서 구절을 인용한 경우 개신교 성서에 따르되, 특별한 경우 저자의 사역을 쓰기도 했다. 또한 그 출전을 표기하였다.
   예: 신명기 27:4, 요한복음 12:20~2
3. 책 제목은 『 』로, 논문과 문서 등은 「 」로 표기하였다.
4. 연호는 서기전과 서기로 구분하였다.

제5장

오리진 | 이스라엘의 기원을 찾아서

제6장

홍해에서 지중해까지 | 성서 시대의 경제

제7장

황금의 예루살렘

제8장

갈릴리의 성자 | 그리스도의 발자취를 더듬어

제9장

소리지르는 돌들 | 역사의 증언과 기록물

제1장

땅 속에 묻힌 성서 이야기를 찾아서

중세 유럽 기독교인들에게 있어서 성지의 대부분을 차지하고 있는 중동 지방은 황량한 사막과 호전적인 아랍인들이 살고 있는 금단의 땅이었다. 하지만 19세기에 들어와서 이 지역에 대한 유럽 열강의 식민지 개척과 함께 파견된 영사들은 성서에 등장하는 도시들을 현장에서 지리적으로 확인하고 발굴하기 시작하였다. 대부분 박물관의 유물 수집 차원에서 진행되었지만 몇몇 고고학자들은 과학적으로 고대 도시의 퇴적된 언덕인 텔 발굴 방법론을 개척하였다.

'텔' 이란 무엇인가?

오늘날, 성서에 등장하는 대부분의 도시들은 30~50미터 높이로 솟아 있는 유적 언덕의 발굴을 통해 그 정체를 드러낸다. 왜 이 지역의 고대 유적들은 땅 속에 묻혀 있었으며, 높은 언덕으로 형성되었을까. 이 유적 언덕의 수수께끼는 성서고고학의 가장 핵심적인 연구 과제로 제기되어 왔으며, 오늘날과 미래의 성서고고학이 풀어야 할 숙제이기도 하다.

성서의 배경 지역들은 대략 오늘날의 중동 지역과 대부분 일치하는데, 이 지역에 널리 퍼져 있는 유적지들은 독특한 형태의 언덕을 이루고 있다. 이러한 폐허 언덕을 아랍어로 '텔' 이라고 부른다. 고대인들은 새로운 지역에 정착하기 위해 다음과 같은 몇 가지 조건을 충족시키는 장소가 필요하였다.

첫째 물을 쉽게 구할 수 있는 곳, 둘째 관측과 방어에 유리한 고지, 셋째 농사를 지을 수 있는 비옥한 들판, 넷째 무역로와 군사로를 통제할 수 있는 교통의 요충지 등이었다.

성서의 대표적인 도시들인 예루살렘, 헤브론, 브엘세바, 실로, 세겜, 사마리아, 도탄, 벳샨, 므깃도, 단, 하솔 등이 이 조건들을 두루 갖춘 좋은 예다.

텔은 흙벽돌이 부식된 흙과 기초로 사용되었던 돌이 오랜 세월 동안 쌓인 언덕이다. 대부분의 흙벽돌 건물은 우기의 비바람과 건기의 열풍에 의한 풍화 작용으로 오래 견디지 못하고 쉽게 무너져 버린다. 다시 집을 짓기 위해서는 무너진 잔해를 평평하게 고른 다음 새로운 흙벽돌과 돌을 가져다가 새 건물을 완성하게 된다. 여기서 가장 주목해야 할 점은, 무너진 옛 집터에 수북히 쌓인 돌과 흙더

하인리히 슐리만 Heinlich Schliemann, 1822~1890 가난한 목사의 아들로 태어나 전설의 도시 트로이를 찾아내겠다는 의지를 키운 인물. 자수성가하여 갑부가 된 후 1871년 드디어 그 꿈을 실현하였다. 그는 모두 아홉 개나 되는 트로이의 시대별 도시들을 발굴하여 여러 시대에 걸쳐 형성된 주거층, 텔의 중요성을 최초로 밝혀냈다.

플린더스 페트리 Flinders Petrie, 1853~1942 영국의 이집트 학자로서 1890년 이스라엘 남부의 텔 엘-헤시를 발굴하여 최초의 과학적인 텔 발굴자가 되었다. '성서고고학의 아버지'라 불리는 그는 주거층에서 출토된 토기 모양과 특성에 따라 연대를 추정할 수 있음을 밝혔다. 특히 아구리 부분의 토기 조각은 일종의 달력으로서 약 백 년 간격으로 구약 시대 유적지의 연대를 추정할 수 있는 근거가 되고 있다.

텔 르호브 Tel Rehov **발굴** 1994년부터 발굴이 시작된 텔 르호브는 이스라엘 북부 요단 평야에 자리잡은 대규모 도시이다. 히브리 대학의 아미하이 마자르Amihai Mazar 교수의 지휘 아래 진행된 이 발굴에서는 성벽과 신전터 등이 발견되었다.

미를 성밖으로 치우지 않고 또다시 그 위에 새 집의 기초를 쌓았다는 것이다. 이런 과정이 수천 년 계속되면서 주거지의 지반이 높아졌고, 그 결과 오늘날 볼 수 있는 전형적인 텔을 이루게 된 것이다.

최초의 텔 발굴 그렇다면 텔은 어떻게 발굴되기 시작했을까. 1871년 10월 11일 이른 아침, 소아시아의 서쪽에 위치한 히싸를릭크 언덕 위에서는 10여 명 남짓한 인부들이 한 독일 갑부의 지시에 따라 보물찾기의 삽질을 시작하였다. 슐리만이라 불리는 고고학자는 이곳을 호메로스의 『일리아드』에 등장하는 그리스 영웅들의 전쟁터, 트로이라고 확신하였다. 그는 평생 모은 전 재산을 투자하여 트로이 전쟁의 역사성을 규명하려고 하였다.

발굴단의 규모는 100여 명으로 불어났고 매일 새로운 유물들이 출토되었다. 이곳에서 로마 시대의 웅장한 신전 터가 발견되었지만

트로이Troy 발굴 고고학적 관점에서 텔 발굴의 장을 열었던 트로이는 오늘날 터키 서쪽의 에게해 연안에 자리잡고 있다. 독일의 슐리만은 호메로스의 작품에 나타난 트로이 전쟁을 역사적 사실로 확신하고 지난 1871년부터 트로이를 발굴해서 그리스 군대에 의해 파괴된 성벽과 수많은 유물들을 발견하였다. 130년이 지난 오늘날에도 트로이에는 여전히 독일 발굴팀이 발굴을 진행중이다.

그는 그러한 유적에는 관심을 두지 않고 오직 트로이의 성벽을 향해 계속 지하로 지하로 파 내려갔다.

이듬해 4월 두 번째 발굴 현장에서 그는 트로이 언덕에 여러 시대에 걸쳐 지어지고 무너진 성벽과 건물들의 유적을 발견하고 그들의 상관 관계를 분석해야 할 필요를 느꼈다. 마치 양파 껍질을 벗기듯 파면 팔수록 한 도시의 잔해 밑으로 새로운 도시의 유적이 드러났다.

모두 아홉 개나 되는 층층이 쌓인 도시들이 그곳에서 확인되었다. 그중 가장 오래된 밑바닥은 아직 금속을 사용할 줄 몰랐던 선사시대의 도시로 밝혀졌다. 문제는 호메로스의 트로이가 이 아홉 개의 도시 중 어느 것인가 하는 점이었다. 오늘날 고고학자들은 밑에서 여섯 번째로 발견된 도시를 프리아모스 왕과 헬렌 왕비의 전설이 내려오는 트로이로 추정하고 있다.

주거층론 슐리만의 트로이 발굴을 계기로 성서고고학 발굴의 가장 중요한 방법론인 '주거층론'이 탄생되었다. 주거층이란 한 세대 또는 파괴되지 않고 일정 기간 존속한 고대인들의 삶의 터전을 말하며, 주거층론이란 그들 사이의 상관 관계를 규명하는 학문이다.

1890년 봄, 영국 출신의 이집트 고고학자인 페트리는 이스라엘 남부 네게브 광야의 한 유적 언덕을 주목하였다. 텔 엘-헤시라 불리는 이 언덕의 동쪽에 흐르는 와디는 고대 도시를 절반쯤 침식시켜서 그 잔재를 드러내게 하였다. 그는 이곳이 앗시리아의 산헤립이 점령했던 성서의 라기스라고 확신하면서 모두 6주에 걸쳐 발굴하였다. 특히 페트리는 당시 다른 고고학자들이 거들떠보지도 않던 수많은 토기 조각들에 많은 관심을 가졌다. 슐리만의 트로이 주거층론에 영향을 받은 그는 한 걸음 더 나아가 각 주거층의 연대는 함께 출토된 토기들의 모양으로 결정된다는 토기 연대 측정법을 최초로 고안해 냈다.

메소포타미아나 이집트와는 달리 쉽게 연대를 확인할 수 있는 기록물들이 거의 발견되지 않는 이스라엘의 고대 도시 발굴에 있어서 페트리의 토기 연대는 훗날 성서고고학의 달력으로 인정되었다. 따라서 오늘날에는 누구든지 토기 아구리 부분의 한 조각만 있어도 그 제작 연대를 추정할 수 있게 되었다. 성서고고학사에 일대 획을 그은 페트리의 텔 엘-헤시 발굴은 지난 1990년 백주년을 맞이했고, 이를 기념하는 국제 성서고고학 학술대회가 예루살렘에서 성대히 개최되었다.

황무지 속에 묻혀 있던 흙먼지 날리는 언덕을 화려한 고대 도시의 보금자리로 여기고 부단한 노력으로 발굴해 냈던 슐리만과 페트리는 우연하게도 둘 다 학교 교육을 제대로 받지 못한 사람들이었다. 하지만 그들은 땅 속 깊이 숨어 있는 유적들을 꿰뚫어보는 혜안을 지니고 있었다. 트로이와 텔 엘-헤시 발굴을 통해 고대 근동 지역의 수백 개의 텔들은 다름아닌 성서 도시의 무궁무진한 유물들을 간직한 보물 창고임이 밝혀졌다.

에드워드 로빈슨과 성서지리학

예루살렘을 비롯하여 베들레헴, 헤브론, 세겜, 나사렛 등의 주요 성지들은 사람들이 지속적으로 살아왔기 때문에 쉽게 그곳을 찾아갈 수 있다. 나아가 유럽의 가톨릭과 정교회로부터 수도사들이 파견되어 비잔틴 시대와 십자군 시대에 파괴되었던 기념교회들이 다시 세워지고 그곳의 성서적 연관성이 확립되었기 때문에 이 도시들은 의심의 여지없이 성지로 인정받았다.

하지만 벧엘, 실로, 아이, 기브온, 므깃도, 단 등 구약 시대의 도시들과 가버나움, 벳세다, 거라사 등 신약 시대의 마을들은 이미 오래 전에 폐허가 된 후 사람들의 기억에서 완전히 사라졌기 때문에 그 어느 누구도 정확한 장소를 알지 못하였다.

이렇듯 묻혀 있는 팔레스타인의 성서 지명에 대한 본격적인 지리학적 연구는 성서의 문자적 정확성을 입증하기 위해 당대 최고의 비교언어학적인 방법론으로 무장한 한 미국인 목사에 의해 1838년 최초로 시도되었다. 유럽의 자유주의적인 성지 탐사와는 달리 철저

에드워드 로빈슨 Edward Robinson, 1794~1863 미국 유니온 신학교의 성서학 교수인 로빈슨은 1838년과 1852년 두 차례에 걸쳐 팔레스타인을 비롯한 이집트, 요르단, 레바논의 성지를 답사하고 자세한 보고서를 남겼다. 동행자인 엘리 스미스와 함께 성서의 지명들을 현장에서 확인하는 데 관심을 집중시켰고, 그 결과 잊혀졌던 수많은 성서 시대의 도시들이 새롭게 발견되었다.

하게 신앙적 관점에서 이루어진 미국의 성지 연구는 훗날 "성서고고학은 곧 미국적 학문"이라는 그들의 주장을 더욱 뒷받침해 주는 계기가 되었다.

1794년 미국 코네티컷 주의 사우딩턴에서 회중교회 목사의 아들로 태어난 에드워드 로빈슨은 일찍이 그리스어에 능통하여 『일리아드』에 관한 주석서를 편찬하는 등 고대어에 많은 관심을 보였다. 당시 하버드 대학의 자유주의적 신학에 대항하기 위하여 새로 설립된 엔도버 신학교에서 강의하던 그는 성서의 철저한 언어학적 연구를 토대로 보수적인 신학을 견지하였다. 아울러 4년 간의 프랑스와 독일 유학을 통해 게세니우스 같은 언어학자들의 영향으로 한층 발전된 유럽의 비교언어학을 터득하였다.

이 분야의 최고 전문가가 된 그는 1837년 뉴욕의 유니온 신학교의 성서학 주임 교수로 초빙되었다. 그는 교수 임용 당시 성지를 탐사할 시간을 달라는 조건을 내세웠고, 드디어 1838년 3월 카이로 방문을 시작으로 성지 탐사는 이루어졌다.

로빈슨의 탐사 대열에는 레바논에서 선교 활동을 하던 목사이며 그의 제자였던 엘리 스미스가 동행하였는데, 그의 뛰어난 아랍어 실력은 팔레스타인 현지인들과의 접촉에 결정적인 도움을 주었다.

그들은 역사상 최초로 이스라엘 민족의 출애굽 경로를 따라 성지 순례를 계획하였다. 카이로를 출발하여 홍해를 건너고 시내 산을 등정한 후 요단 건너편으로 향한 다음 여리고로 들어가는 여정이었다. 비록 내란이 끊이지 않는 현지의 위험 때문에 요단 건너편에는 들어갈 수 없었지만 당시 서구인들의 발길이 닿지 않았던 네

로빈슨의 아치 Robinson's Arch 1838년 예루살렘의 성전산을 탐사하던 미국의 로빈슨은 유대인들이 성지로 여기고 기도하는 통곡의 벽의 연장선에 있는 한 돌출 부분을 발견하였다. 신약시대 헤롯 왕이 건설한 성전 뜰의 서쪽 축대의 한 부분인데 사람들은 지진 때문에 성벽의 돌이 튀어나온 것으로 해석했지만 로빈슨은 아치의 일부로 보았다. 따라서 이 돌출부는 오늘날 '로빈슨의 아치'라 불리며 1967년 이후의 발굴을 통해서 이를 확인할 수 있었다.(위 발굴 전, 아래 발굴 후)

게브 광야를 최초로 탐사할 수 있었다.

그들이 내세운 성지 탐사의 원칙은 다음과 같았다.

첫째 기독교 유적지 곳곳에 들어서 있는 기념교회의 수도사들을 피할 것, 둘째 현지 팔레스타인 아랍인 마을을 주로 찾아다닐 것, 셋째 되도록 대로에서 멀리 떨어진 오지를 찾아다닐 것 등이었다.

수주일 동안 네게브 광야를 헤맨 끝에 조그만 샘을 중심으로 형성된, 비르 에-세바라 불리는 베두인 마을에 도착한 그들은 그곳이 바로 아브라함을 비롯한 족장들의 도시였던 브엘세바임을 천명하였다.

로빈슨의 아치 예루살렘에 도착한 로빈슨은 성전 터의 축대 둘레를 세심하게 관찰하기 시작하였다. 유대인들의 기도 장소인 통곡의 벽 남쪽 모퉁이 근처에서 대부분의 사람들이 지진의 결과라고 믿었던 돌출부를 자세히 관찰한 그는 요세푸스의 헤롯 성전에 관한 서술을 참고로, 그곳이 바로 성전으로 향하는 입구를 받치고 있던 아치의 한 부분임을 확인하였다.

서기전 20년부터 헤롯 왕이 건설하기 시작한 성전 터의 남쪽 끝에는 로마의 공회당을 본떠 건설한 웅장한 규모의 바실리카가 있었고 귀족들만이 출입할 수 있는 별도의 다리가 연결되었는데, 로빈슨이 발견한 아치의 일부는 바로 이 통로를 받치고 있던 것이었다.

1967년 이후 이 지역에 대한 집중적인 발굴을 통해 아치의 무너진 돌들이 15미터 깊이의 땅 속 바닥에서 발견됨으로써 로빈슨의 예리한 관찰력은 입증되었다. 따라서 예루살렘의 성지 안내원들은 이 부분을 '로빈슨의 아치' 라고 부르고 있다.

성서의 도시를 찾아서 로빈슨은 어느 지역이든지 고대의 지명은 비록 그 지방의 주민과 언어가 바뀌더라도 그 발음은 계속 보존된다고 믿어 현지의 아랍어 지명을 참고로 성서의 도시들을 찾아내기 시작하였다. 1838년 5월 4일과 5일 이틀 간 로빈슨은 예루살렘 북쪽의 유적지들을 탐사하여 아나타를 예레미야의 고향인 아나돗으로, 제바를 게바로, 묵크마스를 믹마스로, 엘-지브를 기브온으로, 그리고 베이틴을 야곱이 제단을 쌓았던 벧엘로 정확하게 일치시켰다.

로빈슨은 하루종일 길 없는 외딴 곳에 위치한 유적지들을 당나귀를 타거나 걸어서 탐사하였다. 밤에는 천막을 치고 모닥불 옆에서 낮에 탐사한 지역들의 아랍어 지명을 일일이 기록하고 성서의 히브리어 지명과 비교하는 작업을 계속하였다. 그들은 연구의 공정성을 기하기 위하여 두 사람이 각각 별도로 탐사일지를 기록하였다.

로빈슨의 업적으로 수많은 성서의 지명들이 확인되었지만 아직도 그 정확한 위치를 가늠할 수 없는 지명도 많기 때문에 아직도 성서지리학의 가능성은 무한하기만 하다.

제2장

대홍수

| 인류의 종말과 성서고고학의 시작 |

성서고고학은 인류 문명을 붕괴시켰던 대홍수로부터 시작되었다. 대부분의 고고학자들이 박물관 전시를 위한 유물 수집을 위해 현장 발굴에 뛰어든 사이, 한 박물관 유물 창고에서 발견된 홍수 이야기는 성서고고학을 태동시키는 결정적인 역할을 하였다. 홍수 이야기의 배경은 길가메쉬 서사시와 함께 아라랏 산으로 이어진다.

조지 스미스와 메소포타미아의 홍수 이야기

1872년 가을 어느 날, 30대 초반의 한 대영 박물관 직원은 여느 때와 마찬가지로 박물관 수장고에서 무더기로 쌓인 토판 문서들을 하나씩 들추어내며 쐐기문자로 씌어진 이야기를 흥미진진하게 읽기 시작하였다. 그는 벌써 여러 날 동안 길가메쉬라 불리는 우룩의 왕이자 메소포타미아 영웅의 모험담이 기록된 일련의 토판 문서들을 찾아내어 열한 개째 읽고 있는 중이었다.

사랑하는 친구 엔키두의 죽음을 슬퍼하여 삶의 허무를 느낀 길가메쉬는 영생을 찾아 나섰다. 소문에 듣자 하니 바다 건너편에는 죽음을 극복한 우트나피슈팀이라는 노인이 살고 있다는 것이었다. 그 노인으로부터 영생의 비밀을 귀담아 듣는 구절에서 조지 스미스라 불리는 이 청년은 자신의 눈을 의심하지 않을 수 없었다.

길가메쉬 서사시 토판 13.7x13.0cm, 서기 전 650년경, 영국 대영 박물관 소장 앗시리아의 수도 니느웨에 있는 앗슈르바니팔의 도서관에서 1840년대에 발견되었다. 대영 박물관의 조수인 조지 스미스는 1872년 이 문서를 읽으면서 창세기의 노아 홍수를 연상시키는 갈대아인들의 홍수 이야기를 간파하였다. 메소포타미아의 홍수 이야기는 〈길가메쉬 서사시〉라 명명된 11개의 토판 중에서 마지막 판에 들어 있다. 기록 재질이 부족한 메소포타미아인들은 일찍부터 진흙판에 갈대펜으로 사물을 쐐기 모양 획으로 스케치하듯이 그렸다. 따라서 이 문자를 쐐기문자라 부른다. 이 토판 문서는 밑부분이 잘려져 나갔으나 이듬해 니느웨 발굴을 통해서 나머지를 찾아냈다고 한다.

신들이 홍수를 결정한 후
에아 신은 다음과 같이 외쳤다.
"집을 부수고 배를 만들어라!
모든 생물의 씨앗을 배에 함께 실어라!"

바로 구약성서의 창세기 6~9장에 등장하는 노아 홍수 이야기의 첫 부분을 연상시키는 대목이었다. 고고학을 통해서 성서를 조명하는 성서고고학이 발굴 현장이 아닌 박물관의 유물 수장고에서 탄생되는 순간이었다. 스미스는 지체 없이 그 해 12월 3일 런던에서 개최된 성서고고학회에서 자신이 해독한 문서들을 토대로 '갈대아인들의 대홍수'에 관해 발표하였다. 당시 보수주의가 편만했던 빅토리아 시대의 영국 사회에서 이 사건은 대단한 화젯거리로 떠올랐다.

1840년 3월 26일 런던에서 태어난 스미스는 열여섯 살 되던 해에 지폐를 인쇄하는 한 회사에 도안공으로 취직하였다. 당시 이 회사는 롤린슨, 레이야드, 라쌈 등 당대 유명세를 떨쳤던 고고학자들의 메소포타미아 발굴 결과를 호화 양장본 화보로 출판하였는데, 그는 이 책들에 금방 매료되기 시작하였다.

이미 1800년대 초부터 쐐기문자의 부분적인 해독이 시도되었고 영국 왕립학회 주관하에 해독을 수행했던 네 명의 다국적 학자들의 결과가 일치했던 1857년을 기점으로 쐐기문자는 더 이상 신비의 글자가 아니었다. 따라서 스미스는 독학으로도 메소포타미아의 고대 기록들을 읽을 수 있었다.

날마다 대영 박물관의 앗시리아 유물 전시실에서 석상들에 새겨진 문자들을 스케치하고 연구하던 그는 당시 앗시리아 부서의 책임자였던 롤린슨의 눈에 띄어 그의 조수로 일할 수 있는 행운을 얻었다. 1871년에 「쐐기문자 기록으로부터 번역한 앗슈르바니팔의 역사」를 발표함으로써 이 분야의 최고 전문가로 인정받은 그가 메소포타미아의 대홍수 이야기를 처음으로 발견한 것은 어쩌면 당연한 결과인지도 모른다.

문제의 토판들은 1852년 라쌈이 니느웨에 있는 앗슈르바니팔의 도서관을 발굴하여 수집한 24,000여 개의 토판들 중 일부였다. 주인공의 이름을 따서 '길가메쉬 서사시'로 명명된 이 이야기는 서기전 7세기에 기록된 것이지만 서기전 18세기에 기록된 수메르의 홍수 이야기까지 거슬러 올라가는 역사 깊은 신화였다. 스미스의 대발견은 1842년의 보타, 1845년의 레이야드에 의한 니느웨 발굴로부터 시작되었다고 볼 수 있다.

하지만 좀더 포괄적 의미의 성서고고학적 탐사는 나폴레옹이 이집트를 침공했던 1798년으로 거슬러 올라간다. 나폴레옹은 식민지 인도로 이어지는 무역로의 안전을 확보하려는 영국의 지중해 장악을 견제하고자 하였다. 이듬해 팔레스타인으로 진출한 그는 부하들로 하여금 예루살렘을 비롯한 성지를 답사케 하였으나 영국과의 치열한 접전 끝에 항구 도시 악코에서 패배하였다.

그 결과 영국은 11세기의 십자군 이후 유럽 국가로서는 처음으로 공식적인 예루살렘 입성을 성취한 나라가 되었다. 그 후 영국은 메소포타미아를 가로질러 인도로 가는 교통로를 본격적으로 개척하기 시작했고, 이러한 과정에서 군사적 첩보 임무를 띤 영국군 장

조지 스미스 George Smith, 1840~1876 대영 박물관의 스미스는 1872년 박물관 수장고에서 노아 홍수에 필적할 만한 메소포타미아의 대홍수 이야기를 발견하였다. 도중에 잘려나간 이야기의 결말을 찾기 위해 니느웨를 발굴했고 기적같이 나머지 토판들을 발견하는 데 성공하였다. 1876년 두 번째 탐사 도중 열사병으로 이국땅에서 짧은 생애를 마감했지만 성서고고학 연구사의 첫 페이지를 장식하였다.

니느웨 성문 길가메쉬 서사시가 발견된 니느웨는 앗시리아의 수도로서 오늘날 모술이라 불리는 이라크 북부 도시에 자리잡고 있다. 성벽과 성문은 복원된 것이며 아랍인들도 요나를 선지자로 여기기 때문에 이곳에는 요나의 무덤 사원이 자리잡고 있다.

교들의 발굴에 의해 앗시리아와 바빌로니아의 웅장한 유물들이 하나씩 드러나게 되었다.

무슬림이라 불리는 이교도들이 들끓던 저주받은 광야의 땅 속에서 캐어낸 토판문서들이 이제는 더 이상 흙 속에 묻힌 먼 옛날의 전설이 아니라 성서의 사건들을 조명해 주는 결정적인 단서로 여겨지면서 비로소 성서고고학이 탄생하게 된 것이다.

한편 스미스는 홍수 이야기의 끝부분 중 17줄이 누락되었음을 공표하였고, 당시 영국의 최대 일간지인 런던의 《데일리 텔레그라프》는 그 나머지 부분을 찾는 것에 1천 기니아의 포상금을 내걸었다. 스미스는 당연히 이 모험을 자처하여 1873년 기나긴 여행 끝에 티그리스 강변의 모술에 도착, 고대의 니느웨로 여겨지는 쿠윤지크 언덕을 발굴하기 시작하였다. 5일째 되던 날 그는 온 영국민의 기대를 저버리지 않고 기적같이 대홍수 이야기의 나머지 부분들을 찾아내는 데 성공하였다. 스미스는 즉시 발굴 후원자인 《데일리 텔레그라프》에 이 소식을 전보로 알렸다. 기적 같은 노아 홍수 기록의 발견 소식이 1873년 5월 21일자 신문의 제1면을 장식하였다.

스미스는 1개월의 탐사 기간 동안 모두 384개의 토판문서들을 발굴하여 영광스런 귀국길에 올랐다. 안타깝게도 그는 1876년 두 번째 탐사 도중 열사병으로 쓰러져 이국땅 시리아의 알레포에서 36세의 짧은 생애를 마감했지만 그의 비범한 집착력은 항상 성서고고학 연구사의 첫 페이지를 장식하는 영광을 누리게 되었다.

아라랏-우라르투

아라랏 산의 나무 조각 성서고고학의 서막을 연 대홍수에 관한 이야기는 방주가 처음으로 도착하였다는 아라랏 산의 방주 이야기로 이어진다. 20세기에 들어와 터키 동부의 신비의 산 아라랏에서 배처럼 생긴 물체를 보았다는 비행기 조종사들의 증언이 잇따랐다. 또한 당시 소련과 미국의 인공위성 사진에도 이 지역에서 배가 찍힌 모습이 확인되기도 하였다.

일년 내내 흰눈으로 뒤덮인 높은 산에 어떻게 배가 존재할 수 있었을까? 수많은 탐험가들은 소문을 직접 눈으로 확인하기 위해 아라랏 산을 등정하기도 하였다. 그들 중에는 배의 잔해로부터 나무 조각을 직접 떼어내어 온 사람도 있었다. 또한 근처에 존재하는 배 모양의 지형 지물을 노아의 방주 화석으로 여기고 구멍을 뚫어 지질 조사를 시도하기도 하였다. 고고학은 물질적인 증거를 기초로 하는 학문인 만큼 성서고고학에서는 아라랏 산의 나무 조각을 통해 노아의 방주를 증명하려는 노력이 이어졌다.

1955년 프랑스의 탐험가 나바라는 터키의 최고봉, 해발 5,137미터 높이의 아라랏 산에 올라가 해발 4천 미터 지점의 얼음 구덩이에서 검은 역청이 칠해진 1.5미터 길이의 나무 조각을 가져왔다. 이 나무의 샘플은 정확한 연대 측정을 위해 유럽과 미국의 여러 연구소로 보내졌다.

측정 결과, 한 연구소를 제외하고는 모두 7~8세기의 것이라고 판정하였다. 그러나 단 한 군데, 과학적인 탄소 동위원소 측정법을 사용하지 않은 스페인 마드리드의 임업연구소는 나무의 색깔과 밀도를 기준으로 5천 년 전의 것으로 판정하였다. 참나무로 밝혀진

오른쪽 **아르 산** 창세기의 아라랏 산으로 알려진 산. 해발 5,137미터로 터키 동부 고원 지대에 우뚝 솟아 있으며, 봉우리는 일년 내내 흰눈이 쌓이고 구름에 가리워져 있어 신비감을 자아낸다.

투슈파 **반 칼레시** 우라르투 왕국의 수도인 투슈파는 반 호수의 동쪽 평원에 주위보다 100여 미터 높게 펼쳐져 있으며, 길이는 1.8킬로미터인 천연 바위 요새다. 오늘날 볼 수 있는 성채는 대부분 서기 1000년경 셀주크 시대부터 건설된 것이다. 노아 방주가 머물렀다는 아라랏 산지는 바로 우라르투 왕국을 의미하였다.

이 샘플의 밀도는 1.1로 밝혀졌는데 살아 있을 당시는 0.8 정도였으므로 그 만큼의 세월이 흘렀다는 것이다.

나바라는 1974년 『내가 손으로 만진 노아의 방주』라는 제목으로 자신의 모험담을 책으로 펴냈다. 이로부터 저자들의 자유로운 상상이 추가된 노아 방주의 이야기가 다시 전성기를 맞았다.

아라랏은 곧 우라르투 홍수 이후 노아의 방주가 처음으로 안착하였다는 아라랏은 원래 우라르투 왕국의 히브리어식 표기이다.

서기전 900년경 터키 동부 지역의 반 호수를 중심으로 하는 고원 지대에 우라르투 민족은 강력한 도시들을 중심으로 왕국을 형성하였다. 원래 우라르투는 지역 이름이었고, 서기전 13세기에는 앗시리아의 살마네세르 I세의 기록에서 '우루아트리'라는 이름으로 처음 등장한다. 그것은 반 호수 근처의 소규모 왕국들을 지칭하는 말이었다. 서기전 900년경부터 우라르투 민족은 앗시리아의 끊임없는 군사적 침략을 견디다 못해 좀더 서쪽에 위치한 반 호수 근처로 중심지를 옮겼다. 서기전 830년 사르두리 I세는 바위 요새인 반칼레시를 수도로 삼고, 이를 '투슈파' 로 명명했다. 투슈파는 반 호수의 동쪽 평원에 위치해 있으며, 주위보다 100여 미터 높고 길이가 1.8킬로미터인 천연적인 바위 요새였다. 여기서 오늘날 볼 수 있는 성채는 대부분 서기 1000년경 셀주크 시대부터 건설된 것이다.

서기전 714년 앗시리아의 사르곤 II세는 우라르투의 중심부를 점령했고 이 사건을 기점으로 우라르투의 세력은 점점 약화되었다. 나아가 코카수스 지방의 유목민인 키메리아 민족의 세력 확장과 서기전 590년경 스키타이 민족이 메대 민족과 함께 터키 동부 지역을 장악함에 따라 우라르투 왕국은 종말을 고하게 된다.

아라랏 산지에서 아라랏 산으로 구약성서에 모두 네 번 등장하는 아라랏은 특정한 산을 지칭하는 것이 아니라 지역이나 왕국을 의미하였다. 홍수 이야기에서는 '하레이 아라랏', 즉 '아라랏 산지' 로 기록되어 있어 넓은 의미의 고원 지대를 일컫는다고 보아야 한다.

서기전 586년 이후 바빌론으로 유배된 유다의 종교 지도자들에 의해 최종적으로 편집된 창세기의 홍수 이야기는 메소포타미아의 전통적인 홍수 신화에 많은 영향을 받았다. 따라서 메소포타미아의 지리적 관점에서 홍수가 그치고 물이 빠질 때 고원 지대에 방주가 안착한다면 바로 아라랏 산지가 될 수밖에 없다는 것이다.

앗시리아 왕 산헤립의 암살 사건을 다루고 있는 열왕기하 19:37와 이사야서 37:37~38에 의하면 산헤립이 니느웨의 한 신전에서 제사를 드릴 때 그의 아들들에 의해 살해되었고, 암살자들은 쿠데타의 뜻을 이루지 못하고 '아라랏 땅', 즉 우라르투 지방으로 망명한 것으로 나타난다. 당시 우라르투가 앗시리아의 적대 세력임을 감안할 때 이 기록은 어느 정도 역사적 신빙성이 있다고 볼 수 있다. 한편 예레미아서 51:27~28에서는 '아라랏 왕국'으로 기록되어 있다. 따라서 구약성서의 아라랏은 특정한 산을 의미한다기보다는 고원지대에 위치한 지역 이름으로서 서기전 900년경 이후 3백 년 동안 번창했던 우라르투 왕국을 염두에 둔 것임을 알 수 있다.

베로소스의 아르메니아 서기전 590년 우라르투 왕국의 파멸과 함께 노아의 방주 장소는 서서히 잊혀져 갔다. 서기전 3세기 바빌론 출신의 역사가 베로소스는 수메르 홍수 설화를 인용하면서 창세기의 노아에 해당되는 지우수드라의 방주가 당시 아르메니아 지방의 고르디예 산에 있다고 증언하였다. 이때부터 우라르투 왕국 대신 아르메니아가 아라랏 산이 있는 지역으로 알려지기 시작하였다. 그중 역사 기록에 등장하는 가장 대표적인 산은 주디 산과 아르 산이다.

아르메니아의 주디 산 베로소스가 언급한 고르디예 산은 티그리스 강과 대 자브 강 사이에 위치한 해발 2,114미터의 주디 산이다. 이 산은 근처에 살고 있는 네스토리아 기독교인들에 의해 노아의 산으로 신성시되었다. 해마다 9월 14일이 되면 이 지역의 유대교인, 기독교인, 이슬람교인들이 산 정상에 모여 노아가 아라랏 산에 도착한 후 드린 첫 제사를 기념하는 의식을 치르곤 하였다. 이 전통은 서기 13세기까지 지속되었다.

아르메니아의 아르 산 서기 4세기, 아르메니아에 기독교가 들어온 후 이 지역에서 아라랏 산을 찾으려는 움직임이 있었다. 베로소스를 인용한 서기 1세기의 역사가 요세푸스는 노아의 방주가 아르메니아에 있다고 기록하였다. 서기 5세기에 아르메니아 왕국이 아락세스 지역에서 독립한 후 이 왕국의 최고봉 아르 산이 최종적으로 아라랏 산이라는 결론이 내려졌다. 이 시기는 요세푸스의 기록이 아르메니아어로 번역된 시기와 일치한다. 터키어로 '아르 다으', 즉 '아르 산'이라 불리는 아라랏 산은 터키에서 가장 높은 해발 5,137미터의 '대아르'와 해발 3,895미터의 '소아르'로 구성되어 있다.

주위와 확연히 구분되며 우뚝 솟아 있는 아라랏 산은 일년 내내 봉우리가 흰눈에 덮여 있고 정상은 대부분 구름에 가려져 있어 신비감을 자아낸다. 창세기의 아라랏은 곧 우라르투 왕국을 염두에 둔 것이기 때문에 아라랏 산은 더 이상 특정한 봉우리가 될 수 없다. 그럼에도 불구하고 오늘날 터키에 있는 아르 산의 지리적 위치가 우리의 관심을 끈다. 아르 산은 우라르투의 영토인 반, 세반, 우르미야 등 세 개의 호수를 연결하는 삼각 지역의 한가운데에 자리잡고 있기 때문이다.

과연 성서의 기록자들은 우라르투 왕국의 최고봉 '아르 산'을 염두에 두었을까?

제3장

갈대아 우르에서 고센 땅까지

| 족장들의 발자취를 따라서 |

구약성서에서 처음으로 등장하는 구체적인 성지는 바로 아브라함의 고향인 갈대아 우르다. 수메르의 대표적인 도시국가 우르의 위치는 확인되었지만 이미 오랜 세월 동안 아브라함의 고향은 시리아 북부 하란 근처에 위치한 샨르 우르파로 여겨졌다. 아브라함은 메소포타미아에서 이집트에 이르기까지 광대한 지역을 여행하였다. 인류 문명 폐허의 상징인 소돔과 고모라는 사해 동쪽에 위치한 전통적인 초기 청동기 도시들과 밀접한 관련이 있다.

아브라함의 고향을 찾아서 1

메소포타미아의 우르

새로운 아브라함의 발견 1929년 3월 17일자 《뉴욕 타임스》의 머릿기사는 모든 기독교인들의 시선을 집중시키기에 충분하였다. "우르의 발굴, 새로운 아브라함의 발견". 그 밑으로는 다음과 같은 소제목들이 이어졌다. "아브라함은 유목민이 아니라 도시의 창시자", "하갈의 추방은 합법적", "구약성서의 관습들을 고고학적 발굴을 통해서 확인하다". 때마침 몰아닥친 경제공황의 늪에서 실의에 잠겨 있던 미국민들에게 이러한 파격적인 뉴스는 성서적 복음주의에 마지막 희망을 가져다주었다.

여기서 말하는 "새로운 아브라함"이란 제목의 의도는, 그가 창세기에서는 가나안 땅에 들어온 후 텐트를 치고 여기저기 떠도는 유목민으로 묘사되어 있지만, 원래 그의 고향인 우르에서는 엄연히 대도시의 귀족이었다는 것이다. 나아가 아브라함은 빈손으로 가나

우르의 지구랏트 서기전 2100년경 건설된 우르의 지구랏트는 지금까지 발견된 메소포타미아의 지구랏트 중에서 가장 완벽하게 보전된 것이다. 창세기의 바벨탑을 연상시키는 우르의 지구랏트는 꼭대기에 있는 난나Nanna 신전의 받침대 역할을 하였다.

안 땅에 들어온 것이 아니라 당대 최고로 발달된 도시 문명의 법과 도덕, 천지창조와 홍수에 관한 전승을 지니고 후손인 이스라엘 민족에게 문명을 전하였다는 것이다.

울리의 우르 발굴 이 엄청난 사실을 발견한 인물은 '울리'라는 고고학자였다. 그는 1880년 런던에서 태어나 옥스포드 대학에서 신학을 전공한 후 고고학으로 진로를 바꿔 대학 박물관에서 연구를 시작하였다. 1912년 '아라비아의 로렌스'와 함께 시리아의 카르케미쉬를 발굴하여 신 힛타이트 시대의 실체를 확인하면서 본격적인 고고학자의 경력을 쌓기 시작하였다. 대영 박물관과 펜실베이니아 대학의 후원으로 1922년부터 12년 동안 아브라함의 고향으로 알려진 우르를 발굴하면서 세계적인 고고학자로서의 명성을 얻었다.

울리의 우르 발굴은 성서고고학 발굴사의 한 획을 긋는 중대한

무디프mudhif **갈대집** 메소포타미아 남부는 유프라테스와 티그리스의 두 강이 합쳐지면서 형성된 거대한 늪지대로 덮여 있다. 이곳 거주민들은 주위에서 쉽게 구할 수 있는 갈대를 엮어서 전통적인 갈대집 '무디프'를 만들었으며, 이 집의 형태는 수천년 동안 변함없이 전해내려 온 것이 수메르 도장의 조각을 통해서도 밝혀졌다.

사건이었다. 실제로 울리는 우르의 유적 중 서기전 2000년경 건설된 고 바빌로니아 시대의 한 대형 건물을 '아브라함의 집' 으로 추정하기도 하였다.

우르는 1922년 울리에 의해 우연히 발견된 도시가 아니다. 이미 1850년대부터 영국의 고고학자들은 당시 '텔 엘-무카야르' , 즉 '역청의 언덕' 이라 불리는 메소포타미아 남부 광야의 한가운데에 자리잡은 고대 유적지를 주목하였다. 무너진 지구랏트의 벽돌 사이마다 검은색의 역청이 덮여 있었기 때문에 붙여진 이름이다.

당시 쐐기문자의 해독자로 유명한 영국 학자 롤린슨의 부탁을 받은 주이라크 영국 영사 테일러는 1854년 텔 엘-무카야르의 지구랏트를 조사하다가 서기전 6세기 바빌로니아의 마지막 왕 나보니두스의 기록을 확인하였다. 이 기록에서 나보니두스는 자신이 우르

우르의 '왕들의 무덤' 입구 우르의 지하 묘지에서 모두 1,850기에 달하는 무덤이 발견되었다. 그중 16기는 왕족의 것으로서 황금으로 장식된 온갖 화려한 부장품들이 함께 출토되었다. 대부분의 무덤은 서기전 2600년부터 백 년 동안 매장된 것으로 밝혀졌다.

의 지구랏트를 보수 증축하였다고 언급하고 있으며 이를 통해서 이곳이 그 유명한 아브라함의 고향, 갈대아 우르라는 사실이 처음으로 밝혀졌다. 하지만 메소포타미아 북부의 앗시리아 궁전 발굴에 치중한 영국은 더 이상 우르를 발굴할 수 없었다. 제1차 세계대전 후 영국이 남부 메소포타미아를 장악하면서 비로소 1922년부터 발굴을 시도할 수 있었다.

바벨탑의 원형 지구랏트 서기전 2100년경 건설된 우르의 지구랏트는 지금까지 발견된 메소포타미아의 지구라트 중 가장 완벽하게 보전된것이다. 당시 우르 제3왕조의 왕 우르-남무는 이 도시의 수호신 난나를 모신 신전을 좀더 높은 곳에 세워 도시의 중심적인 상징으로 만들고자 하였다.

창세기에 등장하는 바벨탑의 원형이기도 한 지구랏트는 원래 꼭대기의 신전을 받치기 위한 받침대에 불과하다. 비록 지구랏트가 이집트의 피라미드로부터 그 건축적인 아이디어를 빌려오긴 했지만 이곳에서는 무덤이 아닌 신전 받침대로 활용되었다. 재질이 약한 흙벽돌을 건축 자재로 사용했기 때문에 강도를 높이기 위해서 역청을 사이사이에 깔았고, 어떤 경우에는 갈대로 엮은 매트리스를 일정한 간격으로 흙벽돌 사이에 끼워 넣기도 하였다.

왕들의 무덤 울리는 우르의 지하 묘지에서 무려 1,850기나 되는 무덤을 발굴하였다. 대부분 부장품이 빈약한 평민들의 유골이었지만 그중 16기는 '왕들의 무덤'으로 분리되었다. 황금과 각종 보석으로 만들어진 부장품이 너무나도 고급스럽고 화려했기 때문이었다. 대부분 서기전 2600년부터 백 년에 걸쳐 통치한 왕과 귀족들의 것으로 추정된 이 무덤에서는 상상을 초월하는 어마어마한 부장품들이 무더기로 쏟아져 나왔다.

특히 한 무덤에서 수십 구의 유골이 발견되자 울리는 왕이 죽었을 때 신하들을 산 채로 매장하는 순장의 풍습이 있었다고 주장하기도 하였다. 왕비로 추정되는 푸아비의 무덤에서는 라피스 라줄리와 카넬리안 같은 보석으로 치장된 황금 머리 장식이 발견되었다. 또한 소나 양의 머리 모양이 황금으로 장식된 여러 개의 하프는 인류 최초의 악기로 밝혀지기도 하였다. 지하 무덤에서 쏟아져 나온 우르의 보물들은 거의 같은 시기에 출토된 이집트 투탕카문의 보물과 함께 몇 해 동안 전세계 신문의 해외토픽 난을 장식하였다.

대홍수의 흔적 울리는 화려한 무덤의 부장품에만 그치지 않고 대홍수의 흔적을 찾아내려 하였다. 지하 무덤 발굴을 끝낸 1929년, 그는 사방 20미터 크기의 네모난 구덩이를 파 내려가기 시작하였다. 12미터쯤 내려갔을 때 더 이상 유물이 나오지 않는 바닥을 발견하였다. 대부분의 고고학자들은 밑바닥이 드러나면 주거지의 기초로 여기며 발굴을 중단했지만 울리는 진흙 바닥을 더 깊이 파 내려갔다. 그리고 마침내 3.5미터 아래에서 또다시 유물을 발견하였다. 울리는 이 진흙층의 연대를 서기전 3500년경으로 추정했고, 수메르 신화와 창세기에 언급된 대홍수의 증거로 규정하였다. 진흙층 아래에서 발견된 1미터 깊이의 주거지가 대홍수로 파괴되었다는 것이다.

갈대아 우르의 발견자라는 공로로 울리는 1935년 영국의 조지 왕으로부터 작위까지 받았지만 그의 해석은 아브라함의 고향에 관한 논쟁에 다시 불을 붙였다. 당시까지만 해도 전통적인 우르는 오늘날 터키의 하란 북쪽에 위치한 우르파라고 여겼기 때문이다.

아브라함의 고향을 찾아서 2 터키의 우르파와 하란

1850년대까지 아브라함의 고향인 우르의 위치를 확인할 수 있는 유일한 단서는 창세기의 기록이었다. 아브라함의 부친 데라는 가족을 이끌고 갈대아 우르를 떠나 남쪽의 가나안으로 가는 도중 하란에 들렀다. 따라서 지리적인 경로로 보면 우르는 당연히 하란 근처에 위치한 도시여야만 한다. 하지만 영국의 고고학자 테일러가 1850년대 이라크 남부 지역의 텔 엘-무카야르에서 '우르'라는 지명이 밝혀진 기록을 발견했고, 1920년대 울리가 그곳을 발굴해서 대대적인 성과를 얻은 후 성서학자들의 관심은 북쪽의 우르에서부터 1,500킬로미터 떨어진 남쪽의 우르로 쏠리게 된다.

우르파의 '아브라함의 못' 우르파의 할릴 라흐만 사원의 마당에는 회랑으로 둘러싸인 연못에 법적으로 보호받는 잉어들이 살고 있다. 이슬람 전승에 의하면 아브라함이 가나안으로 가는 도중 이곳 사람들에게 붙들려 화형에 처해질 위기에 있었는데, 기적이 일어나 장작더미가 연못이 되어 불이 꺼졌고 장작들은 잉어로 변했다고 한다.

아브라함의 고향, 우르파 하란 근처에서 우르를 찾으려는 학자들은 45킬로미터 북쪽에 위치한 우르파를 주목하기 시작하였다. 1930년대 이후 시리아의 우가릿트, 알랄락크, 에블라 등에서 출토된 토판 문서의 해독을 통해서 우르라는 도시가 여러 개 있으며, 모두가 하란 근처에 위치한 것으로 드러났기 때문이다. 또한 특이하게도 우르파의 이슬람 교도들은 아브라함이 태어났다는 동굴과 아브라함의 기적과 관련된 연못을 성지로 보전해 왔다. 비록 우르파를 발굴하지는 못했지만 그 지리적 위치상 고대 근동의 문헌에 자주 등장하는 우르슈로 볼 수 있으며, 이미 서기전 2000년경부터 사람들이 거주한 것으로 추정된다. 서기전 300년경부터 우르파는 에뎃사로 불렸으며 비잔틴 시대에는 중심적인 기독교 도시로 발전하였다.

족장들의 고향, 밧단 아람 아브라함은 아들 이삭의 배필을 구하기 위해 고향으로 늙은 종을 보냈다. 당연히 갈대아 우르로 가야 했지만, 늙은 종은 아람 나하라임에 위치한 아브라함의 할아버지 '나홀의 성' 에 가서 리브가를 데려왔다. 아람 나하라임은 한글 성서에서는 그리스어 번역에 근거하여 메소포타미아로 잘못 번역되어 있으며 창세기 24:10, 다른 구절에서는 리브가의 고향을 밧단 아람이라고 밝히고 있다 창세기 25:20. 야곱은 밧단 아람에서 두 아내와 두 여종을 통해서 모두 열두 명의 아들을 낳았고, 이들은 이스라엘 12지파의 조상이 되었다. 많은 학자들은 아카드어로 '파다누' 가 '길' 을 의미하기 때문에 밧단(파단) 아람은 하란을 지칭한다고 주장한다.

상업의 중심지, 하란 하란은 원래 아카드어로는 '길' 이라는 뜻이며, 교통의 요지에 자리잡은, 상업과 대상들의 중심지로 알려졌다 에스겔 27:23. 1959년에 실시된 지표 조사와 간단한 발굴을 통해서 이곳은 서기전 2000년경부터 사람들이 거주하기 시작한 것으로 밝혀졌다. 1990년대 이후 터키의 고고학자들이 소규모로 발굴을 진행하고 있기 때문에 조만간 이 도시의 역사가 밝혀질 수 있을 것이다.

하란은 '신' 이라 불리는 달신 숭배의 중심지였다. 서기전 1200년경 아람 민족이 하란에 정착하기 시작했고, 창세기에 나타난 하란 지역의 다른 표현으로 알려진 '나하라임' 이나 '밧단' 이라는 지명에 '아람' 이라는 민족의 이름이 첨가되었다. 하란은 서기전 612년 잠시나마, 몰락하는 앗시리아 왕국의 수도가 되었으며, 바빌로니아 시대에도 여전히 종교 · 정치적 중심지로서 그 명맥을 이어갔다.

누지와 창세기 이라크 북동부의 고대 유적지 누지 에서는 1925년부

왼쪽 **하란의 트룰리** 하란에는 수천 년 동안 그 모습이 전해 내려오는 전통적인 흙집 트룰리벌집 모양의 흙집가 있다. 진흙에 짚을 섞어 만든 이 흙집은 낮과 밤의 기온 차가 심한 이 지역에 적합한 구조로 알려지고 있다.

왼쪽 아래 **하란 유적지** 하란은 창세기 족장들의 고향인 밧단 아람과 동일한 지역으로 보인다. 부분적인 발굴을 통해 전통적인 족장 시대인 서기전 2000년경부터 도시가 형성된 것으로 밝혀졌다. 평지에는 서기 7세기에 건설된 '울루 자미Ulu Cami' 즉, '대사원'의 폐허가 있고, 그 뒤로는 아브라함 시대의 도시 텔 하란이 자리잡고 있다.

터 8년 간의 발굴에서 모두 3,500점에 달하는 토판 문서들이 발견되었다. 이 문서의 내용을 보면 창세기의 족장들의 이야기와 매우 유사하다는 것을 발견할 수 있다.

아들이 없는 부부가 특정인을 양자로 삼는 것-엘리에셀, 아들을 낳을 수 없는 부인이 여종을 통해 대신 아들을 얻을 수 있고-이스마엘, 나중에 본부인에게 아들이 생기면 장자권을 획득하는 것-이삭, 부인을 여동생으로 속이는 것-아브라함과 이삭, 여자의 경우 오빠가 중매를 서면 본인의 의사를 확인하며-리브가, 아버지가 나설 경우 본인의 의사와 관계없이 결혼하는 것-라헬과 레아, 아내를 얻기 위해 데릴사위로 봉사하는 것-야곱, 임종시 상속에 관한 유언-이삭과 야곱, 상속권의 상징인 드라빔의 탈취-라헬 등의 관습이 그러하다.

누지의 주인공은 후리 민족이며 이들은 하란 지역에까지 퍼져 살았다. 대부분 서기전 14세기에 기록된 이 문서를 근거로 한때 족장들의 전성기를 후기 청동기 시대서기전 1550~1200로 낮추어 파악하려는 경향도 있었지만, 후대의 발굴을 통해 창세기 족장들의 사회적 관습은 특정한 시대에 관계없이 고대 근동 지방 전역에 걸쳐 나타나는 보편적인 현상들임을 밝혀냈다.

갈대아 우르 시리아 북부 지역에 위치한 하란에서 우르를 찾으려는 시도에 있어 결정적인 장애물은 바로 '갈대아 우르우르 카스딤' 라는 구절이다. 갈대아 민족은 바빌로니아 사람들로서 서기전 900년경부터 독자적인 민족으로 역사에 등장하였다. 서기전 612년 이후 앗시리아를 점령하고 새로운 제국 바빌로니아를 건설했기 때문에

'갈대아 우르' 는 바빌로니아의 한 도시가 될 수밖에 없다.

창세기의 여러 구절에서는 분명히 족장들의 고향이 밧단 아람, 즉 하란 지역으로 나타난다. 그런데 왜 갈대아 우르라는 지명이 생겨났을까. 이스라엘 민족이 본격적으로 창세기를 편집할 당시 메소포타미아의 중심 세력은 바빌로니아, 즉 갈대아 민족이었으며 이 지역에는 우르라 불리는 중요한 종교적 중심지가 있었다.

아이러니하게도 아브라함 고향의 두 후보지인 이라크 남부의 우르와 터키 동부의 하란은 모두가 달신을 섬겼던 공통점이 있다. 물론 이 때문에 당시의 기록자들이 하란과 우르를 혼동할 리는 없겠지만, 이스라엘 민족의 역사를 종합적으로 기록, 편집하는 과정에서 이왕이면 아브라함을 당시 세계 문명의 중심지였던 바빌로니아의 우르와 연관시키는 것은 자연스런 현상으로 이해될 수 있다.

로마 교황은 대희년으로 선포한 2000년의 성지 순례 여정에 당연히 아브라함의 고향, 우르를 포함시켰다. 하지만 이라크의 사담 후세인이 거절했기 때문에 교황의 우르행은 취소되었다고 전해진다. 하지만 속사정은 우르의 정확한 지리적 위치를 아직도 잘 모르기 때문이었을 것이다.

소돔과 고모라를 찾아서

사라진 도시의 흔적들 의인 열 명이 없어 유황과 불로 멸망하였다는 소돔과 고모라는 오늘날까지도 수많은 성서학자들과 고고학자들에게 끊임없는 관심을 불러일으키고 있다. 이 도시들은 고고학자들이 가장 선호하는, 천재지변으로 파괴된 유적들이다. 따라서 수많

맨 위 **사해**Dead Sea 세계에서 가장 낮은 지대로 기록되는 사해의 해수면은 해저 400미터가 넘는다. 요단 강을 비롯해서 주위의 하천으로부터 물이 흘러 들어오기만 하고 빠져나가는 출구가 없기 때문에 사해는 형성된 이래로 계속 증발만 해서 소금기가 축적되었다. 염도가 바다보다 평균 열 배나 높기 때문에 사해에서는 어떤 생명체도 살 수 없다.

위 **창세기의 소돔(?), 밥 에-드라**Bab ed-Dhra 만일 아브라함 시대를 중시 청동기 시대인 서기전 2000년 이후로 본다면 소돔과 고모라는 그 이전에 번창했던 초기 청동기 시대의 도시로 볼 수 있다. 사해 변에 위치한 밥 에-드라는 서기전 2700년경 수천 명의 주민들이 거주하던 대도시였다.

은 탐험가와 고고학자들은 화산 폭발로 잿더미에 묻힌 지중해의 테라 섬이나 폼페이를 연상하면서 그 위치를 찾기 위한 노력을 계속해 왔다. 하지만 아직 그 누구도 소돔과 고모라의 정확한 위치를 밝히지 못했기 때문에 역사성 없는 허구적 신화로 일축되기도 한다.

한편 비교적 얕은 남쪽 사해가 역사 시대 이후 생겨났다는 학설에 근거한 주장이 제기된 적도 있다. 원래 그곳에 소돔과 고모라가 있었는데 북쪽 사해 물이 넘쳐 흘러 들어와서 완전히 물에 잠겼다는 것이다. 따라서 지금도 사해 바닥을 발굴하면 불에 타 멸망했던 옛 도시의 흔적을 찾을 수 있다는 주장이었다.

19세기 이래 이스라엘 지역에서는 성지를 지리적으로 확인하려는 전통으로 인해 사해 서쪽에서 소돔과 고모라를 찾으려는 시도가 있었다. 그래서 생겨난 것이 '소돔 산'과 '롯의 아내의 기둥' 등이었다. 하지만 이는 어디까지나 특이한 지형지물에 대한 전설적인 명명에 지나지 않는다.

1만 년 전 사해 변의 고도 문명 소돔과 고모라에 대한 본격적인 고고학적 탐사는 1920년 프랑스 고고학자들이 사해 북동쪽의 고대 유적지 틀레일랏 엘-가술을 발견하면서 시작되었다. 이곳의 최초 주거 흔적은 7천 년 전으로 거슬러 올라간다. 특히 이 유적지는 서기전 4300년경부터 이스라엘의 동석기 시대를 대표하는 '가술 문명'으로 불릴 만큼 지역 문명의 중심지 역할을 하였다.

대표적인 유적으로는 서기전 4000년경 건설된 신전이 있으며, 대형 별이 등장하는 형형색색의 아름다운 벽화는 이곳에서 출토된 유물의 백미로 꼽힌다.

밥 에-드라 Bab ed-Dhra**의 맷돌** 창세기의 소돔으로 알려진 밥 에-드라에는 오늘날에도 지표면에서 약 5천 년 전의 유물들을 발견할 수 있다. 필자가 이곳을 방문했을 때 사암으로 만들어진 맷돌 한 세트를 확인할 수 있었다.

고도로 발달된 가술의 문명 전통은 이곳에서 북서쪽으로 15킬로미터 떨어진 여리고에서 비롯되었다. 고고학적 관점에서 도시는 성벽으로 둘러싸인 주거지인데, 이미 1만 년 전 여리고는 망대와 성벽을 갖춘 도시 문명을 이룩하였다는 사실이 지난 1950년대의 발굴을 통해 밝혀졌다.

창세기의 소돔, 밥 에-드라 1924년 미국의 고고학자들은 사해 동편 리산 반도에서 성벽으로 둘러싸인 한 유적지를 발견하였다. 비록 일 년 중 거의 비가 내리지 않는 광야에 자리잡고 있지만, 이 도시의 북쪽에는 우기에 물이 넘치는 와디 케락이 사해로 흘러 들어가고 있기 때문에 우물만 파면 얼마든지 물을 구할 수 있었다.

1965년부터 3년 간 지속된 발굴을 통해 밥 에-드라로 불리는 이 고대 도시는 서기전 3500년경부터 사람들이 거주했으며 서기전 2700년경에는 수천 명이 거주하던 대도시였다는 사실이 드러났다. 만일 아브라함 시대를 중기 청동기 시대인 서기전 2000년 이후로 본다면 소돔과 고모라는 그 전에 번창했던 초기 청동기 시대의 도시여야 했으므로 밥 에-드라는 소돔의 강력한 후보지로 떠올랐다.

이 도시는 서기전 2200년경 명맥이 끊어졌다. 아마도 기후 변동으로 인한 심한 가뭄과 기근으로 정착민들이 도시를 떠나 유목민이 되었을 것으로 추정한다.

5천 년 전 사해 변의 다섯 도시 소돔과 고모라는 사해 골짜기에 위치한 다섯 도시 중 대표적인 도시였다. 이 도시들이 위치한 골짜기는 싯딤 골짜기이며 염해, 즉 사해 지역에 자리한 곳이다. 창세기 14장에는 메소포타미아의 네 왕이 싯딤 골짜기로 원정 와서 이 지역의 다

아르논 골짜기 와디 무집 사해의 동쪽 지역은 비교적 넓은 집수 유역 덕분에 수량이 풍부한 여러 강들로부터 물이 흘러 들어온다. 따라서 일찍부터 샘과 하천을 중심으로 사람들의 정착지가 형성될 수 있었다. 요르단 지역의 가장 험난한 아르논 골짜기는 사해로 들어오면서 절벽과 협곡을 이루고 있다.

섯 왕과 전투를 벌이는 장면이 등장한다. 소돔과 고모라를 비롯해 아드마, 스보임, 소알의 지명이 등장하는데, 1973년 이 지역 탐사를 통해서 서기전 3000년경 설립된 초기 청동기 시대의 다섯 도시들을 발견하게 되었다. 이들은 이미 발굴된 밥 에-드라를 비롯해 누메이라, 사피, 페이파, 카나지르이다. 다섯 도시의 특징은 모두가 사해로 흘러 들어가는 와디 변에 건설되었다는 점이다.

데이르 아인 아바타-성聖 롯의 수도원 창세기에서 소돔과 고모라의 이야기는, 남편을 잃은 롯의 두 딸이 아버지를 통해 아들을 얻고 그 두 아들은 각각 암몬과 모압 민족의 조상이 된 것으로 끝을 맺고 있다. 아이러니하게도 소돔과 고모라에 대한 20세기의 고고학적 탐사도, 지난 1983년 최초로 발견되어 1992년에 발굴을 끝낸 '성 롯의 수도원' 으로 마무리된다. 이미 1884년에 발견된 서기 6세기의 마다

바의 모자이크 지도에서 그 존재가 알려진 바 있는 '성 롯의 수도원' 은 대영 박물관의 주관으로 1990년부터 3년에 걸친 발굴을 통해 그 실체를 드러내게 되었다.

롯이 두 딸과 동침하였다는 굴을 중심으로 서기 5세기경에 바닥이 모자이크로 장식된 기념교회가 건설되었으며, 이 수도원은 8세기 이후에 폐허가 된 것으로 추정된다. 롯은 이슬람교의 코란경에 '예언자 룻' 으로 등장하기 때문에 사해 변 아랍인들에게 특별한 의미를 갖는 조상으로 숭배되었다. 따라서 아랍어로 사해는 '바르 룻', 즉 '롯의 바다' 로 불리기도 한다.

저주받은 사해 문명 서기전 1200년경 가나안에 정착한 이스라엘 민족은 오랜 옛날 사해 변에 고도로 발달된 도시 문명이 존재했었다는 사실을 전해 듣게 된다. 하지만 이미 그 도시의 흔적을 찾아볼 수 없었고, 코를 찌르는 유황 냄새와 역청 그리고 소금 기둥들과 함께 역사 속으로 사라진 것에 의구심을 품게 된다.

왕정 시대로 들어와서 사해를 사이에 두고 요단 건너편의 암몬, 모압과 끊임없이 영토 분쟁을 일으켰던 이스라엘과 유다는 어떤 형태로든 저주받은 사해 문명의 신학적 원인을 규명하고자 하였다. 결국 성서의 기록자들은 이 대결을 '선택된 아브라함과 저주받은 롯의 이미지' 로 대비시켰다. 그리고 무엇보다도 이스라엘 민족을 끊임없이 괴롭혔던 모압과 암몬 민족은 다름아닌 비윤리적 근친상간으로 이루어진 롯의 후예라는 해설이 자연스럽게 첨가될 수 있었다.

힉소스 민족과 히브리 족장들

이스라엘의 고향, 이집트 우리는 성서를 통하여 이집트가 예로부터 이스라엘 민족의 피난처였음을 알 수 있다. 아브라함이나 야곱의 가족은 가나안 땅에 비가 제대로 내리지 않아 기근이 들자 일년 내내 물이 풍성한 이집트로 내려가 도움을 청했고, 신약 시대 예수의 가족은 헤롯의 박해를 피해 이집트로 가기도 하였다. 하지만 역시 노예로 팔려갔다가 총리 대신의 지위에까지 오른 요셉이야말로 성서의 이집트적 배경을 가장 잘 나타낸 인물이라고 볼 수 있다. 따라서 중세 이후 이집트를 여행했던 유럽인들은 거대한 피라미드를 '요셉의 곡식 창고' 라고 불렀으며, 지금도 이집트인들은 나일 강으로부터 흘러나와 저지대인 파윰 오아시스의 호수에 흐르는 하천을 아랍어로 '바흐르 유셉', 즉 '요셉 하천' 이라 부르고 있다.

요세푸스의 아피온 반박문 이스라엘 민족이 이집트에서 노예로 고통받은 것이 아니라 이집트를 무력으로 점령하였다는 사실은 신약 시대의 유대인 역사가 요세푸스의 작품에서 처음 등장한다.

당시 이집트의 항구 도시인 알렉산드리아의 유대인 공동체는 매우 번성하였다. 이 도시의 아피온이라 불리는 한 이집트인은 「유대인들에 대항함」이라는 글에서 출애굽 당시 유대인들은 나환자들이었기 때문에 이집트에서 쫓겨났으며 예루살렘 성전의 지성소에 금으로 만든 당나귀를 모셔놓고 숭배하였다고 주장했다. 이러한 치욕적인 비난에 대항하여 요세푸스는 「아피온 반박문」을 발표하였다. 그는 이 글에서 서기전 3세기의 이집트 역사가 마네토를 인용하면서 유대인들이 한때 이집트를 통치했음을 분명하게 밝혔다.

유대인을 옹호하거나 반박하는 편 모두가 인용했던 마네토라는

크눔호텝 3세 무덤의 힉소스 벽화 서기전 1900년경 제12왕조 시기에 이 지방의 영주였던 크눔호텝의 무덤 벽화에는 37명의 힉소스, 즉 '외국의 지도자들'이 눈 화장품을 팔기 위해 이집트를 방문했음을 보여준다. 이들은 가나안 지방 출신이며 요셉을 연상시키는 화려한 채색 옷, 독특한 수염 등으로 이집트인들과는 쉽게 구별된다.

인물은 서기전 3세기 헬리오폴리스의 제사장으로서, 페르시아 시대까지 자기 나라의 역사를 모두 30왕조로 나누어 정리한 이집트 최초의 역사가였다. 비록 그의 역사책 원본은 남아 있고 요세푸스에 의해 부분적으로 인용되었지만, '힉소스'라 불리는 이방 민족은 다름아닌 이스라엘 민족이라는 사실을 처음으로 언급하였다는 점에서 매우 중요한 사료로 평가된다.

마네토에 의하면, 힉소스 민족은 북쪽으로부터 쳐들어와서 도시를 불사르고 신전을 파괴했으며 이집트 민족을 학살하였다고 한다. 그들은 처음에 멤피스를 점령하여 수도로 삼았다가 아바리스라는 도시를 건설했고, 나중에 이집트로부터 쫓겨날 때는 그들의 재산을 모두 가지고 나가 유다 지방에 강력한 요새인 예루살렘을 건설하였다는 것이다.

베니 하산 Beni Hasan**의 바윗굴 무덤** 베니 하산은 나일 강의 동쪽 절벽에 있으며 상 이집트 16번째 주州인 오릭스 Oryx 주의 중심지였다. 중왕국 시대의 전형적인 바윗굴 무덤으로서 화려한 채색 벽화가 특징적이다. 무덤의 주인공들은 대부분 주지사들로 밝혀졌다.

베니 하산의 아브라함 1824년 영국의 윌킨슨은 이집트 중부 지방의 한 유적지인 베니 하산에서 절벽 중턱에 만들어진 바윗굴 무덤을 조사하였다. 모두 39개나 되는 이 무덤들의 주인공은 대부분 중왕국 시대인 제11왕조와 제12왕조 시대의 영주와 귀족들이었다.

그중 크눔호텝이라 불리는 한 영주의 무덤 벽에는 농사와 사냥 장면, 두 사람이 레슬링하는 모습 등 당시 이집트인들의 일상 생활이 매우 생동감 있게 묘사되어 있었다. 그는 벽화 중 이집트인들과 뚜렷이 구분되는 사람들, 즉 독특한 턱수염과 화려한 무늬로 짜여진 통치마를 걸친 한 무리의 사람들을 주목하였다. 이들의 우두머리는 산양 한 마리를 붙들고 있었으며, 그의 이름은 힉소스 '아비샤'로 기록되어 있었다. 또한 그림의 위쪽에는 '37명의 힉소스들이 눈 화장품을 팔기 위해 이집트에 왔음'을 알리고 있었다.

윌킨슨은 바로 이들을 통해 아브라함을 비롯해 창세기에 등장하는 히브리 족장들의 실제 모습을 추정할 수 있다고 주장하였다. 이 무덤은 서기전 1900년경 조성된 것이어서 연대상으로도 가능한 추론이었다. 비록 이름은 다르게 나타났지만 이집트의 한 무덤 벽화에서 히브리 족장들을 연상시키는 가나안 출신 유목민들의 모습이 생생하게 발견된 것이다.

야쿱-헤르 히브리 족장 중 하나인 야곱은 '스캐럽'이라 불리는 이집트의 도장에서 그 이름이 처음 발견되었다. 고대 이집트인들의 최고신은 태양신 '라'였다. 이른 아침에 짐승의 똥을 공처럼 둥글게 뭉쳐서 굴리고 가는 말똥구리를 그들은 태양신의 운반자로 여겨 풍뎅이 형상을 부적으로 만들었으며 도장으로 새겨서 반지에 끼고 다녔다.

1930년대 예루살렘에서 입수하여 베를린의 이집트 박물관에 소장된 한 스캐럽에는 '야쿱-헤르'라는 이름이 파라오를 의미하는 타원형 테두리에 싸여 있었다. 또한 1969년 이스라엘의 항구 도시인 하이파 근처의 쉬크모나의 한 무덤에서 발견된 스캐럽에도 상형문자로 '야쿱-헤르'가 분명하게 표기되어 있었으며 베를린의 것과 거의 같은 모습을 띠고 있었다.

함께 출토된 토기들을 통해 이 무덤의 주인공 야곱은 서기전 1750년경의 인물임이 밝혀졌다. 또한 대영 박물관이 소장하고 있는 다른 스캐럽에는 이집트 제15왕조의 파라오임을 증명하는 표시와 함께 야곱의 이름이 나타난다. 그는 힉소스 왕조의 제2대 왕으로서 서기전 1600년경에 통치한 인물임이 밝혀졌다. 우리는 이 작은 도장들을 통해 야곱이라는 이름이 당시 가나안의 왕족들에게 흔

야곱의 스캐럽 도장 창세기의 야곱이라는 이름과 같은 '야쿱-헤르'가 새겨진 스캐럽 도장이 1969년 이스라엘에서 발견되었고, 서기전 1750년경의 것으로 밝혀졌다 하이파 박물관 소장.
이와 똑같은 스캐럽 도장이 1930년대 예루살렘에서 발견되었는데, 이집트 파라오를 표시하는 타원형의 테두리가 둘러져 있다 베를린 이집트 박물관 소장.

히 주어졌다는 것을 짐작할 수 있다.

서기전 1900년경 화려한 채색 옷을 입은 아비샤를 비롯한 37명의 힉소스들, 서기전 1750년경 이스라엘 항구 도시에서 발견된 한 도시의 왕 야곱, 그리고 이집트의 최고 통치자로 군림했던 서기전 1600년경의 파라오 야곱 등은 모두가 창세기 족장들을 역사적으로 조명해 주는 고고학적 자료들이다.

비록 창세기에는 요셉이 총리 대신으로 등장하지만 이집트 역사에서 힉소스라 불렸던 히브리 족장들은 파라오로서 약 100년 동안 이집트를 식민 통치 했기때문에 이제 그들은 이스라엘 역사상 가장 강력한 지도자로 재평가될 필요가 있다.

제4장

엑소더스

| 출애굽의 역사와 고고학 |

메소포타미아와 함께 이집트는 이스라엘 민족의 또 다른 고향이었다. 유월절, 초막절, 칠칠절 등 이스라엘 민족의 3대 절기는 바로 출애굽 사건과 직결되어 있다. 또한 야훼를 표현하는 가장 근본적인 신앙 고백은 바로 '종 되었던 이집트로부터 인도해 낸 신' 이다. 수백만 명이 먼지를 일으키며 시나이 광야를 가로지르는 성서적 출애굽은 고고학과 역사학의 지평에서는 과연 어떻게 조명되고 있을까?

국고성 비돔과 람세스

창세기 50장과 출애굽기 1장 사이에는 이스라엘 민족의 잃어버린 시간이 존재한다. 이 시기에 이스라엘 민족은 고향을 떠나 이집트에 체류하다가 모세의 지휘 아래 출애굽을 감행하였다. 당시 요셉을 알지 못하는 새 왕은 국고성 비돔과 람세스를 건설하면서 히브리 노예들을 가혹하게 부렸다고 성서는 증언하고 있다 출애굽기 1:11. 히브리 노예들은 이집트 감독의 감시 아래 흙을 이겨 벽돌을 만들고 국고성을 건설하였다. 영국의 이집트 탐사재단은 흙벽돌로 만들어진 이 국고성의 흔적을 찾기 위해 1882년 처음으로 설립되었다.

1873년 겨울 어느 날, 아멜리아 에드워즈라는 한 영국인 여류 수필가는 친구들과 함께 펠루카라 불리는 전통적인 돛단배를 타고 알렉산드리아를 출발하여 이집트 탐사에 나섰다.

나일 강을 따라 두 달 동안 이집트 전역을 여행한 그녀는 영국에

고센 땅 The Land of Goshen 고센은 이스라엘 민족이 정착했던 이집트 북부 삼각주의 한 지역을 일컫는 말이다. 창세기에서는 야곱 가족이 정착했던 람세스의 땅이라고도 표현되어 있다 창세기 47:11. 오늘날 고센 땅은 이집트에서 가장 비옥한 지역으로 연중 3모작까지 가능한 곳이다. 수로와 운하가 거미줄처럼 얽혀 있어서 물이 풍부하고 끝없이 넓은 평지이며, 기후도 온난해서 농사가 잘되는 곡창 지대이다.

돌아온 후 『나일 강 천 마일을 거슬러』라는 제목의 여행기를 출판하였다. 이는 곧 베스트셀러를 기록하며 이집트에 대한 대단한 향수를 불러일으켰다. 그 후 그녀는 계속해서 이집트의 유적에 관한 글을 발표하면서 돌보는 이 없이 점점 황폐해져 가는 이집트 유적에 대한 안타까운 심정을 토로하였다.

그녀는 영국이 적극적으로 나서서 성서의 고센 땅으로 여겨지는 이집트의 삼각주 지역을 발굴해야 한다고 주장하였다. 그녀의 노력은 1882년 런던에서의 이집트 탐사재단 설립으로 결실을 맺었다. 초기의 이집트 학자들은 처음에 이 단체를 '삼각주 탐사재단'이라 부를 만큼 고센 땅의 도시의 흔적을 밝혀내길 기대하였다.

비돔 이집트 탐사재단은 첫 번째 발굴지로 이스라엘 민족이 건설 노동자로 고생했던 국고성 비돔을 택하였다. 그런데 문제는 그 넓은

텔 엘-마스쿠타 Tell el-Maskhuta **=비돔**Pithom 출애굽의 국고성 중 하나인 비돔은 텔 엘-마스쿠타, 즉 '우상들의 언덕'으로 밝혀졌다. 고센의 중심지에서 홍해 쪽으로 연결되는 와디 투밀랏트 운하 변에 위치한 비돔은 이스라엘 민족의 국고성 건설 현장인 동시에 출애굽의 출발지인 숙곳으로 알려졌다. 나빌은 이곳을 발굴하여 흙벽돌로 만들어진 창고의 흔적을 발견해 냈다.

왼쪽 **고왕국 시대의 부부상** 높이 30cm, 채색 석회암, 서기전 2400년경, 베를린 이집트 박물관 소장
이집트 기자Gizah에서 발견된 서기전 2400년경 제5왕조 시대의 부부상이다. 비록 높이가 30센티미터밖에 되지 않는 소상이지만 석회암을 정교하게 조각한 다음 색칠한 예술 작품이다. 부부의 목에 각각 보석으로 치장된 목걸이가 걸린 점으로 미루어 당시 귀족 계층에 속한 인물들로 추정된다.

고센 땅에서 비돔을 어떻게 찾을 것인가였다. 이 역사적인 이집트 성지 발굴의 책임자는 스위스 출신의 에두아드 나빌이었다. 1883년 1월 나일 강의 물이 어느 정도 줄어들어 삼각주 지역의 발굴이 가능해지자 나빌은 첫 번째 발굴에 나섰다. 그는 우선 고센 땅이 삼각주 지방 중에서도 가나안과 가까이에 있는 북서 지역임을 알아냈고, 이곳에 널리 흩어져 있는 기존의 텔, 즉 유적지들을 샅샅이 조사한 끝에 텔 엘-마스쿠타를 비돔으로 여기고 발굴을 시작하였다.

원래 비돔은 이곳에서 출토된 비문에서는 고대 이집트어로 '페르-아툼 체쿠', 즉 '체쿠에 있는 태양신 아툼의 신전'으로 기록되었다. 그런데 이집트어의 '체쿠'는 히브리어로는 '숙곳'이라고 발음될 수 있고, 숙곳은 출애굽 당시 이스라엘 민족이 출발한 장소출애굽기 13:20이기 때문에 그는 이곳을 비돔으로 결론지었다.

람세스 도시 Pi-Ramses **발굴 본부** 1987년부터 독일 펠리제우스 박물관의 에드가 푸쉬Edgar Pusch는 고센 땅의 칸티르Qantir에서 람세스 도시를 발굴하기 시작하였다. 계절적인 이유로 해마다 10월부터 다음해 2월까지만 발굴이 지속되고 있다. 푸쉬 박사는 1998년 12월에는 황금으로 덮인 람세스 2세의 궁전 바닥을 찾아냈으며 또한 1999년 10월에는 400여 마리의 말을 수용할 수 있는 대규모 마굿간을 발견하였다고 발표한 바 있다.

이곳은 현지 아랍어로 '우상들의 언덕'이라는 뜻이고, 원래는 여러 종류의 석상들이 널려 있었던 유적지였다. 또한 이곳은 히브리 족장 시대의 배경이 되는 이집트 제15왕조 힉소스 민족의 중심 도시였다. 이 지역은 파괴된 후 계속 폐허로 남아 있다가 서기전 610년경부터 로마 시대까지 요새로서 재건되었다. 네코 2세와 페르시아의 다리우스 황제는 나일 강 하류와 홍해를 연결하는 운하를 건설했는데, 비돔은 이 운하 변에 위치한 중요한 요충지 역할을 담당하였다. 3개월 간의 발굴이 끝난 후 나빌은 1885년『국고성 비돔과 출애굽 경로』라는 제목의 발굴 보고서를 출판하였다.

람세스 한편 비돔과 짝을 이루는 또 하나의 국고성 람세스는 원래 람세스 2세가 건설한 하이집트의 수도 '피람세스'를 말한다. 구약성서에서는 총리 대신으로 출세한 요셉의 배려로 야곱의 가족들이 거주했던 이집트의 한 지방을 고센 땅에서도 '람세스의 땅' 창세기 47:11으로 기록하고 있다. 또한 이곳은 람세스 2세의 고향이었으며, 서기전 13세기에 그가 건설한 '람세스의 궁전'이라는 뜻의 피람세스는 삼각주 지역의 가장 화려했던 왕도였다. 물론 지금은 폐허가 되어 그 옛날의 영화를 찾아볼 길이 없다.

두 개의 국고성 중 비돔은 지난 1883년 나빌에 의해 처음으로 발굴되었지만, 람세스 도시는 유적으로서의 흔적이 지상에 거의 남아 있지 않았기 때문에 비교적 최근인 1970년대 이후 그 지리적 위치가 어렴풋이 확인되었다. 왜냐하면 1960년대에 완공된 아스완 댐으로 인해 삼각주 지역의 지하 수면이 높아지면서 웬만한 저지대가 일년 중 거의 절반이 침수되는 상태였고, 람세스 도시도 벼농사가 이루어지는 논과 밭이었기 때문이다.

독일의 이집트 학자인 에드가 푸쉬는 독일의 펠리제우스 박물관의 후원으로 1987년부터 나일 강의 지류 펠루시움 강변에 위치한 칸티르라는 곳에서 대규모 궁전 유적지를 발굴하였다. 그는 이 유적이 람세스 2세의 궁전과 신전이었으며, 따라서 이곳이 피람세스, 즉 람세스 궁전이 있었던 출애굽기의 국고성 람세스임을 강하게 주장하고 있다.

에드워즈 여사와 나빌, 그리고 푸쉬 등의 노력으로 구약성서의 신앙적 기초가 되는 출애굽 사건의 현장인 국고성 비돔과 람세스가 발굴됨으로써 고대 이집트 문명 속에서 구약성서의 출애굽 사건을 조명하는 계기가 되었다.

스스로 있는 자, 야훼

'야훼와 그의 아세라' 논쟁 1967년 여름 어느 날, 예루살렘의 한 연구소에 근무하던 미국의 고고학자 디버는 헤브론 근처에서 도굴꾼들이 가져온 유물들을 입수하였다. 그중에는 국보급인 구약 시대의 히브리어 기록이 한 점 포함되어 있었다. 손바닥이 그려진 돌판에는 모두 여섯 줄의 히브리어 문장이 새겨져 있었는데, 이를 해독하던 디버는 '야훼와 그의 아세라' 라는 구절을 발견하고는 놀라움을 금치 못하였다. 아세라는 보통 바알과 한 쌍을 이루는 가나안의 여신으로 알려져 있었는데 마치 야훼의 배우자인 양 기록되었기 때문이었다. 발견 장소를 따서 '키르벳트 엘-콤 기록' 이라 불리는 이 야훼의 기록은 1976년 시나이 반도에서 발견된 또 다른 히브리어 기

왼쪽 쿤틸랏트 아즈루드 Kuntilat Ajrud 쿤틸랏트 아즈루드는 시나이 반도 북동쪽의 가데스 바네아 남쪽 50킬로미터 지점에 위치하고 있다. 1967년의 6일 전쟁으로 시나이 반도가 이스라엘의 통치하에 들어왔을 때 이스라엘 고고학자들의 체계적인 지표 조사surface survey를 통하여 이곳이 구약 왕정 시대 유다 왕국의 남쪽 요새임을 확인하게 되었다. 이스라엘 고고학자 제에브 메셸Zeev Meshel은 1975~6년의 발굴을 통하여 서기전 800년경 기록된 고대 히브리어와 페니키아어 기록을 발견하였다.

왼쪽 아래 **호렙 산의 떨기 나무** 광야 시절 모세는 호렙 산의 불붙는 떨기나무 속에서 야훼의 음성을 들었다. 모세는 그 분의 이름을 물었고 야훼는 '스스로 있는자' 라고만 표현하였다. 오늘날 시내 산의 1,500미터 지점에 위치한 그리스 정교회 소속의 성 카타린 수도원 구내에는 모세의 떨기나무로 알려진 가시덤불이 자라고 있다.

록과 함께 '야훼와 그의 아세라' 논쟁에 불을 지폈다.

유적 발견 현장은 이스라엘이 1967년 6일 전쟁으로 점령한 시나이 반도에 위치해 있으며, 왕정 시대에 유다의 남쪽 요새로 개발된 쿤틸랏트 아즈루드였다. 무게가 200킬로그램이나 되는 대형 돌그릇과 석고벽, 그리고 저장용 항아리에 고대 히브리어와 페니키아어로 문장이 기록되어 있었는데 여기에 '야훼와 그의 아세라' 란 말도 등장하였다. 이 문장에서 야훼는 축복의 주체로 나타나며 아세라를 동반하고 있다. 두 기록 모두 서기전 8세기 중엽이기 때문에 아마도 히스기야의 종교개혁 이전의 우상 숭배 현상을 나타낸다고 해석하기도 한다.

이집트 관리를 죽이고 미디안으로 피신했던 모세는 그 지방의 제사장 이드로의 딸과 결혼하고 광야에서 양떼를 치고 있었다. 어느 날 양떼를 이끌고 호렙 산으로 갔을 때 불붙는 떨기나무 속에서 야훼의 음성이 들렸다. 야훼는 모세에게 이집트로부터 억압받는 이스라엘 민족을 구원하라고 명령하였다. 모세는 자신과 대화하는 존재가 누구인지 궁금하였다. 그는 '당신의 이름은 무엇입니까?' 라고 물었다. 이때 야훼는 '나는 스스로 있는 자' 라고만 대답하였다출애굽기 3:14. 야훼라는 이름은 바로 이 구절에서 유래되었으며 히브리어로 존재를 나타내는 be동사와 밀접한 관련이 있다.

지금까지 애매모호한 야훼의 어원을 언어학적인 차원에서 가장 객관적으로 해석한 사람은 하버드 대학의 크로스 교수였다. 그의 주장은 서기전 1900년경 시리아의 도시국가 마리에서 출토된 종교적 문서에 근거한다. 그 문서에는 가나안 최고의 신 엘El의 이름을 빌려 병자에게 건강을 회복케 하거나 죽은 자를 살리려는 기도문이 씌어 있었다. 이때 '야휘' 나 '야후' 는 be동사로서 '엘 신이여 재물이 있게 하소서, 건강이 있게 하소서, 생명이 있게 하소서' 등의 의미로 사용되었다는 것이다. 따라서 '엘 야훼' 는 원래 '엘이여 존재케 하소서' 또는 '엘이여 살리소서' 라는 의미를 지녔다는 것이다. 북이스라엘 사람들이 섬기던 엘을 경멸하는 남유다의 종교적 관점에서 be동사의 미래 간청형인 '야훼' 가 엘 신의 자리를 차지하게 되었다고 해석할 수 있다.

야훼교의 기원 이미 1868년 모압 지방의 디본에서 발견된 메샤 석비를 통해 야훼라는 이름의 역사성이 확인된 바 있다. 이스라엘과 영토 분쟁을 종식한 모압의 메샤 왕이 느보에 있던 야훼의 기물들을 탈취하여 모압의 신 크모쉬 제단에 바친다는, 서기전 850년경의 기록을 통해 야훼교의 기원을 서기전 9세기로 짐작할 수 있다. 이때부터 구약의 종교인 야훼교의 기원을 고고학적 관점에서 규명하려는 연구가 시작되었다. 비록 물질 문명을 다루는 고고학이지만 신전이나 제의 도구들을 통해서 정신 문명인 종교 현상까지도 조명할 수 있다는 것이다.

모세는 이스라엘 민족을 이끌고 이집트를 탈출하여 시내 산에 이르러 열 가지 계명을 받았다. 이때부터 '나 외에 다른 신을 섬기지 말라' 는 유일신 사상이 야훼교의 가장 중요한 특징으로 자리잡았다. 그렇다면 과연 모세 시대 이후 이스라엘 민족은 유일신 야훼만을 섬겼을까. 우선 야훼교적 신학에 입각하여 기록된 구약성서라 할지라도 이러한 물음에는 회의적인 답변을 제시한다. 서기전 10세기

'야훼와 그의 아세라' 기록 1975년 쿤틸랏트 아즈루드에서 발견된 한 항아리에는 서기전 800년경의 고대 히브리어 구절이 새겨져 있다. 마치 야훼가 다른 가나안의 신들처럼 여성 배우자를 지닌 것으로 볼 수 있는 '야훼와 그의 아세라'라는 구절 때문에 이스라엘 종교사에 새로운 논쟁거리를 불러일으켰다. 유다 왕국과 관련해서는 '야훼와 그의 아세라'라는 표현은 히스기야의 종교개혁 이전의 종교 현상을 나타낸다고 볼 수 있다. 프랑스 언어학자 르메르는 '사마리아의 야훼'라는 구절을 통해서 이 글은 북이스라엘 사람들에 의해 기록되었다고 주장하였다. 그렇다면 이곳이 남유다의 요새 겸 제의 장소이면서 북이스라엘 사람들도 이곳에 순례왔거나 아니면 가자와 에일랏을 연결하는 무역로를 통행하던 북이스라엘 사람들에 의해 기록되었을 가능성이 있다.

야훼를 위해 화려한 예루살렘 성전을 건설했던 솔로몬은 시돈 사람의 여신 아쉬토렛과 암몬의 신 밀콤과 몰록, 그리고 모압의 크모쉬를 숭배하기 위하여 예루살렘 앞산에 산당을 지었다 열왕기상 11:5~7.

서기전 9세기 이스라엘의 예언자 엘리야의 독백은 더욱 안타깝기만 하다. "야훼의 선지자는 나만 홀로 남았으나 바알의 선지자는 사백오십인이로다" 열왕기상 18:22. 성전을 지은 지 백 년도 지나지 않아 야훼교의 명맥이 끊어질 운명에 처한 것이다.

나아가 서기전 8세기 유다 왕 아하스는 "이방 사람의 가증한 일을 본받아 자기 아들을 불 가운데로 지나가게 하며 또 산당과 작은 산 위와 모든 푸른 나무 아래에서 제사를 드리며 분향" 하였다 열왕기하 16:3~4. 이렇게 만연된 유다의 우상 숭배 현상은 서기전 7세기 예레미야에 의해 구체적인 숫자로 표현됨으로써 절정에 이른다. "유다야, 네 신들이 네 성읍의 수효와 같도다. 너희가 예루살렘 거리의 수효대로 바알에게 분향하는 단을 쌓았도다" 예레미야 11:13.

미국의 한 유대인 성서학자는 고대 근동의 왕들의 이름에는 그들이 섬기던 신의 이름이 자주 포함되어 있다는 점에 착안하여 구약에 등장하는 이름들을 분석하기 시작하였다.

만일 이름에 바알이 들어가 있다면 가나안이나 페니키아의 바알교 신자이며, 하다드가 들어갔다면 아람 사람, 아문이나 라Ra가 포함되었다면 이집트 사람으로 볼 수 있다는 것이다. 따라서 이스라엘 사람들의 이름에는 야훼가 당연히 포함되어야 한다. 그런데 십계명의 제3계명에 따르면 야훼의 이름을 함부로 부를 수 없었다. 따라서 이스라엘 사람들의 이름에는 대부분 여호수아와 같이 '여호' 라는 야훼의 약자가 이름 앞에 접두사로 붙거나 엘리야(후)와 같이 '야후' 가 접미사로 첨가되었다. 이러한 이름들은 주인공보다는 이름을 지은 부모들의 신앙적 경향을 나타낸다고 볼 수 있다.

통계적으로 볼 때 왕정 시대 유다 왕국의 466개 이름 중 89퍼센트인 413개가 야훼의 이름을 쓰고 있고, 나머지 11퍼센트인 53개는 '엘' 이나 '바알' 등 다른 신들의 이름을 포함한다.

여기에서 우리는 이스라엘 초기의 왕들인 사울, 다윗, 솔로몬, 르호보암 등이 야훼와는 전혀 관계 없는 이름이라는 사실에 주목할 필요가 있다. 왜냐하면 고대 근동의 관점에서 비록 어린 시절의 이름이 따로 있다 하더라도 일단 왕위에 오르면 신의 이름이 붙어 공식적인 왕명이 부여되는 것이 관례이기 때문이다.

성서에 등장하는 이름뿐만 아니라 고고학적 발굴에서 출토된 도장에 나타난 이름을 통해 이 미국의 유대인 학자는 서기전 800년쯤부터 야훼를 포함한 이름이 보편화되었다는 사실을 밝혔다.

야훼라는 단어가 처음으로 등장한 메샤 석비와 출토된 도장에 나타난 유다 사람들의 야훼를 포함한 이름은 서기전 9세기부터 비로소 야훼교가 본격적으로 부흥했음을 시사해 준다. 이러한 사실은 구약성서에 등장하는 왕의 이름 중 야훼의 의미가 들어간 최초의 이름이 서기전 870년경 유다의 여호사밧 왕이었다는 점과 일맥상통한다.

테라 섬의 화산 폭발과 출애굽의 열 가지 재앙

테라 섬의 채색 벽화 1967년 그리스의 고고학자들은 지중해 한가운데에 위치한 테라 섬의 고대 유적지를 발굴하기 시작하였다. 수십 미터 깊이의 돌처럼 단단하게 굳어진 화산재 더미를 파헤쳐 보물을 찾아내는 일은 그리 쉽지 않았다. 다행히 아크로티리라 불리는 지역은 자연스런 침식에 의해 지하의 유적들이 어느 정도 드러나 있어서 본격적인 발굴을 수행할 수 있었다.

발굴 결과 무엇보다도 고고학자들의 시선을 끌었던 것은 잘게 부서져 바닥에 잔뜩 깔려 있는 채색 벽화의 조각들이었다. 처음에는 무슨 그림인지 알 수 없었으나 전문가들의 오랜 작업 끝에 복원된 완성품은 보는 이들의 탄성을 자아냈다. 미적 수준이 놀라울 정도로 높았기 때문이었다. 테라 섬 사람들의 문화적 수준이 어떠했기에 성서의 족장 시대로 볼 수 있는 서기전 1600년경에 그토록 수준 높은 예술 작품을 만들어낼 수 있었을까?

아크로티리 발굴 서기전 2000년경부터 도시 문명이 발달하기 시작했던 테라 섬의 아크로티리 주거지에는 토기류를 제외한 귀금속류가 전혀 눈에 띄지 않았다. 서기전 1600년경의 대폭발 이전에 발생한 여러 지진으로 이미 사람들이 피난했다는 증거다.

이 역사적인 발굴의 주인공은 평생 미노아 문명만을 연구했던 마리나토스였다.

서기전 2000년경 지중해의 크레타 섬에는 궁전이 특히 발달했던 도시들이 있었다. 이 도시들을 중심으로 형성된 미노아 문명은 아름다운 채색 벽화로 장식된 대규모 궁전 건축이 특징이었다. 서기전 1500년경 문명 쇠퇴기에 접어들면서 지중해의 중심 세력은 크레타 섬에서 그리스 남부의 미케네 지역으로 이동한다. 마리나토스는 이러한 문명 이동의 직접적인 원인을 테라 섬의 강력한 화산 폭발로 보았다.

그는 곧 1967년부터 테라 섬을 본격적으로 발굴했고 50미터 두께로 덮여 있는 화산재를 뚫어 그 아래에 존재했던 3,600년 전 도시의 흔적을 찾아내는 데 성공하였다. '에게해의 폼페이'라 불리는

아크로티리의 채색 벽화 지금으로부터 3,600년 전에 그려진 채색 벽화에는 화려한 옷차림의 한 소녀가 생동감 있게 표현되어 있다. 이들 벽화의 대부분은 오랜 기간 노력 끝에 복원된 것이다. 채색 벽화의 화려함은 당시 도시 문명의 수준을 가늠하게 한다.

아크로티리 유적을 통해 지금까지 발견된 채색 벽화 중에서 가장 아름다운 작품들을 복원해 낼 수 있었다. 돌고래와 각종 물고기가 뛰노는 바닷속 풍경, 날렵한 몸매를 자랑하는 사슴들, 백합 위를 스치듯 날아가는 제비들의 모습 등 온갖 자연의 살아 움직이는 생동감을 표현했던 것이다.

서기전 350년경 그리스의 철학자 플라톤은 그의 저서 『대화』에서 바닷속으로 가라앉은 잃어버린 왕국 '아틀란티스'에 관해 언급하였다. 이 전설은 원래 서기전 600년경 아테네의 정치가로서 이집트를 방문했던 솔론이 그곳의 제사장들로부터 전해들은 것이었다. 많은 섬들을 거느린 아틀란티스 왕국이 사람들의 부도덕 때문에 어느 날 갑자기 지진과 홍수를 만나 사람들은 땅 속으로 꺼져 들어갔고 대륙은 바다 밑으로 가라앉았다는 것이다.

지금까지 많은 탐험가들이 해저 탐사를 통해 잃어버린 아틀란티스를 찾고자 했으나 수포로 돌아갔다. 하지만 1967년부터 시작된 아크로티리 발굴을 계기로 당시 고도로 발달했던 테라 섬의 문명을 플라톤의 아틀란티스로 해석하려는 시도가 있었다. 그것은 이집트와 해상 무역을 전개했던 테라의 도시들이 서기전 1600년경 화산 폭발로 완전히 파괴되었다는 대재앙의 기억들이 이집트인들에게 남아 있었기 때문이었다. 그 사실은 이집트를 방문했던 아테네의 솔론에게 전해졌고 플라톤은 그의 작품에서 사라진 도시에 관해 언급했던 것이다.

출애굽 당시 이집트의 파라오를 위협했던 모세의 열 가지 재앙출애굽기 7~11장은 대부분 가뭄과 홍수, 그리고 지진과 화산 폭발의 결과 발생했던 대표적인 자연 재난들이다. 홍수를 겪은 나일 강은 핏빛으로 물들었고 범람한 물이 빠지자 개구리와 파리가 들끓었다. 익사한 동물과 부패한 사람의 시신은 살아 있는 가축과 사람들에게 치명적인 전염병을 일으켰다. 가뭄으로 메마른 아프리카 대륙을 휩쓰는 메뚜기떼가 지나가면 폐허만 남았다. 특히 사흘 동안 하늘이 캄캄해진 사건은 대규모 화산 폭발과 밀접한 관계가 있을 것이며, 몇 달 동안 지속되는 한파로 인해 여름철에도 폭설과 우박이 내리는 기상 이변이 일어나 이집트인들은 두려움에 떨었을 것이다.

바다 한가운데 섬에서 화산이 폭발하면 일단 분쇄된 마그마가 지상 30~35킬로미터 높이까지 분출되고 바닷물이 분화구의 마그마에 유입되면서 폭발력이 증대되어 화산재가 섞인 수증기가 계속 나온다. 이러한 일련의 폭발 과정은 최단 18시간에서 최장 4~5일간 지속될 수 있다. 이어서 며칠 동안 지속되는 단기적인 기상 이변으로 폭발과 천둥의 굉음, 번개, 폭풍우가 발생하고 '쭈나미'라 불리는 대규모의 해일이 섬을 덮치며, 나아가 화산재가 지상 40킬로미터 성층권에 퍼져 태양 빛을 차단함으로써 며칠 동안 주위는 암흑의 세계로 변하게 된다.

장기적인 기상 이변이 계속될 경우에는 화산재 에로졸이 태양열을 차단하여 북반구 지역에 수년 간 한파를 가져옴으로써 농사와 목축이 불가능해져 광범위한 지역에 기근이 들고 전염병이 퍼져 결국 문명은 붕괴될 것이다.

지중해 지역의 고고학과 이집트 역사학에서 테라 섬의 화산 폭발을 암시하는 이집트의 기록물은 연대 추정에 단서를 제공하는 결

테라 섬 백만 년 전의 화산 폭발로 형성된 테라 섬은 지금까지 수백 차례의 폭발 결과 50미터 이상 되는 용암과 화산재로 뒤덮인 에게해의 휴양지다.

정적 역할을 한다.

서기전 16세기 힉소스 시대에 기록된, 수학 문제들이 씌어 있는 파피루스의 뒷면에는 며칠 동안 암흑 속에 폭풍우가 몰아쳤다는 누군가의 낙서 흔적이 있다. 또한 서기전 1550년경 이민족 힉소스를 몰아내고 새로운 왕조를 건설한 악흐모세가 카르낙의 신전에 세운 소위 '폭풍우 석비'에도 엄청난 천둥소리와 함께 폭풍우가 몰아쳤다는 언급이 있다. 악흐모세 제1년에 기록된 이 석비의 폭풍우가 테라 섬의 화산 폭발 때문이었다면 이 재앙의 결과 파괴된 크레타

테라 섬의 화산 폭발 1867년 오늘날에는 모두 다섯 개의 섬들로 이루어진 테라는 원래 지금으로부터 약 백만 년 전의 화산 폭발로 형성된 직경 15킬로미터 규모의 둥근 섬이었다. 약 2만 년 전의 폭발로 인해 초승달 모습으로 바뀌었으며 서기전 1600년경의 폭발로 인해서 오늘날의 모습에 이르게 되었다. 서기전 197년의 폭발은 그리스의 지리학자 스트라보Strabo에 의해 다음과 같이 기록되었다. "바다로부터 불꽃이 솟아나와 나흘 동안 지속되었고 근처의 바닷물이 화염에 뒤덮여 끓어올랐다". 서기 726년의 폭발 결과 비잔티움의 사제였던 테오파네스Theophanes는 테라의 화산 폭발로 화산재가 마케도니아와 터키의 해안을 뒤덮는 재앙이 발생했는데 이는 당시의 교황 레오 3세가 시행했던 성상 파괴iconoclasm의 결과라고 해석하였다. 특히 서기 1573년의 화산 폭발의 결과 바다 한가운데에서 조그만 섬 하나가 탄생하기도 하였다. 서기 1650년의 폭발은 남쪽으로 120킬로미터 떨어진 크레타에서 폭발음을 들을 수 있었고 밤에는 불꽃이 보였다. 서기 1867년의 폭발에서도 크레타에서 낮에는 연기, 밤에는 불꽃을 보았다.

문명의 연대도 비교적 정확하게 산출할 수 있게 된다.

오늘날 모두 다섯 개의 섬으로 이루어진 테라는 원래 지금으로부터 약 백만 년 전의 화산 폭발로 형성된 직경 15킬로미터의 둥근 섬이었다. 약 2만 년 전의 폭발로 인해 초승달 모양으로 바뀌었으며 서기전 1600년경 다시 화산이 폭발해 오늘날의 모습에 이르게 되었다. 당시 200미터 높이의 해일이 발생하여 섬 전체가 파괴되었으며, 북서풍의 영향으로 이집트 북부와 이스라엘 해안 지역에까지 화산재가 쌓이게 되었다.

서기전 197년의 폭발은 그리스의 지리학자 스트라보에 의해 다음과 같이 기록되었다.

"바다로부터 불꽃이 솟아나와 나흘 동안 지속되었고 근처의 바닷물이 화염에 뒤덮여 끓어올랐다."

서기 726년 폭발 결과 테라의 화산재가 마케도니아와 소아시아의 해안을 뒤덮는 재앙을 보고 비잔티움의 사제였던 테오파네스는 이는 당시의 교황 레오 3세가 행했던 성상 파괴의 결과라고 해석하였다. 특히 서기 1573년의 화산폭발의 경우에는 바다 한가운데에서 조그만 섬 하나가 탄생하기도 하였다. 서기 1650년의 폭발에서는 남쪽으로 120킬로미터 떨어진 크레타에서 폭발음을 들을 수 있었고 밤에는 불꽃이 보였다. 1867년 테라의 폭발에서도 크레타에서 낮에는 연기, 밤에는 불꽃을 보았다고 한다.

그렇다면 왜 구약성서에는 테라의 화산 폭발을 암시하는 언급이 나타나지 않는가? 1867년 테라 섬 화산이 폭발했을 때 근처를 지나던 배에서 이 모습을 본 사람들은 '낮에는 연기(수증기)가, 밤에는 불길이 치솟았다' 고 기록하였다. 저주받을 이집트인들에게는 열 가지 재앙을, 선택받은 이스라엘 민족에게는 열 가지 계명의 말씀을 전해준 야훼는 그의 백성을 낮에는 구름기둥으로, 그리고 밤에는 불기둥으로 인도했다고 성서는 기록하고 있다출애굽기13:21~22.

출애굽의 두 길

4백 년의 노예 생활을 청산하고 약속의 땅 가나안으로 향하는 이스라엘 민족 앞에는 두 갈래의 길이 놓여 있었다. 미국의 시인 로버트 프로스트의 시 「가지 않은 길」에서와 같이 이스라엘 민족이 선택의 기로에서 망설였던 출애굽의 두 길은 비교적 다니기 쉬운 '블레셋 사람의 땅의 길' 과 좀더 어려운 '홍해의 광야길' 이었다출애굽기13:17~18. 그중 이스라엘 민족은 「가지 않은 길」의 마지막 구절처럼 비교적 '사람들이 덜 다닌 길을 선택했기에' 이후의 모든 역사는 달라질 수 있었다. 과연 그들이 선택한 홍해의 광야 길은 어떤 길이었기에 이스라엘의 역사가 그토록 달라졌을까. 또한 그들은 왜 쉬운 지름길을 선택하지 않았을까?

이스라엘 민족이 선택하지 않았던 '블레셋 사람의 땅의 길' 은 이집트와 가나안을 연결하는 중심 무역로이자 군사로였다. 이집트 사람들은 이 길을 '호루스의 길', 즉 파라오의 길이라고 불렀다. 이스라엘 지역으로 진격할 때마다 파라오들이 이 길을 이용했기 때문이다. 따라서 이 길에는 일정 간격으로 우물과 군수 창고, 마굿간 등을 갖춘 요새와 야영지가 건설되었고, 검문검색이 심해서 통행증 없이는 다니기 힘든 곳이었다.

따라서 출애굽기는 이스라엘 민족이 이 길을 택하지 않은 이유를 다음과 같이 설명한다.

그들이 만일 블레셋 사람의 땅의 길로 진행한다면 도중에 군사적 제지를 받아 출애굽을 포기하고 다시 이집트로 돌아갈까 봐 하나님께서는 그들을 홍해의 광야 길로 인도 했다는 것이다 출애굽기 13:17.

신약 시대 이후 이 길은 라틴어로 '비아 마리스', 즉 '바다의 길'로 불렸다. 이집트의 북쪽 삼각주 지역에서부터 시작하는 이 길이 지중해안을 따라 북쪽으로 이어지기 때문에 붙여진 이름이다. 1972년부터 10년 동안 이스라엘 벤구리온 대학의 오렌 교수는 이 길 중에서 이집트의 실레에서 이스라엘의 라피아까지 210킬로미터 구간을 집중적으로 발굴한 결과, 무려 150군데에 달하는 고대 야영지와 정착지를 확인할 수 있었다. 이들은 대부분 서기전 1550년 이후에 개발된 것들로서 저장 능력이 40톤에 달하는 곡식 창고와 우물, 육중한 성벽으로 둘러싸인 요새들이 모래 속에서 차례대로 그 모습을 드러냈다. 특히 히브리 대학의 도탄 교수는 데이르 엘-발락흐에서 화려한 이집트식 궁전을 발굴함으로써 이 길의 중요성을 더욱 부각시켰다.

서기전 1550년경 이집트의 고센 땅에서 쫓겨난 힉소스, 즉 이스라엘의 조상들은 바로 이 길을 따라 그들의 중심지였던 지중해변의 샤룩헨으로 피신하였다. 하지만 이집트의 군대는 끝까지 추격하여 샤룩헨을 점령하였다. 그 결과 가나안 지역은 이집트의 직접 통치하에 들어가게 된다.

블레셋 사람의 땅의 길이 얼마나 빠른 교통로인지 구체적으로

왼쪽 **우윤 무사** 홍해의 광야 길을 가다가 만나는 우윤 무사모세의 샘는 바닷가 모래 벌판에 위치한 소규모 오아시스로서 섭씨 50도의 온천수가 흘러나오는 곳이다.

왼쪽 아래 **세라빗트 엘-카딤**Serabit el-Khadim**의 하토르 신전** 시나이 반도의 세라빗트 엘-카딤 산악 지대에 위치한 이 신전은 터키옥의 수호신 하토르 여신을 기념하는 곳이다. 이곳은 시내 산과 가깝고 하토르는 암소 여신이어서 출애굽 경로와 금송아지 숭배 등과 밀접한 관계가 있다.

밝혀진 것은 서기전 1460년경 이 길을 따라 팔레스타인의 므깃도로 진격했던 이집트의 파라오 툿트모세 3세의 기록을 통해서였다. 자히 땅(시리아-팔레스타인)의 '사악한 반역자들'을 처단하기 위해 원정군과 함께 출발한 툿트모세 3세는 8월 25일 호루스의 길이 시작되는 실레 요새를 출발해서 9월 4일 가자에 도착하였다. 열흘 만에 250킬로미터를 주파한 셈이었다.

만일 이스라엘 민족이 이 길을 택하였다면 고센 땅을 출발한 지 적어도 40일 만에 예루살렘에 도착할 수 있었을 것이다. 이 길은 170킬로미터 지점의 엘-아리쉬 오아시스 외에는 전혀 물을 구할 수 없는 사막 지대를 통과하기 때문에 오늘날 차량 편으로 이동하기에도 상당히 힘든 여정이었지만 홍해의 광야 길에 비하면 훨씬 다니기 쉬운 길이었다.

이스라엘 민족이 선택한 홍해의 광야 길을 오늘날 지도상에서 파악하기는 매우 힘들다. 그 대신 출애굽의 중간 기착지 중 비교적 그 위치가 뚜렷한 시내 산, 가데스 바네아, 에일랏 등을 기준으로 본다면, 고센을 출발한 이스라엘 민족은 일단 홍해 변을 따라 남쪽의 험준한 산악 지대를 거쳐 가데스 바네아로 갔다가 다시 에일랏으로 내려온 후 에돔 지역으로 건너간 것이다.

오늘날 출애굽 지리학을 연구하는 학자들의 관심은 과연 이스라엘 민족이 어느 곳을 지나갔는가 하는 것보다는 왜 출애굽기의 저자는 이스라엘 민족이 시내 산과 에일랏을 거쳐 요단 건너편으로 우회하는 길을 선택한 것으로 기술했는가 하는 점이다.

공교롭게도 출애굽 여정은 고대 이집트의 터키옥 광산과 구리 광산의 개척로와 일치한다.

대부분 이집트의 고대 장신구들은 황금과 세 가지 보석으로 만들어졌다. 짙은 남색의 라피스 라줄리, 연한 푸른색의 터키옥, 그리고 붉은 계통의 카넬리안을 모양대로 잘라서 황금 틀에 정교하게 배치한 이집트 전통 장신구는 화려한 색상과 미적 조화가 뛰어나다. 그 장신구들은 오늘날의 귀금속 장식과 비교해도 손색 없는 최고급품으로서 전세계 유명 박물관의 진열장을 장식하고 있다.

그중 황금과 라피스 라줄리, 그리고 카넬리안은 이집트에서 얼마든지 구할 수 있지만 터키옥은 시나이 반도의 와디 마아라와 세라빗트 엘-카딤 근처에서만 채굴되었기 때문에 오래 전부터 이집트인들은 시나이 반도에 광산 개척로를 닦아놓았던 것이다. 구리는 이스라엘 남쪽의 아라바 광야의 팀나와 페이난에서 채굴되었다. 따라서 출애굽 경로는 이집트를 출발해서 터키옥 광산 지역인 시내산 근처를 통과하여 구리 광산 지역인 아라바로 이어지는 고대 이집트 광부들의 광산 개척로와 거의 일치한다고 볼 수 있다. 나아가 터키옥과 구리의 수호신이 다름아닌 암소 여신 하토르였고, 이를 숭배하는 신전이 이미 출애굽 시대 이전에 각각 세라빗트 엘-카딤과 팀나에 건설되었다는 사실도 주목할 필요가 있다. 왜냐하면 비슷한 길을 걸어갔던 이스라엘 민족은 어떤 형태로든 이집트식 소숭배에 영향을 받았을 것이고, 그 결과 시내 산기슭에서 금송아지로 구체화되었기 때문이다.

40일 걸리는 지중해변의 지름길 대신 40년이나 걸렸던 머나먼 홍해의 광야 길을 택한 이스라엘 민족은 시내 산에서 율법의 기초인 십계명을 받을 수 있었다. 유월절, 칠칠절, 초막절 등 구약 시대의 대표적인 3대 절기는 모두 머나먼 광야 여정 중에 있었던 사건들로부터 유래되었다. 또한 이스라엘 종교의 구심점인 예루살렘 성전도 광야 여정중에 쉽게 이동할 수 있는 휴대용 성소인 법궤와 이를 안치하는 성막으로부터 형성될 수 있었다.

나아가 무엇보다도 이스라엘 역사에서 끊임없이 반복되는 신앙 고백은 모세가 광야 길의 호렙 산에서 만난 야훼가 다름아닌 '이집트로부터 우리를 구해낸 신' 이라는 것이다. 이 모든 것들은 대부분의 사람들이 다니던 평범한 길이 아니라 좁고 험난해서 누군가가 지나가야만 후대의 사람들이 좀더 편하게 갈 수 있는, 아무도 '가지 않은 길' 을 이스라엘이 선택한 덕분이었다.

시내 산은 어디인가?

1967년 6월 5일 아침 8시를 기해 이스라엘 군대는 시나이 반도에 진격해 들어갔다. 전투를 시작한 지 단 4일 만에 수에즈 운하를 점령함으로써 이스라엘은 자국 영토의 무려 네 배에 달하는 거대한 시나이 반도를 차지하였다. 이때부터 이집트와의 평화 조약이 체결되어 반도를 되돌려줄 때까지 이스라엘 고고학자들은 15년 간 시나이 반도를 샅샅이 탐사하고 연구하였다. 그들의 가장 중요한 목표는 두말할 나위 없이 이곳에서 있었던 출애굽 사건의 고고학적인 흔적을 찾는 것이었다.

하지만 결과는 의외로 실망스러웠다. 서기전 3000년대와 2000년대의 주거 흔적을 발견했지만 대부분의 성서학자들이 생각하는

시내 산 정상 오늘날 모세의 시내 산이라고 여겨지는 제벨 무사는 해발 2,285미터 높이의 붉은 화강암으로 이루어진 바위산이다. 산 정상에는 1934년에 건설된 길이 25미터, 폭 11미터 규모의 성삼위일체 교회당이 자리잡고 있다. 이 교회당은 이미 서기 360년경 이곳에 정착했던 수도사 율리아누스 사바Julianus Saba에 의해 최초로 건설되었다. 이 교회당은 서기 6세기 유스티니아누스 황제 시절에 증축되었으나 서기 8세기경 더 이상 돌보지 않아서 파괴된 것으로 보인다.

출애굽의 연대인 서기전 13세기의 흔적은 전혀 발견되지 않았기 때문이다. 이스라엘 민족이 이집트의 고센 땅에서 도시 람세스를 건설했기 때문에출애굽기 1:11 이 도시의 건설자인 람세스 2세 시대, 즉 서기전 13세기가 출애굽의 시대적 배경이 된다. 40년 유랑 생활의 대부분을 지냈다는 가데스 바네아도 발굴 결과 서기전 10세기 솔로몬 왕이 건설한 군사적 요새인 것으로 확인되었다. 시내 산으로 알려진 제벨 무사에서도 비잔틴 시대 이전의 흔적은 찾을 수가 없었다. 따라서 어떤 고고학자들은 이스라엘 민족이 유목민이었기 때문에 천막을 치고 이동하는 습성상 정착의 흔적을 남기지 않았다고 주장하기도 한다.

이때부터 시내 산을 시나이 반도 남부에 위치한 제벨 무사 이외의 지역에서 찾으려는 시도가 몇몇 아마추어 고고학자들에 의해 이루어지기 시작하였다.

암각화의 보고, 카르콤 산 시내 산의 새로운 후보지를 최초로 발표한 사람은 이탈리아 출신의 유대인 고고학자 임마누엘 아나티였다. 1955년에 이미 이스라엘 남부 네게브 광야의 산지를 탐사했던 그는 해발 850미터의 카르콤 산에서 고대인들이 새겨놓은 몇 개의 암각화를 발견하였다. 1980년부터 3년에 걸친 본격적인 탐사와 고고학적 발굴을 통해 그는 모두 860군데에서 구석기 시대와 동석기 시대, 그리고 초기 청동기 시대의 주거 흔적과 바위에 새겨진 수백 점의 암각화, 그리고 제의용 돌기둥 등을 발견하였다. 1987년 이스라엘 연례 고고학 세미나에서 아나티가 이 사실을 발표하자 즉각 고고학자들의 비판이 뒤따랐다. 왜냐하면 이곳에서는 구석기 시대부

카르콤 산 고고학자 아나티Emmanuel Anati는 이스라엘 남부 네게브 광야에 자리잡은 카르콤 산에서 수천 점에 달하는 암각화와 제의적인 돌기둥들을 발견하였다. 따라서 그는 카르콤 산이 이스라엘 민족의 종교적 중심지였고 출애굽기의 시내 산이라고 주장한다.

터 중세 아랍 시대까지의 주거 흔적은 나타나지만 서기전 1800년부터 그리스 시대까지의 주거 흔적은 전혀 나타나지 않았기 때문이다. 아나티는 급기야 출애굽의 연대를 서기전 2000년경으로 보아 무려 700년을 앞당겨버렸다. 사실 카르콤 산에서 발견된 암각화나 집터는 네게브 광야에 광범위하게 퍼져 있었다. 단지 카르콤 산이 독특하게 생긴 곳이고 제의 흔적들이 집중되어 있다는 점이 다를 뿐이었다.

사우디아라비아의 알-라우즈 산 두 번째 시도는 영화에서나 나올 법한 엉뚱한 모험에서부터 비롯되었다. 하버드 대학의 저명한 고대 근동 언어학자인 크로스 교수는 일찍이 독일 학자들의 영향으로 이스라엘 민족의 지리적 고향을 미디안 지역, 즉 오늘날 요르단 남쪽의 사우디아라비아 영토라고 주장한 바 있다. 미디안 민족이 나중에 이

시내 산 Mt. Sinai 제벨 무사가 위치한 바위산 구역은 길이가 3.3킬로미터, 폭 1.7킬로미터로 전체 면적이 5.6제곱킬로미터에 달한다. 이 지역은 해발 2천 미터 이상의 산봉우리들만 25개에 달하는 고산 지대이다. 해발 2,285미터의 제벨 무사는 화산 폭발 결과 흘러나온 용암이 굳어진 화강암으로 형성된 봉우리이다. 이 지역의 연평균 강수량은 65밀리미터이며 가끔 겨울철에 눈으로 내리기도 한다. 서기 650년경 무슬림들이 시나이 반도를 점령하면서 시내 산을 '제벨 무사', 즉 '모세의 산'이라고 부르기 시작했다.

스라엘과 원수지간이 되었음에도 불구하고 출애굽기에 모세가 미디안에 의해 많은 영향을 받았다고 기록된 점으로 미루어 어느 정도 역사적 신빙성이 있다는 것이다.

이러한 학설을 절대적으로 신봉했던 미국인 와잇트와 페이솔드는 출애굽의 황금 보물 출애굽기 12:35~36을 찾기 위해 1986년 금속탐지기를 가지고 사우디아라비아에 밀입국하였다. 그들은 미디안 지역에서 가장 높은 봉우리인 해발 2,540미터의 알-라우즈 산을 시내 산으로 여기고 탐사를 시작하였다. 하지만 하루 만에 발각되어 추방당하고 만다. 알-라우즈에는 대규모 군사 시설이 있어서 민간인 출입금지 구역인데다 그들은 밀입국자였기 때문이었다.

미국으로 돌아간 두 사람은 평소 시내 산 보물에 관심을 갖고 있다고 알려진 뉴욕의 백만장자 윌리엄스에게 그들의 모험담을 들려

주었다. 심지어 산 근처에서 금속탐지기로 황금이 묻힌 지역을 알아냈다고 말하였다. 윌리엄스는 경찰관 출신인 코뉵과 함께 1988년 여름 사우디아라비아에 밀입국해서 알-라우즈 산을 집중적으로 조사하였다. 그들은 조사 결과를 내놓았다. 산꼭대기에는 불에 탄 흔적이 있는데 그것은 야훼가 나타날 때의 시내 산의 모습을 연상시키고 있으며 출애굽기 19:18, 12지파를 상징하는 열두 개의 돌기둥 출애굽기 24:4, 모세가 들어가 있었다는 바위 틈 출애굽기 33:22, 그리고 금송아지를 상징하는 암각화도 발견하였다는 것이다.

모세와 미디안 미디안 광야에서 양떼를 치던 모세는 그곳의 호렙 산에서 처음으로 야훼 하나님을 만난 후 출애굽기 3:1 40년을 지내면서 이 민족과 매우 밀접한 관련을 맺고 있었다. 그는 미디안 여인과 결혼했으며 출애굽기 2:21, 미디안의 제사장인 모세의 장인 이드로는 모세에게 구체적인 통치 방법을 가르치기도 하였다 출애굽기 18:13~27.

아라비아의 미디안-마디안 서기 4세기에 오늘날의 제벨 무사가 시내 산으로 확정되기 전까지 시내 산의 지리적 위치는 미디안, 즉 아라비아 지방에 있는 것으로 알려졌다. 서기전 2세기에 번역된 그리스어 구약성서는 출애굽기의 미디안을 '마디안 도시'로 표기하였다. 비슷한 시기에 기록된 요벨서 8:19에도 시내 산이 아라비아에 있는 것으로 나타난다.

서기 1세기 알렉산드리아의 유대인 철학자 필로는 모세의 부인 십보라를 아라비아에 살고 있었던 아랍 여인으로 묘사하였다. 아라비아에 선교차 들른 적이 있는 바울도 시내 산이 이곳에 있음을 언급하고 있다 갈라디아서 4:25. 나아가 서기 100년경 이스라엘 민족의 고대사를 기록했던 요세푸스는 이스라엘 민족이 시내 산에 도착하기 직전에 머물렀던 르비딤 광야가 나바티아 민족의 수도인 페트라라고 언급하면서 시내 산은 마디아네 마디안 지방의 가장 높은 봉우리라고 기록하였다. 이러한 유대인 기록에 영향을 받아 오리게네스와 유세비우스, 제롬 등의 초대 기독교 교부들도 시내 산을 아라비아 광야의 마디안 도시 근처로 여겼다. 비록 이러한 기독교 전승은 서기 7세기에 이 지역이 무슬림들에 의해 정복되면서 사라졌지만, 서기 9세기부터 아랍인들은 마디안을 모세의 장인 이드로의 고향으로 여기기 시작하였다.

금송아지

성서 시대의 대표적인 우상으로 손꼽히는 금송아지는 출애굽 당시 시내 산에서 아론의 주도하에 처음으로 제작되었다 출애굽기 32:1~6. 서기전 920년경 북이스라엘 왕국의 초대 왕 여로보암은 새로 건국한 나라의 종교적 상징으로 두 개의 금송아지를 만들어 하나는 왕국의 북쪽 경계 도시인 단에, 그리고 다른 하나는 남쪽 경계 도시인 벧엘에 각각 설치하여 백성들로 하여금 더 이상 예루살렘의 야훼 성전에 가지 못하도록 하였다 열왕기상 12:28~30.

예언자 호세아에 의하면 사마리아 호세아 8:5와 벧아웬 호세아 10:5에도 금송아지가 있었으며, 특히 사마리아에는 은송아지도 있었다 호세아 8:4. 구약 시대의 금송아지가 시내 산의 것을 제외하고는 모두가 북이스라엘 왕국의 주요 도시들—단, 사마리아, 벧아웬, 벧엘—에서 숭배되고 있었던 것으로 미루어 이 제의는 예루살렘의 야훼에

• 금송아지 발견 장소
• 성서 시대 금송아지 숭배 장소

사마리아의 황소상 사마리아 북부에 위치한 고대 도시 도탄 동쪽으로 7킬로미터 떨어진 노천 제의 장소에서 1978년 우연히 발견된 청동제 황소상의 크기는 길이가 17.5센티미터에 높이가 12.5센티미터이다. 이 황소상은 지금까지 고대 근동에서 발견된 청동기 시대의 청동제 황소상 중 가장 큰 것이다. 이 노천 제의 장소에는 직경 10미터 규모의 돌로 만든 원형 울타리가 있어서 고대인들의 종교적 중심지로 추정된다. 근처에서 불에 탄 짐승의 뼈도 발견되었다. 따라서 이 장소를 발굴했던 이스라엘 고고학자 아미하이 마자르Amihai Mazar 교수는 이 장소를 구약 시대의 전통적인 산당high place으로 보았다. 함께 출토된 토기류의 분석을 통해서 사마리아의 황소지는 서기전 12세기에 최초로 만들어진 것으로 보인다.

대항하는 북이스라엘의 대표적인 종교 전통으로 볼 수 있다.

성서에서는 금송아지가 '애굽 땅에서 인도하여 낸 신' 출애굽기32:4, 또는 '애굽 땅에서 인도하여 올린 신' 열왕기상12:28으로 묘사되고 있듯이 금송아지 숭배는 이집트와 밀접한 관련이 있다. 따라서 4백 년 동안 이집트 생활에 익숙해진 이스라엘 백성이 시내 산에서 금송아지를 만든 것은 지극히 자연스러운 일이다. 또한 여로보암이 금송아지를 만든 것도, 그가 왕이 되기 전 솔로몬의 박해를 피해 이집트로 망명했었기 때문에 그곳의 황소 숭배에 영향을 받은 것으로 보인다 열왕기상11:40.

힘이 세면서도 온순하고 농경에 필수적인 동물이며, 또한 죽어서는 사람에게 고기를 제공하는 황소는 고대 근동에서 일찍이 신적인 존재로 숭배되었다. 특히 이집트에서는 살아 있는 특정한 황소를 별도의 신전에 모셔놓고 숭배하는 독특한 전통이 있었다. 따라서 멤피스에는 아피스 황소를 위한 신전이 따로 있었다. 번갯불에 의해 수태가 되는 아피스는 검은 수소들 중 이마에 흰색의 마름모꼴 무늬가 있는 단 한 마리만 선택되었다. 아피스 황소가 죽으면 미라로 만들어져 지하 묘지에 차례로 안장되었다. 후대에는 그리스 신들의 영향으로 세라피스 황소 숭배가 유행하기도 하였다. 1851년 프랑스 고고학자인 마리에뜨는 이집트 최초의 피라미드로 유명한 사카라에서 아피스 황

아쉬켈론의 은銀송아지 1990년 아쉬켈론에서 발견된 은송아지의 크기는 길이가 11센티미터, 높이 10센티미터에 무게가 430그램 정도이다. 이 송아지상은 청동 주물로 만든 다음 은으로 겉을 씌웠다. 은송아지와 함께 네모난 입구가 있는 50센티미터 높이의 전용 항아리도 함께 발견되었다. 은송아지의 주조 연대는 함께 출토된 토기들의 분석을 통해서 중기 청동기 시대 말기인 서기전 1600~1550년경으로 밝혀졌다.

소들의 집단 묘지인 세라페움을 찾아내는 데 성공하였다. 서기전 14세기경부터 그리스 시대까지 천 년 이상 사용된 이 지하 묘지에는 아피스 황소의 미라가 안치되었던 24개의 거대한 석관들이 발견되었다. 하지만 말린 소고기 격인 아피스 황소 신들의 미라는 대부분 약탈당했고 오직 한 군데에서만 온전한 상태로 발견되었다.

여러 고고학자들이 성서에서 금송아지 숭배가 언급된 장소인 시내 산, 단, 사마리아, 벧아웬, 벧엘의 발굴 당시 그 증거를 찾으려고 노력했지만 아직까지 발견된 것은 없다. 하지만 이스라엘의 다른 지역에서 청동제 황소상들이 발굴되었다. 1954년 하솔 발굴로 드러난 서기전 13세기에 건설된 한 신전의 지성소에서 청동제 황소상이 발굴되었고, 1981년에는 사마리아 산악 지대인 도탄 동쪽 8킬로미터의 한 노천 제의 장소에서 서기전 12세기에 제작된 청동제 황소상이 발견되었다.

1990년 하버드 대학의 아쉬켈론 발굴에서는 서기전 16세기에 건설된 한 신전 터에서 은송아지가 발견되었다. 원래 청동상 위에 은박을 입힌 흔적이 있는 이 은송아지는 자신의 성소이기도 한 네모난 입구가 있는 50센티미터 높이의 전용 항아리와 함께 발견되었다. 벳샨의 1991년 발굴에서는 서기전 12세기에 제작된 청동제 황소상이 발견되었다.

지금까지 이스라엘에서 출토된 청동제 황소상들은 10~17센티미터 길이에 무게가 300~600그램 정도여서 실제 송아지 크기를 상상했던 일반인들을 실망시켰다. 하지만 구약 시대에는 송아지 크기의 금송아지는 고사하고 청동상도 만들기 어려웠다. 대규모의 틀을 이용한 주물 제작 기술이 당시는 발달되지 못했기 때문이다. 오히려 나무로 깎은 다음 얇은 금박을 입힌 금송아지를 만들었을 가능성이 있지만 그 증거는 아직 발견되지 않았다.

이스라엘 황소상들의 제작 시기는 아쉬켈론의 서기전 16세기의 것을 제외하고는 대부분 서기전 13~11세기의 것들이기 때문에 전통적인 출애굽 및 이스라엘 민족의 가나안 정착 시기와 일치한다.

구약성서의 금송아지 관련 구절은 대부분 아론 계열과 권력 다툼을 벌였던 레위지파의 제사장들에 의해 기록 편집되었다. 따라서 아론이 금송아지 우상 숭배의 원조로 나타나며 번제물로 수송아지가 언급된 구절레위기 1:5도 역시 아론의 제사장들과 관련이 있다.

프로이트의 모세와 아켄아텐

세계적인 정신분석학자 프로이트는 1937년에 발표한 논문 「모세와 유일신교」에서 모세는 이집트인이었다고 주장하였다. 자신이 유대인이면서 유대 민족의 조상 모세를 적대 민족인 이집트인과 동일시하기는 쉽지 않았겠지만 거기에는 그럴 만한 이유가 있었다. 1933년에 출판된 미국의 이집트 학자 브레스티드의 저서 『양심의 여명』을 통해서 모세의 유일신 개념은 이집트의 파라오 아켄아텐의 종교개혁으로부터 영향을 받았다는 학설을 전적으로 신봉한 결과였다.

세계 최초의 유일신 종교 개혁자라 불리는 아켄아텐은 과연 어떤 왕이었을까?

아텐Aten **신 숭배** 아텐의 모습은 태양으로부터 여러 개의 빛이 나오며 그 끝은 생명을 뜻하는 앙크를 부여하는 손의 모습으로 장식되어 있다. 아켄아텐만이 아텐의 유일한 제사장이며 그로부터 생명을 부여받는다.

1824년 영국의 탐험가 윌킨슨은 중부 이집트의 엘-아마르나 절벽에 위치한 무덤들을 탐사하고는 벽화와 부조에 나타난 기이한 형태의 인물상을 보고 큰 충격을 받았다. 여러 가지 정황으로 보아 분명 이집트의 파라오를 표현한 것인데 다른 왕들의 모습과는 전혀 다른 낯선 형상이었기 때문이다. 길쭉하고 갸름한 얼굴에 날카롭게 찢어진 두 눈, 두툼한 입술에 튀어나온 턱, 가늘고 긴 목, 가느다란 허리에 풍만한 엉덩이와 허벅지. 이때부터 엘-아마르나의 이름 없는 파라오는 이집트 학자들의 주목을 받게 된다.

1887년 기름진 객토용 흙을 구하기 위해 엘-아마르나의 유적지를 파헤치던 한 농부의 아내는 땅 속에 묻힌 수십여 점의 토판 문서를 발견하였다. 이집트의 상형문자가 아니라 쐐기문자인 아카드어로 기록된 이 문서들은 모두 서기전 14세기 이집트의 파라오 아멘호텝 3세와 4세가 주위 여러 국가와 도시들로부터 받은 외교 문서임이 밝혀졌다. 지금까지 모두 4백여 점이 발견된 아마르나 문서는 이집트와 힛타이트, 메소포타미아, 시리아-팔레스타인의 당시 국제 관계와 여러 사건들을 비교적 정확하게 확인할 수 있는 매우 소중한 사료로 평가된다. 더욱이 이 시대는 성서에서 요셉의 가족이 이집트 고센 땅에 정착한 후이며 출애굽 이전인데, 문서에는 예루살렘, 헤브론, 세겜, 므깃도, 게젤 등 도시의 통치자 이름이 등장한다. 또한 도시들 간의 다툼과 분쟁, 그리고 그들이 두려워하며 이집트의 군사적 제재를 요청했던 하비루 민족에 관한 기록들이 상세하게 나타난다.

아문에서 아텐으로 아멘호텝 4세는 이집트 최고의 신, 아문 숭배에 환

아켄아텐Akhenaten 조각에 나타난 아켄아텐의 모습은 그 이전의 파라오들의 늠름한 자세와는 달리 길쭉하고 갸름한 얼굴, 두툼한 입술, 비스듬한 눈초리, 기다란 귓불, 밑으로 처진 턱, 폭이 좁은 어깨, 튀어나온 배, 비대한 엉덩이와 허벅지, 가늘고 긴 두 다리 등 나약하고 가냘픈 여성상을 보여준다. 따라서 어떤 의학자들은 유전자 이상 또는 호르몬 분비 이상으로 남녀의 성징을 두루 갖춘 마르판 증후군에 속하는 인물이라고 주장하기도 했다.

멸을 느꼈다. 끊임없이 늘어가는 신전의 재산과 이를 둘러싼 제사장들의 암투, 파라오의 권좌를 위협하는 제사장 중심의 정치적 음모는 당시의 왕 아멘호텝 3세에게도 골칫거리였다.

부왕이 죽은 후 아멘호텝은 자신의 이름을 아켄아텐으로 바꾸었다. 왕명에 첨가된 신명을 아문에서 아텐으로 바꿈으로써 종교개혁을 암시하였다. 우선 아문 신전들을 폐쇄했고 아문 제사장들을 해체시켰다. 아텐교는 더 이상 제사장의 기능을 필요로 하지 않았다. 왜냐하면 아텐의 아들인 아켄아텐만이 아텐을 섬길 수 있고 인간과 아텐과의 중재 노릇을 할 수 있기 때문이었다. 나아가 그는 아텐신 외의 모든 신들의 이름을 정으로 쪼아 지워버림으로써 이집트 역사상 최초의 성상 파괴를 자행하였다. 하지만 새로운 종교를 확립하고자 했던 아켄아텐의 가장 획기적인 사업은 기존의 수도를 떠나 새로운 수도를 건설한 것이었다.

아켓트 아텐 아켄아텐은 왕이 된 후 테베에서 아텐 신전을 건설하며 종교개혁을 단행했지만 그곳은 수백 년 된 아문교의 중심지였기 때문에 개혁의 한계를 느꼈다. 따라서 아켄아텐은 아무 신에게도 속하지 않은 처녀지를 새로운 수도로 개척하고 '아켓트 아텐', 즉 '아텐신의 지평' 이라고 명명하였다. 1891년 영국의 이집트 학자 페트리의 발굴을 시작으로 그 동안 수많은 고고학자들의 조직적인 발굴을 통해 아켓트 아텐의 규모가 확인되었다. 아켓트 아텐은 남북의 길이 10킬로미터, 동서의 폭 3~5킬로미터 넓이의 반달 모양의 평야에 자리잡았다. 나일 강의 동편은 여러 개의 신전과 궁전으로 이루어진 도시로 건설되었고, 강 서편은 농경지로 개간되었다.

아텐 찬양 시와 유일신 개념 아텐은 원래 고대 이집트어로 '둥근 원판'이란 뜻이다. 특히 태양 원판과 관련되어 태양을 대표하는 여러 신 중 하나로 정착되었다. 1824년 윌킨슨이 '아이'라 불리는 주인공의 무덤을 발굴했을 때 벽에는 아텐을 칭송하는 찬양시가 새겨져 있었고, 이를 통해 아텐교의 신학을 파악할 수 있었다. 구약성서의 시편 제104편과도 비교되는 이 찬양시에서 아텐은 유일한 존재이자 만물의 창조자이며 생명을 주는 존재로 부각되어 있다. 나아가 아켄아텐이 아텐의 아들로서 신과 인간의 중재자 역할을 담당한다.

아켄아텐이 죽은 후 그에 의한 유일신 종교개혁은 실패로 끝났다. 지속적인 조공을 확보하지도 않은 채 해외 군사 원정을 통해 새로운 수도 건설을 무리하게 추진하여 국고는 바닥났고, 축출된 아문신 제사장 계급의 끊임없는 반발이 뒤따랐기 때문이다. 겨우 17년밖에 안 된 신흥 종교가 수백 년의 전통을 가진 기존 종교를 하루아침에 뒤엎을 수는 없었다. 결국 아켓트 아텐은 황폐해졌고 그가 건설한 신전은 파괴되었으며, 그의 이름과 아텐신의 이름은 정으로 쪼아졌다. 아버지에 이어 왕이 된 그의 아들은 자신의 이름을 투탕크아텐에서 투탕크아문으로 바꾸었다.

프로이트는 이집트 왕자 모세가 어떻게 이스라엘 민족의 영웅이 될 수 있었는지 무척 궁금하였다. 고민 끝에 그는 다음과 같은 파격적인 결론을 내렸다.

모세는 원래 이스라엘 사람들이 노예로 생활하던 고센 땅의 총독이었다. 그는 자신이 섬기던 파라오 아켄아텐의 종교개혁에 동참했고 유일신을 강조하는 아텐교에 심취했었다. 하지만 아켄아텐

아켓트 아텐 Akhet Aten '아텐의 지평'이라는 뜻의 이 도시는 중부 이집트의 나일 강 동편에 위치해 있다. 아텐만이 유일한 신이라는 종교개혁을 단행한 아켄아텐은 이곳에 새로운 수도를 건설하였다. 하지만 12년을 채 넘기지 못하고 그가 죽자 수도는 멤피스로 옮겨졌고 이곳은 황폐해졌다.

이 죽은 후 아텐교가 붕괴되자 설 땅을 잃게 되었다. 낙담한 그는 자신이 다스렸던 고센 땅의 억압받는 이스라엘 민족에게 새 희망을 걸었다. 그는 그들을 구원하기 위해 스스로 그들의 지도자가 되었고, 시내 산에서 유일신을 강조하는 야훼의 십계명을 받고 가나안으로 향하였다.

여리고 이야기

여호수아가 이끄는 이스라엘 군대가 요단 강을 건너 가나안에 들어왔을 때 그들이 마주친 첫 번째 요새는 여리고였다. 육중한 성문과 높은 성벽을 앞에 두고 그들은 오늘날에는 이해하기 힘든 독특한 전술 방식인 성벽 돌기를 하루 한 차례씩 엿새 동안 행하였다. 어떤 성서학자들은 성벽 중에서 가장 취약한 곳이 어디인가를 정탐하기

여리고 전경 대추야자나무가 우거진 오아시스 한편에 자리잡은 여리고는 1868년 첫 발굴이 시작될 때까지 아무도 고대 도시의 유적으로 여기지 못할 만큼 온통 흙으로 뒤덮인 언덕이었다. 오늘날에는 모두 네 차례에 걸친 발굴을 통해 세계 최고最古의 도시로 밝혀졌다. '여호수아의 성벽'은 아직까지도 그 연대 추정에 있어 많은 논란의 여지를 남기고 있다.

위한 것이었다고 해석하기도 한다. 여호수아서 6장에는 일곱째 날에 성벽을 일곱 바퀴나 돌면서 뿔나팔을 불고 큰소리로 외치자 견고한 성벽이 그만 무너지고 말았다고 전한다. 여호수아의 군대가 기적적으로 파괴시켰다는 여리고의 무너진 성벽은 성서고고학 발굴사에 있어 오늘날까지도 풀리지 않는 수수께끼 중 하나다.

광활한 요르단 평원에 24미터 높이로 우뚝 솟은 여리고는 약 4만 평방미터밖에 되지 않는 비교적 작은 규모의 도시였지만, 지난 19세기 후반 처음 발굴된 후 고고학자들의 관심이 집중된 지역이었다. 끊임없이 맑은 물이 솟는 엘리사 샘가에 자리잡은 여리고는 광야 한가운데에 위치한 비옥한 오아시스로서 로마 시대에는 비싼 값에 팔리는 향유의 생산지이자 클레오파트라의 영지이기도 하였다. 헤롯의 궁전과 별장이 있는 휴양지로도 유명하였다.

여리고 발굴 예루살렘 탐사의 임무를 띠고 팔레스타인에 머물고 있던 영국의 워렌은 1868년 4월 여리고를 방문하여 수십 명의 인부들을 이끌고는 성서 시대의 여리고로 여겨지는 '텔 술탄'이란 언덕을 발굴하기 시작하였다.

약 한 달 동안 지속된 발굴에서 워렌은 마치 참호를 파듯 텔의 동서로 이어지는 도랑과 텔의 바닥에까지 도달하는 수직 갱을 파 들어갔다. 하지만 흙벽돌 건물의 흔적만 밝혀졌을 뿐 이렇다 할 만한 여호수아의 성벽은 찾지 못하였다. 당시에는 돌로 만든 석조 건축물만이 가치 있는 유적으로 여겨졌기 때문에 더 이상 발굴을 지속할 수 없었다. 나중에 알려진 일이지만 워렌의 수직 갱은 1만 년 전에 건설된 신석기 시대의 성벽과 망대를 1미터 정도 벗어났을 뿐이었다.

두 번째의 여리고 발굴은 1907년부터 1911년까지 오스트리아의 젤린과 독일의 바징어에 의해 조직적으로 이루어졌다. 이미 1902년부터 3년 동안 이즈르엘 평원의 타아낙을 발굴하여 어느 정도 실력을 갖춘 젤린은 엄청난 흙벽돌 잔해 속에서 견고한 바윗돌로 기초를 다진 성벽을 찾아내는 데 성공하였다. 젤린이 여리고에서 발견한 성벽이 다름아닌 여호수아가 파괴한 성벽이라는 소문이 삽시간에 예루살렘을 통해 온 유럽으로 퍼져나갔다.

하지만 발굴이 진행되면서 한 시대의 성벽만이 발견된 것이 아니라 여러 군데에서 여러 시대의 것들이 속속 드러나면서 발굴자들은 과연 어느 것이 여호수아의 성벽이냐를 놓고 논란을 벌였다. 결국 그들은 서기전 15세기경 파괴된 중기 청동기 시대의 성벽을 최종적으로 선택했고 이스라엘 민족의 가나안 입성도 같은 시대로 보았다. 이 연대를 기준으로 광야 생활 40년을 거슬러 올라가 출애굽 사건도 서기전 1450년경 발생한 것으로 추정했다. 젤린의 이러한 연대 추정은 여리고의 고고학적 중요성을 신봉하는 일부 성서학자들에 의해 오늘날까지도 주장되는 초기 출애굽설을 낳게 된다.

제1차 세계대전 후 팔레스타인을 식민지로 거느린 영국은 이 위대한 발굴을 그냥 지나치지 않았다. 젤린의 발굴 결과를 정면으로 부정하고 나선 리버풀 대학의 가르스탕은 1930년부터 새로운 성벽을 찾기 위한 대규모 발굴에 착수하였다. 특히 그는 여리고에서 처음으로 서기전 3000~1500년 사이의 무덤들을 많이 발굴하였다. 이곳에서 함께 출토된 부장품들, 특히 잘 보존된 토기들을 통해 여리고의 주거 역사를 재구성할 수 있었다. 하지만 7년 간의 발굴 결

맨 위 **고고학자 케넌**Kathleen Kenyon 1906~1978**의 여리고 발굴** 1952년부터 여리고 발굴을 통해 성벽들의 구조를 밝힌 케넌은 서기전 1800년경 건설된 거대한 규모의 성벽이 서기전 1560년경 파괴되었음을 밝혔다.

위 **중기 청동기 시대의 여리고** 여리고의 중기 청동기 도시는 서기전 1550년경 불에 타서 심하게 파괴된 것으로 드러났다. 특히 도시의 남동쪽 부분의 파괴된 성벽 위에는 1미터 두께의 불에 탄 퇴적층이 쌓여 있었는데 이는 윗부분의 높은 건물이 붕괴되어 빗물에 쓸려 내려온 것으로 추정된다. 아마도 이는 수백 년 동안 여리고가 폐허로 방치된 결과로도 해석된다. 이러한 주거지에서의 파괴와 거주 공백의 흔적은 무덤 발굴에서 밝혀진 출토 유물의 연대에서도 잘 나타난다.

과 내린 가르스탕의 결론은 젤린의 것과 별 차이가 없었다. 단지 여호수아에 의한 여리고 성의 파괴가 백여 년 늦어진 서기전 15세기에 발생했다고 주장하였다.

세계 최초의 도시 여리고에 대한 마지막 발굴은 영국의 여성 고고학자 케넌에 의해 이루어졌다. 1952년부터 1958년까지 지속된 발굴에서 그녀는 가장 진보한 발굴 기술을 적용, 토기 분석을 통하여 정확한 연대 측정을 시도하였다. 그 결과 여호수아의 성벽보다 더 중요한 사실을 밝혀냈다.

여리고에서 이미 1만 년 전부터 거대한 성벽과 망대가 건설되었기 때문에 공식적으로는 세계 최초의 도시라는 것이었다. 도시 문명의 고향인 메소포타미아 지역에서 서기전 4000년경부터 성벽을 쌓기 시작한 것과는 비교가 되지 않는 파격적인 결과였다. 한편, 그녀의 '여호수아 성벽'에 대한 연대 추정은 그 이전의 발굴 결과와 크게 다를 바 없었다.

여리고는 1868년부터 약 백 년 동안 유럽의 대표적인 고고학자들에 의해 네 차례에 걸쳐 샅샅이 발굴되었음에도 불구하고 그 주거 역사가 아직 완전히 밝혀지지 않았다. 그토록 찾고자 하는 여호수아의 성벽이 아직도 흙 속에 파묻혀 있다는 낙관론과 오랜 세월 빗물에 씻겨 내려가 그 흔적을 찾을 수 없다는 비관론이 교차되고 있다. 여리고는 지난 1993년 이후 팔레스타인 자치 구역으로 선포되었다. 1997년부터 이탈리아 발굴단은 팔레스타인 문화재 관리청과 함께 새로운 발굴을 시작하였다. 따라서 여호수아 성벽에 관한 가장 최근의 발굴 결과가 기대된다.

제5장

오리진

| 이스라엘의 기원을 찾아서 |

이스라엘이라 불리는 한 민족의 기원은 그 민족이 파괴되어 대가 끊어졌다는 절망적인 역사적 기록에서부터 출발한다. 여리고 쪽으로 들어왔다는 여호수아서의 기록과는 달리 고고학에서는 요단 건너편의 숙곳 평야를 이스라엘의 지리적 기원으로 보고 있다. 따라서 이스라엘 민족은 파라 하천을 따라 세겜 평야에 정착했고 북쪽에 위치한 에발산 중턱에 최초의 종교적 중심지가 세워질 수 있었다.

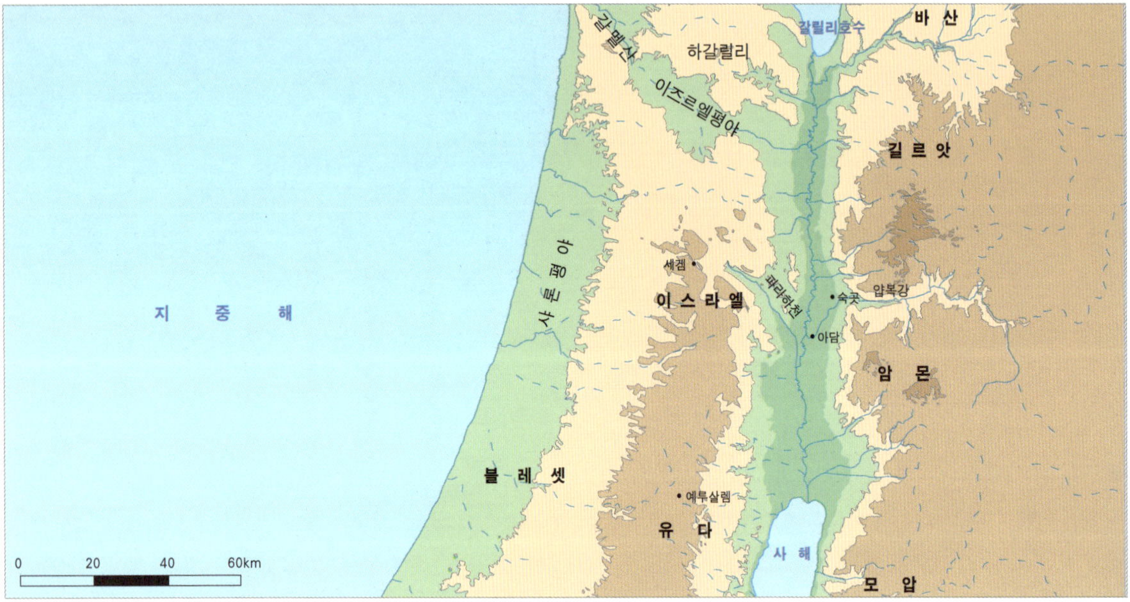

메르네프타 석비와 이스라엘의 기원

오른쪽 **메르네프타**Merneptah **석비** 1896년 이집트의 테베에서 발견된 이 석비에는 이스라엘이라는 민족 이름이 처음으로 등장한다. 이 비문에는 메르네프타가 서기전 1210년경 이스라엘 민족을 무찌른 내용이 기록돼 있다. 밑에서 두 번째 줄에는 '이스라엘'이 이집트 상형문자로 기록되어 있다.

이스라엘이라는 이름은, 야곱이 얍복 강가에서 하나님의 천사와 씨름한 후 그의 이름을 '이스라엘' 이라고 부른 것에서 비롯되었다 창세기32:28. '엘', 즉 '하나님과 싸웠다' 는 뜻을 지닌 이스라엘이라는 이름의 기원은 아이러니하게도 이스라엘 민족이 약탈을 당해 더 이상 대를 이을 자손이 없어졌다고 씌어진 고대 이집트의 한 절망적인 비문에서부터 출발한다.

페트리의 이스라엘 석비 1896년 겨울, 이집트 최대의 유적지 테베에서 한 파라오의 장례 신전을 발굴하던 영국의 이집트 학자 페트리는 높이 3.2미터, 폭 1.6미터에 달하는 검은 화강암 석비 하나를 발견하였다. 당시 이집트에서 파라오의 업적을 새긴 전승비들이 자주 출토되었기 때문에 이 발견은 그리 대수로운 사건이 아니었다.

하지만 모두 28줄에 달하는 비문 내용을 해독하던 그는 27번째 줄에서 '이스라엘' 이라는 단어를 발견하고는 놀라움을 금치 못하였다. 더욱이 이 단어 뒤에는 민족을 지칭하는 한정사가 있어서 특정 민족의 이름이라는 사실이 드러난 것이다. 성서 외의 자료에서 이스라엘 민족의 역사성이 최초로 입증되는 순간이었다.

메르네프타 이 비문을 기록한 주인공은 이집트 역사상 가장 유명했던 파라오 람세스 2세의 열세 번째 아들인 메르네프타였다. 부친이 아흔 살이 넘도록 67년 간이나 통치했기 때문에 메르네프타가 서기전 1210년경 왕위를 이어받았을 때는 그의 나이 이미 예순이 넘어서였다. 부친의 오랜 통치 기간 중 그 위로 열두 명의 형들이 모두 죽었기 때문에 그에게 왕의 자리가 주어진 것이다.

메르네프타는 모두 10년을 통치하는 동안 이집트를 괴롭혔던 남쪽의 누비아와 서쪽의 리비아를 점령했고 북쪽의 팔레스타인 지역을 평정하였다. 일명 '이스라엘 석비' 로 불리는 메르네프타의 전승비는 바로 이러한 그의 업적을 기록한 것이다. 이 비문의 마지막 부분에서 메르네프타는 시적인 어조로 팔레스타인 정복을 다음과 같이 표현하였다.

왕자들은 엎드려서 평화를 간구한다.
아홉 활 중에서 아무도 고개를 드는 자가 없다.
이제 리비아는 폐허가 되었고 하티는 평정되었다.
가나안은 온갖 재난으로 약탈당하였다.
아쉬켈론은 정복됐고 게제르는 사로잡혔으며 야노암은 더 이상 존재치 않는다.
이스라엘은 황폐해졌고 그의 자손은 더 이상 없다.
후루는 이집트 때문에 과부가 되었다.

메르네프타는 가나안 지역의 세 도시국가와 한 민족을 정복하였다고 언급한다. 그중 아쉬켈론, 게제르, 야노암 등은 모두가 땅을 의미하는 접미사가 붙어 있어 그들 민족은 이미 정착한 도시국가 또는 왕국을 이뤘다고 볼 수 있다. 하지만 이스라엘은 민족을 뜻하는 접미사가 붙어 있는 것으로 보아 당시 정착하지 못하고 떠돌아다니던 유목민이었음을 짐작할 수 있다.

우리는 이 비문을 통해 이미 서기전 1210년경 이스라엘 민족이 역사적으로 존재했을 뿐만 아니라 당시 가장 막강했던 이집트의 파라오가 이스라엘을 물리친 사건을 그의 승전비에 기록할 만큼 위협적인 세력이었다는 사실도 깨닫게 된다.

3,200년 전의 이스라엘 군인들?
1976년 미국의 유르코에 의해 재발견된 카르낙 신전 외벽의 한 부조에는 메르네프타가 서기전 1210년경 가나안의 네 세력과 전투를 벌이는 장면이 묘사되어 있다. 그중 이스라엘 민족과 벌이는 전투 장면에서 이스라엘 군인들의 복장과 생김새를 확인할 수 있다.

출애굽의 파라오는 누구인가? 대부분의 성서학자들은 출애굽기 1장 11절에 근거하여 람세스라는 도시를 건설했던 람세스 2세를 출애굽의 파라오로 여겼다. 하지만 1896년에 발견된 이스라엘 석비에서 메르네프타가 이스라엘 민족을 무찔렀다는 언급 때문에 그가 바로 '요셉을 알지 못하는 새 왕' 출애굽기 1:8이라고 여겼다. 더욱이 왕들의 계곡에 있는 메르네프타의 무덤에서는 기이하게도 미라가 발견되지 않고 빈 채로 남아 있어 이스라엘 민족을 추격하다 홍해에 빠져 죽은 것이라고 해석되기도 하였다출애굽기 14:28. 하지만 1898년 왕들의 계곡에 있는 아멘호텝 2세의 무덤에서 발견된, 무려 16기에 달하는 왕족의 미라 중 메르네프타의 것이 포함되어 있었기 때문에 이 가설은 더 이상 신빙성이 없어졌다.

이스라엘 사람들은 어떻게 생겼을까? 이스라엘이라는 단어는 발견되었지만 이스라엘 민족의 구체적인 모습은 1840년대 니느웨에서 발견된 산헤립 왕궁 벽의 라키쉬 부조를 통해 알 수 있다. 당시 이스라엘 민족은 메르네프타 석비에서와 마찬가지로 이민족에게 점령당해 포로로 끌려가는 처량한 모습이었다.

하지만 페트리가 이집트에서 처음 이스라엘 석비를 발견한 지 80년이 지난 1976년 시카고 대학의 유르코는 출애굽 당시 이스라엘 민족의 구체적인 모습을 카르낙 신전 부조를 통해 확인했다고 발표하였다. 그의 발표는 니느웨 궁전의 부조보다 무려 5백 년이나 앞선 출애굽 시대의 이스라엘 사람들이라는 점에서 학계의 관심을 집중시켰다.

이집트 테베의 카르낙 마을에는 이집트 최고의 신 아문을 모신 대신전이 있는데, 신전 한 마당의 외벽에는 메르네프타와 가나안 네 세력과의 전투 장면이 새겨져 있다는 것이다. 사실 이 부조는 당시까지 람세스 2세와 관련된 것으로 해석되었지만 왕의 이름을 자세히 분석한 유르코는 람세스 2세의 아들 메르네프타의 전투 장면이 추가로 삽입된 것을 확인하였다.

유르코는 「3,200년 전 이스라엘 사람들의 모습」이라는 논문을 통해, 메르네프타가 그의 비문에서 아쉬켈론, 게제르, 야노암, 이스라엘을 정복하였다고 기록한 대로, 실제로 신전 부조에서도 모두 네 가지의 전투 장면이 등장한다고 밝혔다.

안타깝게도 이집트의 파라오가 이스라엘 민족과 전투하는 생생한 장면은 일부 훼손되었다. 서기 5세기경 로마인들이, 근처에 세워진 한 오벨리스크를 로마로 운반하기 위해 벽을 허무는 과정에서 손상되어 버린 것이다.

이스라엘 민족과의 전투 장면에서는 다른 세 도시와는 달리 성벽이 있는 도시가 나타나지 않는다. 따라서 이스라엘 민족은 서기전 1210년경에는 아직 도시국가를 형성하지 못했음을 알 수 있다. 바닥에 쓰러져 있는 이스라엘 용사들은 머리띠를 두루고 턱수염을 길게 길렀으며 발목까지 내려오는 긴치마를 입은 것으로 나타난다. 이들의 복장과 생김새가 아쉬켈론, 게제르, 야노암 사람들과 비슷했기 때문에 이스라엘 민족이 가나안 원주민과 밀접한 관계가 있음을 짐작할 수 있다.

에발 산 제단

1986년 8월 예루살렘에 있는 히브리 대학교의 한 소강당에서 이스라엘 고고학자 제르탈 박사는 자신의 발굴을 토대로 세겜에 있는 에발 산 중턱에서 여호수아에 의해 건설된 제단을 발견했다는 사실을 발표하였다. 3년마다 한 번씩 열리는 국제구약학회의 성서고고학 분과 모임에서 제기된 이 폭탄 선언은 곧 치열한 논쟁으로 이어졌고 유럽 학자들의 반격이 시작되었다. 로마 대학의 소진 교수는 강단으로 올라가 도저히 상식적으로 납득이 가지 않는다며 한 마디로 일축해 버린 후 근처의 농부들이 만든 망대라고 주장하였다. 그의 너무나도 강한 어조 때문에 한동안 강의실이 술렁거려 더 이상 순서를 진행할 수 없을 정도였다.

에발 산 중턱의 여호수아 제단 1980년부터 세겜을 중심으로 므나세 지역의 철저한 고고학적 조사를 실시하고 있던 제르탈은 해발 940미터의 에발 산 중턱에서 한 돌무더기를 주시하였다. 돌이 많은 산지에서 포도밭이나 올리브밭을 가꾸기 위해 치운 돌을 모아놓은 돌무더기들은 그리 이상할 것이 없지만 그중에서 유난히 에발 산의 것이 이 고고학자의 눈에 띈 이유는 바로 근처에 흩어진 구약 시대의 토기 조각들 때문이었다. 성서고고학의 달력이라 일컬어지는 토기 조각들은 그 지역이 곧 어느 시대에 번창했던 주거지였는지를 알려주기 때문에 주변과 구분되지 않는 흙언덕으로 이루어진 이스라엘의 유적지 조사에서 결정적인 역할을 하였다.

1982년부터 2년 간에 걸친 발굴 결과, 이 돌무더기 아래에서 철기 I시대 서기전1200~1000에 건설된 제단 구조물이 발견되었다. 한 변의 길이가 8~9미터 정도인 직사각형의 제단은 벽의 두께가 1.4미

위 **세겜 평야** 일명 '세겜 분지'로도 불리는 세겜 평야는 이스라엘 중앙 산악지대 중에서도 가장 비옥한 장소로 손꼽힌다. 고고학적인 분석 결과, 서기전 13세기 새로운 형태의 토기를 제작하는 한 부류의 집단이 요단 건너편의 숙곳 평야를 출발하여 아담 나루터에서 요단 강을 건넌 후 파라 골짜기를 따라 세겜 평야에 정착한 것으로 보인다. 평야 한가운데에는 1948년 제1차 중동전 이후 형성된 팔레스타인 난민촌 발라타 마을이 있고 오른쪽에는 에발 산, 그리고 왼쪽에는 그리심 산이 있다.

왼쪽 아래 **에발 산의 여호수아 제단** 세겜의 에발 산 발굴을 통해서 서기전 13~12세기에 건설된 제단 터를 발견하였다. 한변의 길이가 8~9미터 정도인 직사각형의 제단은 벽의 두께가 1.4미터나 되며 제단의 한가운데 바닥에는 여러 개의 돌로 만들어진 직경 2미터 정도의 원형 화로가 놓여 있었다. 내부에 채워진 흙과 불에 탄 재 사이에는 여호수아 시대의 토기 조각들과 동물들의 뼈가 많이 출토되었다. 짐승 뼈들에 대한 분석 결과, 이들은 대부분 섭씨 400~600도 정도의 불에 태워졌고 소, 양, 염소, 사슴 등의 것으로 밝혀졌다. 이들 중 사슴을 제외하고는 모두가 레위기서에 등장하는 대표적인 희생 제사물이다.

터나 되는 단단한 구조였다. 이 제단의 한가운데 바닥에는 여러 개의 돌로 만들어진 직경 2미터 정도의 원형 화로가 놓여 있었다. 구약 시대의 다른 제단들과 마찬가지로 동쪽에서부터 제단 위로 올라가는 경사로가 있었다. 제단 위에서 짐승을 불사르는 제사를 지내기 위해 제사장들이 올라가는 이 경사로는 길이가 7미터, 폭이 1미터 정도였다. 제단 주위로는 거룩한 장소임을 구분하는 돌로 쌓은 울타리가 있었고 한쪽에는 출입구까지 만들어졌다.

내부에 채워진 흙과 불에 탄 재 사이에는 여호수아 시대의 토기 조각들과 동물들의 뼈가 많이 출토되었다. 짐승 뼈를 분석한 결과 대부분 섭씨 400~600도의 불에 태워졌고, 소, 양, 염소, 사슴 등인 것으로 밝혀졌다. 이들 중 사슴을 제외하고는 모두가 레위기서에

에발 산의 여호수아 제단 복원도 구약 시대의 다른 제단들과 마찬가지로 동쪽에서부터 제단 위로 올라가는 경사로가 있었다. 제단 위에서 짐승을 불에 사르는 제사를 지내기 위해 제사장들이 올라가는 이 경사로는 길이가 7미터, 폭이 1미터 정도였다. 제단 주위로는 거룩한 장소임을 구분하는 돌로 쌓은 울타리가 있고 한쪽에는 출입구까지 만들어졌다. 모세는 요단 건너편에서 이스라엘 민족에게 가나안에 들어간 후 세겜에 있는 에발 산에 제단을 만들 것을 명령하였다 신명기 27:4~8. 이에 따라 여호수아는 '철 연장으로 다듬지 않은 돌들'로 제단을 쌓았고 12지파를 절반으로 나누어 한 부류는 그리심 산 쪽으로, 그리고 다른 한 부류는 에발 산을 향하게 한 다음 축복과 저주의 말씀을 차례대로 낭독하였다 여호수아 8:30~35.

등장하는 대표적인 희생 제사물이었다. 원래 희생 제사는 가축의 도살권을 가진 제사장이 특정한 장소에서 가축을 잡은 후 여러 사람들이 나누어 먹을 수 있도록 잘라서 불에 굽는 행위다. 여기에 어떠한 형태로든 제의적인 요소가 첨가되어 고대 종교의 중심적인 행사로 정착된 것이다.

모세는 요단 건너편에서 이스라엘 민족에게 가나안에 들어간 후 세겜에 있는 에발 산에 제단을 만들 것을 명령했고 이에 따라 여호수아는 '철 연장으로 다듬지 않은 돌들'로 제단을 쌓았다 신명기 27:4~8. 그 후 12지파를 절반으로 나누어 한 부류는 그리심 산 쪽으로, 다른 한 부류는 에발 산을 향하게 한 다음 축복과 저주의 말씀을 차례대로 낭독하였다 여호수아 8:30~35.

이 제단이 여호수아 시대의 것이라는 증거는 발견된 토기류의 70퍼센트가 '목이음 항아리'였다는 점이다. 물이 부족한 산악 지대에서 이스라엘 민족은 멀리 떨어진 샘으로부터 한꺼번에 많은 양의 물을 길어 오기 위해 대용량의 항아리가 필요하였다. 몸통과 아구리를 분리해 만든 다음 목 부분을 이어놓은 이 큰 항아리는 정착 시대 서기전1200~1000의 특징적인 토기로 분류된다. 또한 람세스 2세~3세 시대 서기전1279~1153의 것으로 추정되는 이집트 양식의 스캐럽 도장도 발견되었다.

종교적 중심지 세겜 이스라엘 역사에 있어서 민족적, 종교적 출발지는 예루살렘이라기보다는 세겜이다. 아브라함이 가장 먼저 정착한 곳은 세겜이었다. 비록 출애굽 사건 후 여리고를 먼저 점령하기는 했지만 아직 그 정확한 위치가 밝혀지지 않은 길갈을 제외한다면 첫 번째 종교적 중심지는 세겜의 에발 산 제단이었다.

한편 이 제단을 발굴했던 제르탈은 이스라엘 민족의 지리적 기원을 요단 강 건너편의 얍복 강이 흐르는 숙곳 평야로 보고 있다. 이곳에서부터 이스라엘 민족은 요단 나루터를 건너 파라 골짜기를 따라 세겜 분지에 도달하였다는 것이다.

종교 중심지와 법궤의 이동 이스라엘 민족이 요단 강을 건너 가나안에 들어온 후 야훼의 상징인 법궤가 안치된 곳이 바로 종교적 중심지였다. 맨 처음 여리고 근처의 길갈에서 시작된 야훼 성소는 세겜의 에발 산 제단, 실로의 야훼의 전 등으로 이동하다가 서기전 1050년경 블레셋 전투에서 법궤를 탈취 당해 막을 내리게 된다. 하지만 아쉬로드, 가드, 에크론의 다곤 신전에 모셔진 법궤 때문에 재앙이 내리자 7개월도 지나지 않아 블레셋 민족은 다시 법궤를 이스라엘 지역으로 돌려보냈다. (삼상 5-6장)서기전 1000년경 예루살렘을 점령한 다윗은 잃어버렸던 야훼의 상징인 법궤를 모셔온다.

법궤의 이동에서 볼 수 있듯 이스라엘의 중심지가 세겜으로부터 시작해 남하했다는 사실은 철기 I시대 서기전1200~1000의 시대별로 주거지의 발달이 점점 남쪽으로 내려가며 영향을 끼쳤다는 것에서도 입증된다.

제6장

홍해에서 지중해까지

| 성서 시대의 경제 |

이스라엘은 비교적 가난한 나라였다. 한 나라의 부의 척도가 되는 기록물의 발견이 미미하기 때문이다. 하지만 고대 근동의 두 중심 세력인 남쪽의 이집트와 북쪽의 메소포타미아를 연결하는 구상 무역을 시도할 때 막대한 부를 축적할 수 있었다. 솔로몬의 성전 건설도 페니키아와의 구상 무역의 결과로 볼 수 있다. 이스라엘이, 사이에 위치한 두 바다인 홍해와 지중해를 함께 장악할 때 비로소 진정한 의미의 강대국이 될 수 있었던 것이다.

솔로몬의 국제 무역항을 찾아서

솔로몬 시대의 예루살렘은 외국제 수입 상품들로 넘쳐났으며 수많은 외국 상인들이 북적거리는 국제적인 메트로폴리스였다. 부왕 다윗이 영토를 확장하기 위해 무력으로 국제적 감각을 익힌 반면, 아들 솔로몬은 평화적 방법을 통한 무역과 외교로 이스라엘을 국제 무역의 중심지로 성장시켰다.

솔로몬의 국제성은 3백 명이나 되는 그의 부인들 중에서 각각 이집트, 모압, 암몬, 에돔, 페니키아, 힛타이트의 왕족과 귀족 출신들이 있었다는 점에서도 잘 찾아볼 수 있다. 성서 경제학자들은 솔로몬이 국제 무역으로 축적한 부를 이용하여 비로소 성전을 건설할 수 있었다고 해석하기도 한다.

과연 솔로몬이 건설한 홍해의 무역항, 에시온 게벨은 어디이며 그 항구를 운영했던 다시스 해운회사는 어떤 기업이었을까.

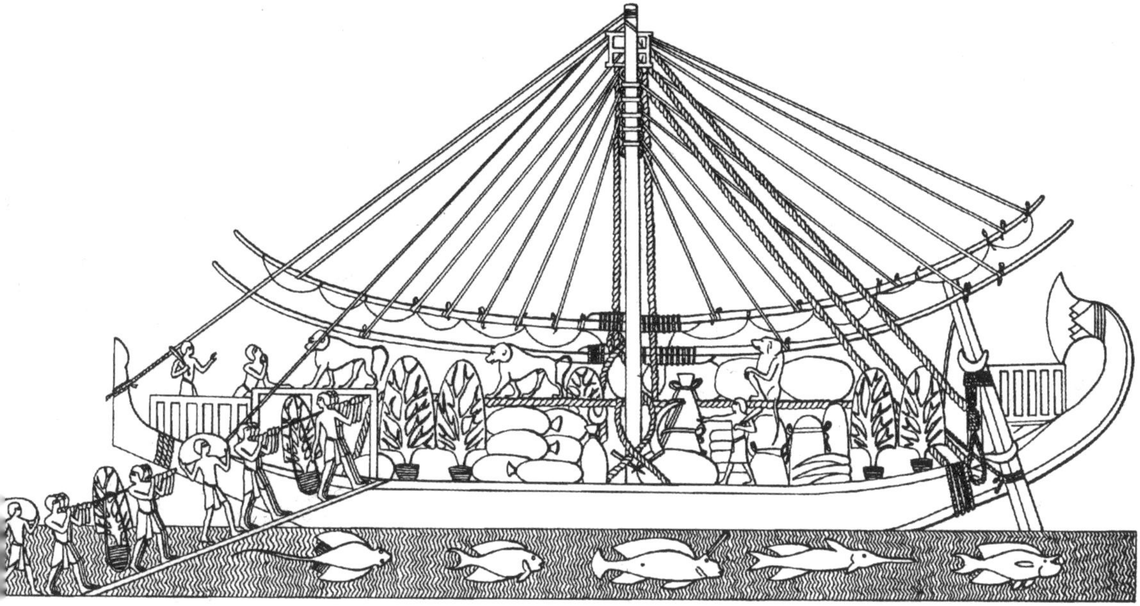

이집트의 푼트 무역 서기전 1500년경. 데이르 엘-바흐리의 하첸수트 여왕의 신전 부조. 이집트 선원들이 푼트 항구에 정박한 이집트 무역선에 각종 진귀한 물품들을 싣고 있다. 선적되는 상품 목록은 송진, 향품, 진귀한 나무의 묘목, 흑단목, 상아, 황금, 향나무, 원숭이, 개, 표범 가죽, 흑인 노예 등을 포함하고 있다.

백향목은 페니키아로부터 예루살렘 성전의 신축 공사를 기획하던 솔로몬의 가장 큰 걱정거리는 당대 최고급 목재인 레바논의 백향목을 수입하는 문제였다. 기본적인 건축 자재인 석회암은 예루살렘에서 얼마든지 구할 수 있었고 부역을 통해 노동력을 동원할 수 있었지만, 성전의 내부를 황금빛으로 치장하기 위해서는 웬만해서는 잘 썩지 않는 독특한 향의 백향목을 반드시 사용해야만 하였다.

백향목의 명성은 이집트에서는 이미 왕조가 시작된 서기전 3000년경부터 입증이 되었다. 대규모 선박을 만들기 위해 레바논에 사람들을 파견하여 뗏목으로 백향목을 가져올 정도였다.

솔로몬은 예루살렘의 축성과 궁전, 성전 건축을 위해 필요한 목재와 기술은 페니키아의 두로 왕 히람과 구상 무역을 통해 충당하였다. 당시 레바논의 백향목과 잣나무 등의 목재는 바닷길을 통해 뗏목으로 이동하여 예루살렘으로 가는 길목에 위치한 욥바 북부의 야르콘 강으로 운반되었다. 목재와 기술 지원의 대가로 솔로몬은 해마다 엄청난 양의 밀(2만 코르)과 기름(20코르)을 제공하였다. 그럼에도 불구하고 솔로몬이 히람에게 갈릴리 지방의 20개 도시를 건네준 것으로 보아 솔로몬이 약속한 대가를 충분히 지불하지 못했거나 해가 거듭할수록 히람의 요구 조건이 강화된 것으로 보인다.

전투용 말과 병거는 힛타이트와 이집트로부터 말이 본격적으로 전쟁에 사용된 것은 이집트 신왕국 시대가 시작될 무렵인 서기전 1550년 경부터였다. 신앗시리아 시대의 기록에 자주 등장하는 말들의 원산지는 대부분 터키 남부의 타우루스 산지와 메소포타미아의 지붕으로 불리는 자그로스 산지에 위치한 지역들이다.

이집트는 비교적 일찍이 말과 병거를 이용한 전술을 발전시켰기 때문에 엄청난 숫자의 군마가 필요했고, 솔로몬은 바로 이 점에 착안하여 터키 남부의 무쭈르와 쿠에로부터 말을 수입하여 이집트에 판매한 것으로 보인다. 이러한 목적으로 그는 국제무역로 변에 위치한 므깃도를 병거성으로 개발했고, 넓은 이즈르엘 평야에서 군마를 훈련시킬 수 있었다.

솔로몬이 운용한 병거대와 기병대는 4만 마리의 말과 12,000명의 기병들로 구성될 만큼 규모가 컸다. 당시 병거는 한 대에 은 6백 세겔(6킬로그램), 말은 한 마리에 은 150세겔(1.5킬로그램) 정도였으니 솔로몬은 말 장사를 통해 큰 이익을 보았을 것이다.

향품은 스바 왕국으로부터 스바 왕국은 향품을 많이 생산하며 근처의 동부 아프리카 지역과의 해상 무역을 통해 금을 확보할 수 있었다.

그들이 낙타에 주로 짐을 싣고 온 것으로 미루어 이 왕국의 지리적 위치를 아라비아 남부 지역으로 보고 있다. 스바의 여왕은 황금만 120키카르, 즉 5톤에 달하는 엄청난 양을 가져왔다. 그러나 역시 스바산 최고 상품은 신전 분향에 필요한 향품과 방부제, 그리고 각종 향신료 등이었다. 이들은 대부분 아라비아 반도의 남부와 인도양 연안에서 자라기 때문에 이미 솔로몬 시대부터 이스라엘과 인도양 사이에 거래가 있었음을 알 수 있다.

에시온 게벨의 다시스 해운회사 솔로몬이 주변국들과 육상 무역을 했지만 이 모든 것들을 능가하는 최고의 부와 명성을 쌓을 수 있었던 계기는 바로 에시온 게벨 항구에 설립한 다시스 해운회사 덕택이었다. 다시스는 하나의 지명으로, 이 회사 소속의 배와 선원들이 대부분 그곳 출신이었기 때문에 붙여진 이름이다. 다시스는 지중해변에 자리잡은 해양 무역의 도시로 추정될 뿐 아직 정확한 지리적 위치는 확인되지 않았다. 대부분의 페니키아 학자들은 이곳을 스페인의 타르테소스로 추정하고 있다. 에스겔서 27:12에 기록된 대로 다시스의 특산품이 철, 은, 주석, 납 등 진귀한 금속이라는 점도 이를 뒷받침해 준다.

다시스의 배들은 홍해를 거쳐 아라비아 반도와 인도양 너머의 인도, 그리고 동부 아프리카 등 매우 먼 거리를 항해했기 때문에 3년에 한 번씩 이스라엘 항구인 에시온 게벨로 돌아왔다. 어떤 학자들은 항해 기간이 3년 걸린 이유를 다음과 같이 설명한다.

아프리카 대륙을 한 바퀴 돌아 대서양을 통해 '헤라클레스의 기둥' 이라 불리는 지브롤타르 해협을 통과하고 그 다음 지중해로 들

왼쪽 **게지랏트 엘-파라윤** '파라오의 섬'이라는 의미의 게지랏트 엘-파라윤은 이스라엘 남단의 홍해에 있으며, 가까이 있는 육지와 방파제를 적절히 연결하여 항구로 개발되었다. 1980년대의 집중적인 해저 발굴을 통해 이 섬은 솔로몬이 고용한 다시스 해운회사가 무역항으로 개발했던 에시온 게벨이라는 학설이 제기되었다.

왼쪽 아래 **이집트 쿠푸 왕의 태양선** 1954년 기자의 대 피라미드 주위에서 발견된 태양선solar boat, 서기전 2550년경은 길이가 42미터, 폭이 5.5미터에 달한다. 모두 1,224 조각으로 분해되어 땅 속에 묻혀 있던 것을 수년 간의 노력 끝에 조립, 복원한 것이다. 4,500년의 세월이 흘렀음에도 불구하고 마치 최근의 목재로 만든 배처럼 복원된 이 배는 다름아닌 레바논의 백향목으로 축조된 것이다.

어왔기 때문이라는 것이다.

하지만 당시 아프리카 지역은 이미 아라비아 남부의 스바 왕국 등과 무역을 했고, 서기전 1500년경 이집트의 하쳅슛트 여왕의 벽화 부조에 기록된 동부 아프리카의 푼트와 성서의 기록에 나타난 오피르 외에는 아프리카의 알려진 지명이 별로 없기 때문에 일부러 오랜 기간 동안 아프리카 대륙 전체를 돌아올 필요는 없었을 것이다.

게지랏트 엘-파라윤 이스라엘 남쪽 홍해의 항구 도시였던 에시온 게벨은 1930년대 미국의 유대인 고고학자 넬슨 글릭의 발굴을 통해 오늘날 에일랏 근처에 위치한 텔 엘-클레이페임이 밝혀졌다. 하지만 여기서 출토된 토기들을 정밀 분석한 결과 대부분 서기전 8세기 이후의 것들로 밝혀졌다. 특히 무엇보다도 이 유적지는 바다와 너무 멀리 떨어져 있어서 그 동안의 퇴적 작용을 감안한다 하더라도 고대 항구로 보기에는 무리가 있었다.

1967년 이스라엘이 시나이 반도를 점령한 후 해양고고학자들은 신비에 싸인 홍해의 작은 섬 게지랏트 엘-파라윤에 관심을 갖기 시작하였다. 시나이 반도의 해안으로부터 180미터 떨어진 곳에 위치한 이 섬은 길이가 4백 미터밖에 안 되는 작은 섬으로, 서쪽에는 깊숙한 만으로 이루어진 항구가 있었다.

해저 발굴 결과 방파제의 흔적과 함께 구약 시대의 토기류가 발견되었다. 실제로 지중해의 페니키아 도시들은 두로처럼 해변에 가까운 섬을 방파제와 연결해 자유롭게 육지와 연결되는 항구를 만드는 경우가 많았다. 따라서 다시스 해운회사가 페니키아 사람들에 의해 운영되었다면 내륙에 위치한 텔 엘-클레이페보다는 해변에 가까운 게지랏트 엘-파라윤이 많은 배들을 정박시킬 수 있는 적절한 항구였을 것이다.

한편 서기전 850년경 유다의 왕 여호사밧과 이스라엘의 아하시야는 공동으로 투자하여 합작 해운회사 프로젝트를 시작하였다 역대기하 20:36~37. 그들은 백 년 전 솔로몬 시대에 명성을 떨친 다시스 해운회사를 다시 고용했으나 배들이 파선하는 바람에 사업은 실패하고 만다. 아마도 이집트와 메소포타미아 세력이 약화된 국제 정세의 모멘툼을 적절히 이용할 수 있었던 솔로몬 시대와는 달리 이집트와 앗시리아가 건재해서 국제 무역의 중심이 홍해에서 지중해로 넘어간 것이 가장 큰 이유라고 짐작된다.

신약 시대에 헤롯이 대규모 항구 도시 가이사랴를 지중해변에 건설하고 아라비아 반도와 유럽을 연결하는 중계 무역을 통해 부를 축적한 것은 어느 정도 솔로몬의 업적과 비교된다. 더구나 국제 무역에 일가견이 있었던 두 왕에 의해 각각 구약 시대와 신약 시대의 성전이 건설되었다는 사실도 결코 우연의 일치는 아닐 것이다.

두로를 위한 엘레지

서기전 332년 2월, 알렉산드로스가 이끄는 마케도니아 군대는 지중해안을 따라 이집트로 내려가고 있었다. 이에 대항하여 페르시아군은 알렉산드로스를 저지하기 위해 페니키아의 섬나라 두로에 해군력을 집중시켰다. 두로는 해안으로부터 7백 미터 떨어진 섬이었고 육중한 성벽으로 둘러싸여 있어서 예로부터 난공불락의 요새로 유명하였다. 더욱이 알렉산드로스는 해군력을 보유하고 있지도 않은 형편이었다.

이집트 정복을 눈앞에 둔 알렉산드로스는 이 요새를 그냥 지나칠 수 없었다. 그는 병사들로 하여금 육지에서부터 섬까지 폭 60미터의 공격로를 만들도록 명령하였다. 두로 해군의 집요한 방해에도 불구하고 여섯 달의 난공사 끝에 드디어 섬과 육지가 연결되었다. 마케도니아 군대는 돌판으로 포장된 공격로를 따라 공성퇴를 동원하여 성벽을 파괴시켰다. 마침내 두로는 함락되었고, 주로 두로의 선박을 통해 활동하던 지중해의 페르시아 해군은 더 이상 알렉산드로스의 적수가 될 수 없었다.

비록 페르시아의 위협 때문에 어쩔 수 없이 알렉산드로스에 대항하기는 했지만 두로는 전쟁보다는 평화를 사랑했으며, 주로 국제 무역을 통해 번창했던 민족이었다.

페니키아는 내륙에 최고 3천 미터 높이의 레바논 산지가 가로막고 있어서 지리적 특성상 진출할 수 있는 곳이라고는 오직 바다뿐이었다. 따라서 일찍부터 발달된 항해술을 이용하여 먼바다로 나가 지중해 여러 곳의 식민지를 개척하는 한편 무역을 통해 다양한 문화를 받아들이는 국제적인 도시로 성장하였다.

그리스 고전 시대의 전승에 의하면 두로 역사상 가장 유명했던 히람 왕서기전 969~936은 해안에서 멀리 떨어져 있는 두 섬 사이의 바다를 메워 전체 넓이가 16만 평방미터에 이르는 주거지를 형성하였다고 한다. 섬의 남쪽과 북쪽에 각각 하나씩 모두 두 개의 항구를 만들고 시돈, 이집트와 무역을 하였다. 두로가 섬이었을 때, 필요한 양식과 물은 맞은편 육지에 있던 우슈로부터 공급받았다. 그곳은

발라왓트 성문의 청동판 부조 두로인들의 조공 운반 장면. 서기전 850년경 건설된 앗시리아 살마네세르 3세서기전 858~824의 요새 성문에는 섬나라 두로 사람들이 조공을 육지로 실어 나르는 청동판 부조가 새겨져 있다. 이 부조를 통해 두로가 섬나라이며 성벽으로 둘러싸인 요새였음이 밝혀졌다. 1876년 이라크 북부 모술 근처의 텔 발라왓트에서 발견된 이 부조는 지금 영국의 대영 박물관에 소장되어 있다.

풍부한 물과 농경지가 있는 일종의 배후 도시였다.

두로는 솔로몬의 성전 건설 당시 물자와 인력을 원조해 주었던 이스라엘의 동맹국이었다. 두로는 그리스-로마 시대에도 여전히 무역항으로서의 명맥을 유지하였다. 알렉산드로스의 침략 이후 육지와 연결된 공격로 양편으로 파도에 밀려온 토사가 쌓이면서 두로는 더 이상 섬이 아닌, 바다 쪽으로 돌출된 반도로 남게 되었다.

두로를 위한 엘레지 국제 무역 도시로서의 두로의 모습은 에스겔의 「두로를 위한 엘레지」를 통해 자세히 알 수 있다.

우선 두로는 바다 입구에 위치해 있어서 많은 섬들과 교역할 수 있는 입지적 조건을 갖추고 있었다에스겔 27:3. 또한 여러 나라에서 들여온 원자재를 이용해 최상품의 선박을 건조하였다에스겔 27:5~7. 우선 쉐니르의 잣나무 판자를 이용해 선체를 만든 다음 크레타의 소

오른쪽 위 **두로Tyre의 항구** 오늘날 레바논에 위치한 두로는 더 이상 섬이 아니라 육지에서 돌출된 반도의 모습으로 남아 있으며 페니키아 해안의 대표적인 어항으로 발전하였다.

나무로 갑판을 깔았다. 바샨의 단단한 상수리나무로 노를 만든 다음, 가장 중요한 돛대는 키가 크고 품질이 좋은 레바논의 백향목으로 세웠다. 돛과 깃발은 고운 수가 놓여진 이집트산 삼베 천으로 만들었고, 갑판 위에 설치한 천막은 키프로스의 청색 천과 자색 천으로 장식하였다.

선박뿐만 아니라 이를 운행하고 수리하는 인력들도 페니키아의 대표적인 전문가들로 구성하였다 에스겔 27:8~9. 선원들은 시돈과 아르바드 사람들로, 선박 수리공은 비블로스의 기술자로, 가장 중요한 몫을 담당하는 항해사는 두로의 전문가들에게 책임을 맡겼다. 만일의 사태에 대비해 군대가 꼭 필요하였지만 자국민들은 대부분이 어민이었다. 따라서 두로는 페니키아 사람들 외에도 축적된 부를 이용하여 페르시아, 리디아, 풋트 등 외인 부대를 용병으로 고용하였다 에스겔 27:10~11.

이러한 두로의 세계화 정책은 대상 무역국의 숫자와 교역 상품의 다양성에서 더욱 그 진가를 찾아볼 수 있다 에스겔 27:12~25.

스페인에 위치한 다시스로부터는 은과 철을 비롯한 금속류를 들여왔고, 야반으로 불렸던 그리스로부터는 노예와 청동 그릇류를 수입하였다. 터키 동부 지역으로 알려진 도갈마로부터는 말, 전마, 노새를, 그리고 아라비아 반도의 남부 지역인 드단으로부터는 상아와 흑단목을 수입하였다. 아람으로부터는 남보석을 비롯한 보석류와 옷감, 자수 제품을, 다메섹으로부터는 포도주와 모직, 제련철, 계피, 창포 등을 들여왔다. 아라비아로부터는 양과 염소를, 스바로부터는 향유와 황금을 수입했고, 이밖에도 하란, 앗수르를 비롯한 메소포타미아의 여러 지역으로부터 자수와 카펫을 수입하였다.

매우 흥미로운 사실은, 그들이 가장 필요로 했던 밀, 올리브, 무화과, 꿀 등의 식량을 유다와 이스라엘로부터 수입하였다는 것이다. 솔로몬도 성전 건설의 대가로 두로의 히람 왕에게 밀과 올리브 기름을 제공한 것으로 나타난다 열왕기상 5:11. 하지만 두로가 이에 만족하지 않자 솔로몬은 갈릴리 지역의 20개 성읍을 추가로 주었다 열왕기상 9:11.

결국 두로는 많은 재산과 무역을 통해 주변 민족들을 풍요롭게 만들었다 에스겔 27:33. 하지만 에스겔은 폭풍우로 인해 두로의 배들이 난파되었기 때문에 그들의 영화가 물 속으로 사라졌다는 비극으로 그의 「두로를 위한 엘레지」를 마무리하였다.

전쟁과 예언 문학 구약의 예언자들이 이스라엘 주변국의 종말을 예

두로의 로마 시대 유적지 오늘날 두로에서 볼 수 있는 대부분의 유적은 로마 시대와 비잔틴 시대에 건설된 것들이다. 로마 제국에서 가장 큰 규모인 6만 명을 수용할 수 있는 전차 경주장이 두로에 있었다.

언하는 것으로 그들의 활동을 시작하였다는 사실은 매우 흥미롭다. 그것은 서기전 9세기 초부터 시작된 앗시리아의 잔인한 전쟁술을 비롯한 그들의 식민지 정책과 매우 밀접한 관련이 있다.

서기전 883년 아버지에 이어 왕위에 오른 앗시리아의 앗슈르나시르팔 2세는 전쟁을 벌여 시리아-팔레스타인 지방을 괴롭혔다. 그의 아들 샬마네세르 3세도 35년의 통치 기간 중 31년 간 전쟁을 치를 만큼 아버지를 능가하는 호전적 인물이었다. 그 무렵 이스라엘은 무자비한 북쪽의 앗시리아를 점점 두려워하기 시작하였다. 따라서 이러한 급변하는 국제 정세에 대처하기 위한 새로운 형태의 메시지가 필요했기 때문에 비로소 이스라엘 최초의 예언 문학이 탄생하게 되었다.

자주 물감과 자색 옷

페니키아 민족은 바닷가에 치솟은 해발 3천 미터의 레바논 산지에 가로막혀 내륙과는 고립되었기 때문에 일찍부터 바다로 진출하였다. 그들은 지중해 연안을 따라 수많은 식민지를 개척하고 국제적인 장사꾼으로 명성을 날렸다. 최상품 목재인 레바논 백향목과 함께 페니키아 최고의 특산품은 자주 물감이었다. 순금의 가격과 맞먹을 정도로 비싼, 자주 물감으로 물들인 자색 옷은 부유층의 상징이었고, 로마 시대에는 'royal purple(황실 자주)' 이라는 용어까지 생겼다.

구석기 시대 말기에는 철이나 구리 등의 금속들이 산화되어 생긴 다양한 색깔의 녹을 채취하여 그림을 그렸다. 서기전 15000년경 제작된 것으로 추정되는 라스코나 알타미라 동굴 벽화들은 모두 이러한 물감을 사용한 것들이다. 마침내 서기전 4000년경부터는 도시와 왕국이 생겨나면서 왕이나 제사장 등 특권층의 고유 의상이 필요해지게 되면서 천을 염색하기 위한 물감이 개발되기 시작하였다. 당시에는 주로 식물의 꽃, 잎, 열매, 껍질, 뿌리 등에서 추출한 물감이 사용되었다. 하지만 햇빛이나 세탁으로 쉽게 색이 바랬기 때문에 좀더 질이 좋은 물감의 필요성을 느꼈다.

그리스 신화에 의하면 자줏빛 물감은 두로의 수호신 멜카르트가 처음 발견하였다고 한다. 멜카르트가 개와 함께 바닷가를 산책하고 있던 중 소라를 깨문 개의 입이 처음에는 붉게 물들었다가 차츰 자줏빛으로 변하였다는 것이다. '페니키아' 의 어원이 되는 '페닉크' 는 '붉은 자주' 라는 뜻으로서, 원래는 지중해에 서식하는 소라의 일종이다. 서기전 1500년경 기록된 누지 문서에는 자주 물감을 후리어로 '키나후' 라고 표기했으며 그것이 '가나안(크나안)' 의 어원이라는 학설도 제기되었다. 자주색을 의미하는 영어의 '퍼플 purple'은 원래 지중해에 서식하는 소라의 이름인 그리스어 '포르피라 porphyra'와 라틴어 '푸르푸라 purpura'에서 유래되었다.

이러한 색깔 이름의 정착 과정은 우리나라에서도 비슷한 예를 찾아볼 수 있다. 전통적으로 내려오는 옛 표기인 '남藍'이나 '쪽'은 원래 식물 이름이었지만, 이것으로부터 추출된 색깔을 뜻하는 이름으로 자연스럽게 정착된 것이다.

성서의 삼원색 구약성서에 자주 등장하는 대표적인 세 가지 색깔은 염색한 천의 색깔을 기준으로 자줏빛의 아르가만과 푸른빛의 트켈렛트, 그리고 붉은빛의 톨라앗트 쉐니 등이다. 그중에서도 아르가만과 트켈렛트는 종교적으로 중요한 기물과 의상을 장식하는 색깔로 선택되었다.

이 두 가지 색은 모두 지중해에서 서식하는 소라의 분비물로부터 만들어진다. 또한 소라의 종류와 성별, 그리고 염료를 만드는 공정 중 햇빛을 받는 정도에 따라 자주색 계열의 아르가만과 푸른색 계열의 트켈렛트로 구분된다. 톨라앗트 쉐니는 벌레의 분비물로부터 만들어진다. 자색 천과 자색 옷은 구약 시대부터 성막의 치장과 제사장의 옷, 그리고 왕과 귀족들의 의상으로 자주 사용되었다. 솔로몬은 성전 내부를 치장하기 위해 두로의 히람 왕에게 자주 물감 전문가들을 보내줄 것을 부탁하기도 하였다. 신약성서의 부자와 나사로의 비유에 부자의 옷 색깔이 자주색으로 등장하는 것을 보면 알 수 있듯 자색 옷은 부유층의 상징이었다.

바닷가의 소라 무더기 자주 물감 제조의 고고학적 증거를 가장 잘 보

지중해의 페니키아 연안 페니키아 민족은 해발 3천 미터의 레바논 해안 산지에 가로막혀 내륙과 고립되었기 때문에 일찍이 바다로 진출하였다. 서기전 1500년경부터 지중해산 소라로 자주 물감을 만들면서부터 그들은 국제 무역에서 명성을 떨쳤다. 로마 시대에는 두로산 자주 물감이 가장 비싼 무역 상품이었다.

여주는 것은 산더미처럼 쌓여 있는 부서진 소라들의 무더기다. 소라를 단순히 식용으로 쓸 때는 끓는 물에 삶으면 되지만 자주 물감을 얻기 위해서는 소라 껍데기를 깨어내어 내장의 특정 부위에서 분비액을 얻어야 한다. 따라서 깨진 소라 껍데기를 쌓아놓은 무더기는 자주 물감을 얻기 위한 흔적이었던 것으로 보인다. 두 번째 증거로는 자주 물감을 끓이거나 보관했던 토기들이다. 이러한 토기 조각에는 자줏빛 흔적이 남아 있어서 쉽게 구별할 수 있다. 이스라엘 지역에서는 텔 카브리, 악코, 텔 케이산, 시크모나, 도르, 가이사랴, 아폴로니아, 텔 모르 등에서 소라 무더기와 자줏빛 흔적의 토기 조각들이 발견되었다. 세 번째 증거는 물감을 제조했던 공장 터인데, 지중해 연안에서 매우 드물게 나타난다.

지금까지의 고고학적인 연구 결과, 세계 최초로 자주 물감을 만

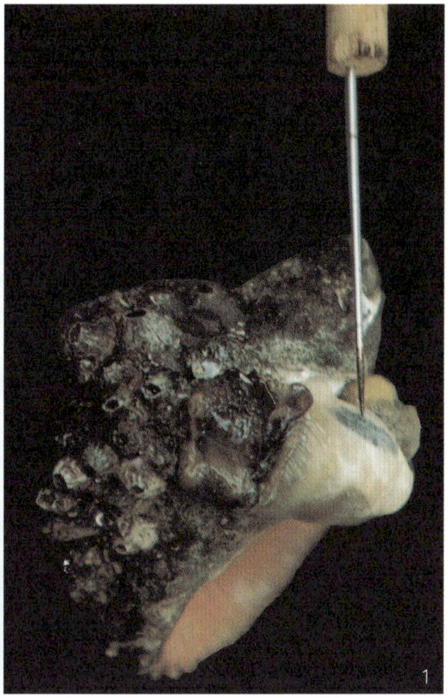

1,2 **지중해산 소라** 자주 물감은 송곳이 가리키는 소라의 내장 분비물로 만들어진다. 하얗게 나오는 분비물은 산화되면서 노란빛으로 변한다. 12,000개의 소라에서 겨우 1.4킬로그램의 자주 물감을 얻을 수 있을 뿐이다.

3,4 **자주 물감으로 염색한 양털 실** 자주 물감은 소라의 종류와 성별, 그리고 제조 공정 중 햇빛을 받는 정도에 따라 자주색에서부터 하늘색까지 매우 다양하게 나타난다. 성서에서는 이 두 가지 색깔을 아르가만과 트켈렛트로 구분하였다.

든 곳은 크레타 섬이었다. 이미 서기전 1800년경부터 자주 물감을 만들기 시작했으며, 서기전 1600년 이후 크레타와 페니키아 사이에 무역 교류가 활발해지면서 자주 물감 제조 기술이 함께 전수된 것으로 보인다. 페니키아 민족은 연안에서 소라를 대량으로 구할 수 있었고, 자주 물감이 부피는 작지만 고가에 팔리는 부가가치가 매우 높은 상품이기 때문에 물감 제조 기술을 전문적으로 개발하였다. 따라서 서기전 1500년 이후에는 페니키아가 자주 물감의 주요 생산지가 된다.

자주 물감은 어떻게 만들어지는가? 로마 시대의 자주 물감에 관한 정보는 플리니우스의 『자연사』와 스트라보의 『지리학』을 통해서 잘 알 수 있다. 가장 질 좋은 물감을 만들 수 있는 소라는 페니키아의 두로에서 잡힌 것들이다. 소라의 내장 중 흰색의 분비물을 내는 부분만을 도려내어 그릇에 모은다. 이 분비물은 산화되면서 노란색으로 변한다. 여기에 소금을 뿌리고 사흘 정도 지난 후 납이나 주석으로 만든 가마솥에 물과 함께 넣어 끓인다. 이때 원료와 물의 비율은 1대 1 정도로 하며 일정한 온도로 9일 간 끓이면 비로소 자주 물감이 완성된다. 완성품의 색깔은 양털 뭉치를 담가서 확인하는데, 붉은색보다는 검은빛을 띤 붉은색이 더 좋은 물감이다. 양털을 염색할 때는 물감에 다섯 시간 정도를 담가 두어야 하며, 양털과 물감의 비율은 무게로 따져서 5대 1 정도가 적당하다. 가장 최고의 색깔은 '응고된 피' 의 색으로, 보통은 검게 보이지만 햇빛에 반사되면 선명한 붉은색이 나타난다. 이 색이 바로 호메로스의 작품에서 자주 인용되는 '자주빛 피 blood of purple hue' 라는 표현의 기원이 되었다.

최고급 두로산 자주 물감 신약 시대에 시칠리아의 타렌툼에서 생산된 자주 물감은 1킬로그램에 220데나리온 약 660만 원이었고, 최고급의 두로산 자주 물감은 그 열 배가 되는 2,200데나리온 약 6,600만 원을 주고도 구하기 힘들었다고 한다. 이렇게 두로산이 값비싼 이유는 12,000개의 소라에서 겨우 1.4킬로그램의 자주 물감을 얻어낼 수 있었기 때문이다.

두로산 자주 물감으로 염색한 모직 천을 '디바파' 라고 부르는데, 이는 '두 번 담갔다' 라는 뜻이며 두 번에 걸쳐 염색하기 때문에 색이 절대로 바래지 않는 것으로 유명하였다. 두로산의 특징은 한마디로 '응고된 핏빛' 으로 표현되었다. 자줏빛으로 물들인 두로산 옷감은 그냥 보면 단순한 검은 빛깔이었지만 햇빛에 비추어 보면 검붉은 빛에서부터 보랏빛까지 매우 화려한 색상을 띠었다.

도탄 부부와 블레셋 고고학

골리앗으로 대표되는 이방 민족의 정체를 밝히는 블레셋 고고학은 모세와 투르데 도탄 부부에 의해 결실을 맺었다. 그들은 1948년 이후 50여 년 동안 오로지 이 분야의 발굴과 연구에만 매달렸다. 각각 폴란드와 오스트리아 출신인 도탄 부부는 어린 시절부터 팔레스타인에서 성장하여 조국의 독립을 위해 군 복무를 하던 중 만났다. 히브리 대학을 졸업한 그들은 성서에 등장하는 블레셋 도시들인 텔 카실레, 아쉬도드, 데이르 엘-발락흐, 에크론 등을 발굴하면서 이 분야의 세계적인 전문가로 인정받았다.

전설 속의 삼손, 사울, 골리앗, 다윗 등으로 이어지는 이스라엘과 블레셋의 전쟁 이야기에 매료된 성지 순례자들은 이미 17세기 이래로 현장에서 성서의 내용을 증명하고자 노력하였다. 1659년 한 프랑스 여행가는 지중해변의 블레셋 다섯 도시들 중 하나인 가자를 방문해서 블레셋의 신 다곤의 신전을 발굴하였다. 비록 블레셋의 유물들은 발견하지 못했지만 장님이 된 삼손이 신전을 무너뜨리고 장렬한 최후를 마쳤다는 성서의 장면을 그대로 믿고 시도한 첫 번째 발굴이었다.

블레셋에 관한 좀더 구체적인 역사적 증거는 1798년 나폴레옹의 이집트 탐사에서 처음으로 드러났다. 테베의 메디낫트 하부에 위치한 람세스 3세 서기전 1184~1153의 장례 신전 벽에는 블레셋 민족의 전투 장면이 부조로 조각되어 있다. 하지만 당시 프랑스 학자들은 짧은 치마에 깃털 전투모를 쓴 그들을 인도인으로 착각했다. 1850년대 초 스코틀랜드 출신의 고고학자 그린은 이 신전 마당을 직접 발굴하던 중 새로운 비문들을 발견했다. 파리의 언어학자 드

• 블레셋 다섯 도시

에크론Ekron **전경** 텔 미크네로 알려진 에크론은 블레셋의 다섯 도시 중 하나였다. 서기전 17세기부터 이곳에 사람들이 거주하기 시작했고 서기전 1200년경부터 블레셋 문화가 형성되었다. 히브리 대학의 투르데 도탄Trude Dothan과 올브라이트 연구소의 기틴S. Gitin은 공동으로 1981년부터 15년에 걸쳐 대규모의 발굴을 실시하였다.

오른쪽 위 **이집트의 블레셋 포로들** 이집트 남부 룩소르의 나일 강 서편에 자리잡은 메디낫트 하부에 있는 람세스 3세의 장례 신전 벽에는 서기전 1180년경 이집트로 쳐들어간 바다민족들과의 해전 장면이 부조로 조각되어 있다. 바다민족 중에는 블레셋이란 부족의 이름이 등장하며 이들은 이집트로부터 쫓겨나서 팔레스타인의 남쪽 해안에 정착한 것으로 보인다.

루쥐는 이 비문을 해독, 블레셋을 비롯한 다섯 종족의 이름과 함께 이 바다민족들이 이집트를 침공하였다는 사실을 처음으로 밝혔다.

> 그들은 이집트로 쳐들어왔다.
> 그들은 온 땅을 평정하였다.
> 그들의 동맹은 블레셋, 체케르, 쉐켈레쉬, 데니엔,
> 그리고 웨세쉬 등으로 구성되었다.

성서 외의 역사적 자료에서 처음으로 블레셋의 존재를 확인하는 순간이었다. 나아가 영국의 대영 박물관이 1870년에 구입한 '하리스 파피루스'에도 이집트의 파라오가 블레셋 민족을 가나안 지역에 정착시키고 식민 통치 했음을 기록하고 있다. 블레셋의 역사적 증거 자료가 이집트에서 발견되었다는 사실은 곧 창세기10:13~

14에 등장하는 고대 민족들의 계보에 블레셋이 이집트미쯔라임의 후손으로 기록된 것과 일맥상통하는 바가 있다.

이러한 블레셋 고고학의 성과에 영향을 받은 영국의 팔레스타인 탐사재단은 골리앗의 도시로 알려진 가드를 찾아내기 위해 1899년 블리스와 마칼리스터를 파견하였다. 그들은 쉐펠라 지역의 텔 에-사피를 가드로 보고 발굴을 시작했고, 여기서 출토된 수많은 미케네 토기 조각들의 분석을 통해 블레셋 민족의 지리적 기원을 에게해로 밝혔다. 성서에 처음으로 고대 유럽인들이 등장하는 순간이었다. 구미 각국의 벳샨, 게제르, 므깃도 발굴 등을 통하여 블레셋의 세력권이 해안은 물론이거니와 팔레스타인 내륙에까지 퍼져 있음이 확인되었다.

1948년 이스라엘이 독립한 후 그들의 첫 번째 공식적인 발굴은 다름아닌 블레셋의 항구 도시였던 텔아비브의 텔 카실레였다. 이스라엘 고고학의 대부였던 마자르 교수의 지휘 아래 진행된 발굴에서 블레셋 민족의 체계적인 종교, 건축, 일상 생활의 증거들이 드러났다. 이 발굴에 참여했던 도탄 부부도 이를 계기로 평생을 블레셋 고고학에 헌신하기로 결심했으며, 그들의 노력으로 블레셋 민족의 역사적 실체를 어느 정도 알 수 있게 되었다.

지금으로부터 3,200년 전 당시 세계를 평정했던 양대 세력인 이집트와 힛타이트가 점점 쇠퇴하면서 가나안은 주인 없는 땅이 되고 말았다. 가나안을 차지하기 위해 유목민이었던 이스라엘 민족은 요단 강을 건너 서쪽으로 이동했고, 바다민족이었던 블레셋은 반대로 해안 평야에서 동쪽으로 세력을 확장해 나갔다. 조직적인 군사력과

블레셋 토관 투르데 도탄이 1972년부터 10년 동안 발굴했던 가자 지구에 위치한 데이르 엘-발락흐의 한 무덤에서는 관 뚜껑에 이집트 양식의 오시리스 자세가 장식된 거대한 토관이 발견되었다. 이스라엘 지역에서 블레셋 토관은 해안 평야뿐만 아니라 내륙의 벳산에서도 발견된다.

블레셋 토기류 블레셋 토기는 가나안의 것과는 분명하게 구분되며, 모양이나 무늬 장식 면에서 에게해의 미케네 토기의 영향을 많이 받았다. 블레셋 토기 장식의 특징 중 하나는 '뒤로 돌아보고 있는 새'의 모티브를 적색과 흑색으로 생동감 있게 표현한 것이다.

고도로 발달된 철 제련술을 이용한 최신식 무기, 그리고 이집트산 전차로 무장된 블레셋 민족은 가나안의 모든 평야 지역을 장악하였다. 블레셋 민족이 가장 활발하게 활동했던 시기는 서기전 1200~1000년 사이이며, 이스라엘 왕국이 건설된 후 그들의 세력은 약화되거나 기존의 가나안 문명권으로 동화, 흡수되었다.

1996년 여름, 에크론의 마지막 발굴에서 다섯 줄이 씌어 있는 한 석비가 신전에서 출토되었다. 비문의 내용은 성서에 등장하는 아키쉬 왕의 이름을 비롯해 에크론의 통치자들의 족보와 신전을 봉헌하는 글이었다. 현재 이스라엘에서는 하버드 대학과 바르일란 대학 발굴팀이 각각 아쉬켈론과 가드를 발굴하고 있어서 더 많은 블레셋 유적들이 드러날 것으로 기대하고 있다.

멘델 눈과 갈릴리 호수 고고학

16군데의 어항을 지닌 갈릴리 호수 갈릴리 호수의 동편에 자리잡은 엔게브 키부츠에는 라트비아 출신의 한 어부가 살고 있었다. 1920년대에 이스라엘로 이민 온 그는 자신의 성을 물고기라는 뜻의 '눈nun'으로 바꿀 정도로 평생을 갈릴리 호수에서 고기잡이로 살아온 인물이었다. 나이 일흔이 다 되어 은퇴할 무렵인 지난 1971년부터 그는 둘레가 66킬로미터나 되는 호수 주변을 샅샅이 뒤지며 고대 항구의 흔적을 조사하였다.

20년 간 직접 몸과 발로 체험해 이룩한 그의 업적이 1992년에 출판되었을 때 모든 이들은 갈릴리 호수에 자그마치 16군데의 고대 항구들이 존재했었다는 사실에 놀라지 않을 수 없었다. 더욱 우

리의 관심을 끄는 것은 유대교인임에도 불구하고 신약성서의 복음서를 집중적으로 연구한 그의 노력이었으며, 나아가 '복음서에 나타난 고기잡이의 모습이 너무나도 자세하고 정확하였다' 는 그의 고백이었다.

제1차 세계대전 후 형성된 양식 비평을 포함한 최근의 성서 연구 방법들은 대부분 복음서 내용의 신빙성에 이의를 제기하였다. 그 이유 중 하나는 예수를 직접 대면했던 제자들의 기억과 기록 능력에 의구심을 품었기 때문이다. 예루살렘의 종교 지도자들도 베드로와 요한은 원래 '학문 없는 범인' 이라고 조롱하기도 하였다사도행전4:13. 과연 예수의 수제자들이었던 시몬 베드로와 안드레, 그리고 야고보와 요한은 무지한 뱃사람들이었을까.

생선은 매우 비싼 식품 신약 시대에 지중해 지역의 일반적인 식사 메

갈릴리 호수 남북의 길이가 21킬로미터, 동서의 폭이 12킬로미터, 깊이가 44미터나 되는 담수호이다. 갈릴리 호수에는 일년 내내 흘러 들어오는 맑은 물과 따뜻한 날씨 덕택에 18종이나 되는 다양한 어족이 서식한다. 대표적인 생선은 베드로 고기를 비롯해서 메기, 정어리, 잉어 등이다.

뉴는 올리브 기름과 포도주를 곁들인 빵과 생선이었다. 예수의 말씀을 듣기 위해 갈릴리 호숫가로 나온 한 어린아이의 도시락도 빵과 생선이었으며, 예수의 비유에서도 생선과 고기잡이가 자주 등장한다.

하지만 문제는 더운 지역에서 싱싱한 생선은 항상 수요에 공급이 따라가지 못했기 때문에 값이 비싸다는 점이었다. 교통이 발달하지 못했기 때문에 갓 잡은 생선은 상품성을 높이기 위해 즉시 가공 보관해야만 하였다. 대부분 소금에 절이거나 말리고, 연기로 훈제를 하였다. 작은 생선으로는 젓을 담갔다.

국제 무역을 통해 여러 유통 단계를 거친 생선의 값은 더욱 비쌌다. 서기 1세기의 역사가 플루타르크는 로마에서 훈제 생선 한 수레의 가격은 '한 마리의 황소가 이끄는 양 백 마리'와 맞먹는다고 기록하였다.

그렇다면 신약 시대에 등장하는 갈릴리 호수의 어부들은 값비싼 생선을 취급하는 고급 상인들이었을 것이다. 나아가 이들은 이방인들에 비해서 더 손쉽게 이윤을 취할 수 있는 장점도 갖고 있었다. 유대인들은 음식 율법인 카슈룻트 신명기 14:9~10를 지키기 위해 지중해의 이방인 어부들보다는 갈릴리 호수의 유대인 어부들이 공급하는 생선을 원했다. 갈릴리 어부들은 예루살렘 시장에서 생선을 팔기 위해 나흘 길을 마다 않고 판로를 개척했으며, 유대인 특수 때문에 호황을 누렸다. 따라서 갈릴리 호수에는 여러 군데에 항구가 서고 어업이 발달할 수밖에 없었다.

어족의 보고 갈릴리 호수 갈릴리 호수의 대표적인 생선은 베드로 고기

베드로와 안드레를 부르시는 주님 이탈리아 화가 두치오 디 보니쎄냐Duccio di Buoninsegna 1278~1319의 작품.

를 비롯해서 메기, 정어리, 잉어 등이다. 정어리는 주로 젓을 담그는 데 사용되며, 오늘날까지도 대량으로 잡히는 어종이다. 호수에서 잡히는 한해 총 어획량의 절반인 천 톤을 이 정어리가 차지한다.

잉어는 정어리를 미끼로 하여 낚시로 잡으며, 정어리와 베드로 고기는 그물을 이용해 잡는다. 베드로 고기는 지느러미가 빗처럼 생겼다고 해서 아랍어로는 '무숏트' 라고 불리는데, 길이가 40센티미터까지 자라며, 어미가 수정된 알을 입에 넣은 채 치어가 될 때까지 2~3주 동안 보호하는 독특한 습성이 있다. 따라서 이 물고기는 히브리어로 '물고기를 돌본다' 는 의미의 '암눈' 이라 불린다.

벳새다의 부유한 어부들 베드로와 안드레, 그리고 빌립의 고향인 벳새다는 분봉 왕 헤롯 빌립이 서기 30년경 로마식 도시 '율리아스' 로 재건한 지역이다. 수많은 갈릴리 사람들이 이곳으로 이주해 오면서

베드로 고기 베드로가 자신과 스승의 성전세를 내기 위해 낚시로 잡았다는 물고기로 알려진 베드로 고기 St. Peter's Fish는 갈릴리 호수의 대표적인 생선이다. 베드로 고기의 암컷은 치어가 될 때까지 수정된 알을 2~3주 정도 자신의 입에 품는 독특한 습성 때문에 히브리어로 '물고기를 돌본다'는 뜻의 '암눈'으로 불린다.

자연히 생선의 수요도 늘어나고 근처의 가버나움에서는 대규모 시장이 형성되었을 것이다. 실제로 벳새다를 발굴했을 때 한 저택에서는 수많은 그물추와 낚싯바늘들이 발견되었다. 함께 출토된 로마산 고급 수입 식기들은 이 집의 주인이 어업과 관련된 부유한 상인이었음을 알려주는 단서가 되었다.

안드레, 빌립 등은 원래부터 헬라식 이름이며 예루살렘을 방문했을 때 그리스 사람들과 대화할 정도로 고급 문화에 익숙한 자들이었다 요한복음 12:20~21. 시몬 베드로는 전문적인 어부로서, 동생 안드레는 물론이거니와 이웃 형제인 야고보, 요한과 함께 동업하여 두 척의 배로 조직적으로 고기를 잡았다 누가복음 5:10. 야고보와 요한의 집에는 일당을 받고 일하는 삯꾼들도 있었다 마가복음 1:19~20.

이처럼 예수의 제자들은 경제적으로 자립한 비교적 부유한 어부들이었다. 따라서 그들은 생업에 얽매이지 않고 언제든지 자유 의지를 가지고 고기잡이를 떠났으며, 예수의 제자가 될 수도 있었다.

벳새다에서 가버나움으로 베드로는 왜 자신의 활동 중심지를 벳새다에서 가버나움으로 옮겼을까? 복음서에는 이 도시에 그의 처가가 있었다고 한다. 하지만 전문 수산업자인 베드로는 경제적 이유 때문에 사업장의 위치를 옮긴 것으로 보인다.

티베리아스 북쪽 5킬로미터 지점에는 신약 시대의 어촌인 막달라가 있는데, 그리스어 지명은 '생선 가공 공장' 이라는 뜻의 '타리케아' 였다. 좀더 높은 이익을 올리려는 어부들은 생선을 잡은 즉시 타리케아로 수송하여 소금에 절이거나 훈제 가공용으로 넘겼다. 그러나 벳새다의 어부들은 잡은 생선을 타리케아로 가져가지 못했다. 왜냐하면 그곳은 헤롯 빌립의 지배하에 있었기 때문에 헤롯 안티파스의 관할인 타리케아로 생선을 수송하면 가버나움 세관에서 막대한 통관세를 지불해야만 했다. 따라서 베드로와 그의 동료들은 어업의 근거지를 가버나움으로 옮길 수밖에 없었다. 가버나움은 타리케아와 같은 헤롯 안티파스의 영토이기 때문에 감세의 혜택을 받을 수 있었기 때문이다.

바울은 왜 고린도에서 1년 반을 머물렀을까?

바울은 그의 선교 여행 중 모두 60여 군데의 도시들을 거쳐가는 동안 들리는 곳마다 길게는 한 달, 짧게는 3~4일 정도 머물렀다. 바울의 설교를 들은 유대인들의 비난과 이방인들의 반발, 그리고 이러한 소요 사태를 방지하려는 지방 총독들의 제지로 한 곳에서 오랜 기간 머물 수 없었던 것이다. 그런데 바울은 고린도에서는 무려 1년 6개월을 머물렀다. 고린도가 어떤 곳이었기에 그토록 오래도록 바울을 붙잡아놓을 수 있었을까?

국제적인 대도시, 고린도 그리스의 대표적인 도시라고 하면 아테네를 떠올리기 쉽지만, 서기 1세기에 국제적 상업 도시로 유명했던 곳은 바로 고린도였다. 그곳은 상업의 중심지로서 세계 각지에서 몰려든 사람들로 항상 붐볐다. 해발 575미터의 난공불락의 요새인 아크로폴리스와 함께 바닷가의 레카이온 항구를 동시에 지닌 고린도는 도시라기보다는 막강한 왕국이었다.

일찍부터 고린도에는 유대인들이 정착했으며, 바울은 자연스럽게 이곳의 유대인 구역에 머물면서 안식일마다 회당에서 그리스도의 도를 전했고, 여러 외국인들과 교류하며 선교 목적을 달성해 나갔다. 그 전에 바울은 마케도니아와 아케아 지방에서 그를 시기하는 유대인들과 해당 로마 관리들의 저지로 구금되었다가 몰래 탈출하는 등 계획했던 만큼의 선교 효과를 거두지 못하였다. 그렇기 때문에 안디옥에 필적할 만한 선교 본부를 고린도에 세우고 싶었을 것이다. 또한 고린도 근처의 이스트미아에서는 2년마다 한 번씩 대규모 축제와 운동 경기가 열렸기 때문에 바울로서는 이 절호의 기회를 놓칠 리 없었다.

이스트미아 경기 서기전 776년부터 시작된 올림픽 경기에 필적할 만한 이스트미아 경기는 서기전 580년경부터 시작되었다. 고린도에서 동쪽으로 9킬로미터 떨어진 이스트미아에서 개최된 이 경기는 바다의 신 포세이돈과 소년 신 팔라이몬에게 바치는 헌정 축제였다.

고린도 유적 고린도는 해발 575미터의 아크로폴리스와 바닷가의 항구 도시 레카이온을 포함한 대규모 왕국이었다. 유적의 한가운데에는 제우스 신전이 있고 그 뒤로는 아크로코린토스가 솟아 있다. 서기 50년 바울은 고린도에 도착했고, 51년 봄 개최된 이스트미아 경기에 필요한 천막을 만들기 위해 이곳에 오랫동안 머물렀다.

이스트미아 경기가 펼쳐진 포세이돈 신전은 서기전 7세기에 최초로 세워졌고, 그 후 1,300여 년 동안 파괴와 재건이 거듭되었다. 또한 이스트미아에는 두 개의 스타디움이 있었는데 하나는 서기전 7세기에 건설된 최초의 스타디움이었다. 그것은 신전과 너무 가까워서 대규모의 관중석을 만들지 못하였다. 그 후 서기전 4세기경 남동쪽으로 350미터 떨어진 곳에 새로운 스타디움이 건설되었다.

서기 1세기에 디오 크리소스톰은 이스트미아 경기를 관전하고 이 축제의 생생한 분위기를 다음과 같이 글로 남겼다.

> 축제가 시작되면 포세이돈 신전에는 많은 소피스트 철학자들이 몰려들었고
> 그의 제자들은 시를 낭송하며 서로 자신들의 지식을 과시하였다.
> 마술사와 점쟁이들은 신기한 요술과 재주로 손님들을 끌어 모았고
> 수많은 장사꾼들은 거리의 가판대에서 온갖 물건을 팔았다.

고린도 운하 에게해와 이오니아해를 잇는 고린도 운하는 전체 길이가 5킬로미터이며 13년의 공사 끝에 1893년 개통되었다. 오늘날 아테네에서 고린도로 가기 위해서는 고린도 운하 위의 다리를 지나게 된다.

> 돼지기름을 온 몸에 바른 선수들은 저마다 승리를 장담했고
> 경기의 우승자에게는 셀러리로 만든 승리의 면류관이 주어졌다.

육상 경기로는 달리기, 높이뛰기, 창던지기, 원반던지기 등이 있었고, 격투기로는 권투와 레슬링이 펼쳐졌다.

바울은 천막업자였다 바울이 이스트미아 경기에 참여하고자 했던 가장 큰 이유는 천막 축조 기술을 활용해서 선교 자금을 마련할 수 있었기 때문이었다. 로마 시대에는 선박의 돛을 비롯해 극장의 차일, 포룸의 천막, 노천 상점 등 천막의 수요가 많았기 때문에 천막업자는 중요한 직업 중 하나였다.

그중에서도 천막의 수요가 가장 많은 시기는 그리스 지역에서 해마다 개최되는 축제와 운동 경기 때였다. 보통 축제는 일주일 기간이면 끝났지만 2년에 한 번씩 열리는 이스트미아 축제나 4년에

한 번씩 개최되는 올림피아 축제는 2~3개월씩 지속되었다. 축제에 몰려든 수만 명의 참가자들을 위해서 수백 개의 천막이 필요했고 수백 명의 천막업자들이 동원되어 몇 달씩 일했을 것이다. 이러한 수요 때문에 신약 시대에는 많은 천막업자들이 활동했고, 로마에는 천막업자의 조합도 있었다.

서기 1세기 로마의 역사가 플리니우스의 기록에는 천막에 관한 언급이 있다. 네로 황제의 원형 경기장에는 푸른색 바탕에 별들이 그려진 천막이 지붕의 역할을 했으며, 가정집의 안마당에는 붉은색의 천막을 쳐서 햇빛을 차단함으로써 바닥에 이끼가 잘 자라도록 했다는 사실을 알 수 있다.

천막업자의 수입은 괜찮았지만 일은 매우 고되었다. 대부분 여름의 뜨거운 햇볕 아래, 또는 겨울의 차디찬 비바람이 치는 노천에서 작업을 해야 했고, 천과 가죽을 자르고 굵은 바늘을 이용해 바느질을 해야 했기 때문이 손이 몹시 부르텄을 것이다. 따라서 어떤 학자들은 고된 바느질 때문에 손이 무디어져 바울은 글씨를 크게 쓸 수밖에 없었다고 주장하기도 한다 갈라디아서 6:11.

아굴라와 브리스길라 아굴라와 브리스길라부부는 전문적인 천막업자들이었으며 로마 제국에서 대규모 행사가 있을 때마다 이 도시에서 저 도시로 옮겨다니며 일하였다. 로마에 많은 일감이 있었음에도 불구하고 이 부부가 고린도에 온 이유는 서기 49년 로마의 클라우디우스 황제가 내린 유대인 추방령 때문이었다 사도행전 18:2.

바울은 고린도에 자리잡은 아굴라 가족을 알게 되었고, '생업이 같으므로 함께 살며 일하였다' 사도행전 18:3. 이 부부는 바울과 1년 6개월 동안 동거동락하며 선교의 중요성을 깨달았고, 이스트미아 경기 특수 때문에 사업도 번창할 수 있었기에 목숨을 걸 정도로 바울의 선교 일에 헌신할 수 있었다 로마서 16:4. 바울의 선교로 이 부부는 에베소 고린도전서 16:19와 로마 로마서 16:3~5에 가정교회를 세우기도 했다.

서기 50~51년 고린도에서 1년 6개월 동안 머물며 관전했던 이스트미아 경기는 바울의 일생에 있어서 결코 잊을 수 없는 사건이었다. 특히 경기의 전 과정이 끝난 후 우승자에게 승리의 면류관이 주어지는 폐막식은 그에게 진한 감동으로 다가왔을 것이다.

자신의 일생을 운동 경기에 비유한 바울은 로마에서 자신의 삶을 돌아보며 다음과 같이 고백하였다.

> 나는 운동 경기에 참여하여
> 정당하게 경쟁했고
> 이제 막 달리기를 끝냈습니다.
> 나는 경기의 서약을 준수했습니다.
> 이제 남은 것은 나를 위해 준비된
> 의의 면류관이며
> 공정한 심판관이신 주님께서
> 내게 수여하실 것입니다 디모데후서 4:7~8.

제7장

황금의 예루살렘

세계 3대 유일신교의 영원한 성지인 예루살렘은 성서고고학의 메카이다. 수많은 고고학자들이 19세기 이래로 오늘날까지 계속 발굴했지만 고고학자들이 그토록 찾길 원했던 왕들의 무덤은 단 하나도 발견되지 않았다. 전쟁과 평화의 메아리가 오늘날까지 교차되는 예루살렘은 과연 황금의 도시인가?

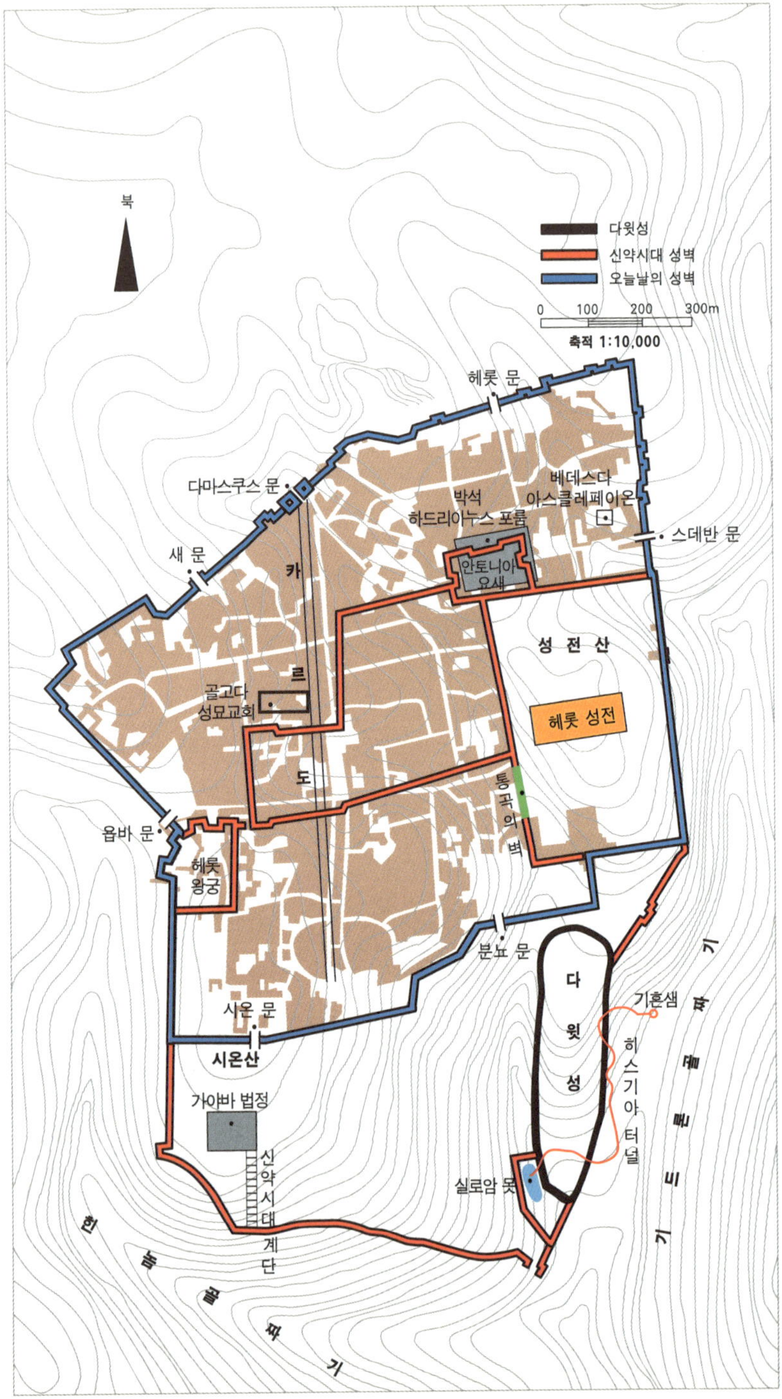

북
다윗성
신약시대 성벽
오늘날의 성벽
0 100 200 300m
축적 1:10,000
헤롯 문
다마스쿠스 문
베데스다
아스클레페이온
박석
하드리아누스 포룸
스데반 문
새 문
안토니아 요새
카
성 전 산
르
골고다
성묘교회
헤롯 성전
도
통곡의 벽
욥바 문
헤롯 왕궁
분뇨 문
다윗성
기혼샘
시온 문
시온산
히스기야 터널
가야바 법정
신약시대 계단
실로암 못
기드론 골짜기
힌놈 골짜기

윌슨과 워렌의 예루살렘 탐사

예루살렘에 대한 본격적인 발굴은 이 도시의 물 문제를 해결하기 위한 영국의 한 모임에서부터 출발하였다. 1864년 5월 런던에서 개최된 귀족들과 성직자들의 연례 모임에서는 물의 오염으로 인한 예루살렘 성안의 전염병 발생 문제가 논의되었고, 이를 해결하기 위해 '예루살렘 수질 개선 협회' 가 결성되었다.

예루살렘의 기드론 골짜기에 기혼 샘이 있기는 하지만 성문으로부터 가파른 경사를 한참 걸어 내려가야 하고, 그나마 여름철 건기에는 수량이 부족해 모든 주민이 사용하기에 부족한 실정이었다. 따라서 집집마다 바위 바닥을 파서 지하 웅덩이를 만들어 겨울철의 빗물을 저장하였다가 여름철 건기에 사용하곤 하였다. 그런데 문제는 한 번도 청소하지 않은 이들 지하 물 저장소의 오염으로 인해 전염병이 발생한 것이다.

예루살렘에서는 주민들이 모두 성안의 좁은 공간에 모여 살다보니까 일단 콜레라 같은 전염병이 발생하면 순식간에 퍼져나갔다. 많은 사람들이 목숨을 잃었고, 당시 유럽인들의 선교 활동에도 막대한 지장을 초래하였다.

마침 영국의 대도시에서는 콜레라 같은 수인성 전염병을 상하수도 정비를 통해 어느 정도 퇴치할 수 있었기 때문에 자연히 수질 개선의 묘책을 떠올리게 되었다. 예루살렘의 물 문제를 해결할 수 있는 유일한 길은 남쪽의 베들레헴 근처에 위치한 '솔로몬의 연못' 이라 불리는 수원지로부터 수로를 설치해서 물을 끌어오는 방법이었다.

수로 공사를 위한 지형 조사와 측량 임무를 띠고 파견된 영국 공병대의 윌슨 대위는 1864년 10월 초 예루살렘에 도착하여 본격적인 측량을 시작하였다. 예루살렘의 지하 수로 체계는 영국 공병대보다 2천 년이나 앞서 이미 서기전 2세기 하슈몬 왕조 시대부터 건설되었다. 따라서 윌슨은 성전산 지하에 있는 고대의 물 저장소와 수로들을 따라서 성밖으로 나가는 방법을 택하였다.

10개월에 걸친 성공적인 탐사를 마친 후 그는 「예루살렘의 측량 탐사」라는 보고서를 제출하였다. 이 보고서에는 역사상 최초로 성묘교회와 성전 자리에 위치한 '바위의 돔' 등에 대한 자세한 평면도와 단면도가 등장하며 건축학적인 분석도 시도되었다. 또한 그는 헤롯 궁전에서 성전 뜰로 향하는 교량의 받침대를 발견하였다. 오늘날 이 부분을 '윌슨의 아치' 라고 부른다.

당시 영국은 1859년 발표된 다윈의 진화론에 대항하여 성서와 교회의 권위를 지키려는 신앙적 운동에 휩싸여 있던 시기였다. 따라서 윌슨의 성공적인 예루살렘 측량 소식은 곧 전문적인 성지 탐사 기구의 필요성을 불러일으켰다. 그 결과 1865년 5월 12일 런던에서는 '성서를 조명하기 위한 성지의 고고학, 지형학, 지질학, 지리학, 자연사, 풍습과 전통들에 대한 정확하고도 체계적인 조사' 를 목적으로 '팔레스타인 탐사재단' 이 설립되었다.

윌슨이 시도한 최초의 예루살렘 발굴에서는 메소포타미아 발굴에서와 같은 화려한 박물관용 유물이 거의 나오지 않았다. 따라서 팔레스타인 탐사재단은 단순한 지형 조사보다는 중요한 성지 발굴을 목적으로 1867년 또 한 명의 영국 공병대 장교인 워렌 대위를 파견하였다.

찰스 워렌 Charles Warren 1840~1927 영국 공병대의 장교로서 성전과 골고다의 지하를 발굴하라는 임무를 띠고 1867년 예루살렘에 도착하였다. 이슬람교 성지의 접근이 어려웠음에도 불구하고 성전 뜰의 지하를 탐사하였고, 골고다의 성묘교회가 신약 시대에는 성밖에 있었다는 결론을 내렸다.

오른쪽 **솔로몬의 연못** 예루살렘에서 남쪽으로 20킬로미터 떨어진 곳에 있는 물 저장소이며 인공 댐을 막아 지하샘에서 흘러나온 풍부한 물을 저장하였다. 이 연못은 서기전 2세기 하슈몬 왕조 시대에 수원지로 개발되었고, 이곳에서부터 수로를 만들어 예루살렘에 물을 공급하였다.

1867년 2월 워렌과 그의 일행은 욥바 항구에 도착하여 세관원이 무기로 오해할 만한 어마어마한 분량의 장비들을 싣고 예루살렘으로 향하였다. 워렌의 가장 중요한 임무는 예루살렘의 성전산을 발굴하여 솔로몬 성전의 잔재를 발견하고 그리스도의 무덤이 있는 골고다의 성묘교회가 과연 신약 시대의 성벽 밖에 있었는지를 밝히는 일이었다. 왜냐하면 골고다가 당시 성안에 있어서 그 지리적 위치의 신빙성이 의심스러웠기 때문이었다.

하지만 성전산은 무하마드가 승천하면서 남긴 발자국이 있는 바위를 보호하기 위한 '바위의 돔' 이 서 있는 이슬람교의 3대 성지 중의 하나이기 때문에 발굴할 수가 없었다. 한번은 워렌과 그의 일행이 성전산의 남쪽 축대 지하를 파 내려가 성전 쪽으로 향하는 거대한 통로를 발견하였는데 성벽에 부딪치는 그들의 연장 소리 때문에 발각되어 기도하던 아랍인들이 돌을 던지며 항의를 한 적도 있었다. 할 수 없이 워렌은 성 바깥으로 나가서 성전산 축대의 남동쪽 모서리에서 어느 정도 떨어진 지점을 파기 시작하였다. 그들은 수직으로 24미터 정도 파 내려간 뒤 성전을 향해 수평으로 파 들어가 비로소 신약 시대 성전의 축대 기초를 조사할 수 있었다.

그는 또한 기혼 샘에서부터 실로암 못으로 이어지는 525미터의 지하 수로를 조사하다가 기혼 샘 부근에서 수직으로 뚫린 통로를 발견하게 된다. 적군이 쳐들어와 성을 포위하여 성 바깥의 기혼 샘을 이용할 수 없을 경우 성안에서 물을 길을 수 있도록 터널을 뚫은 지점이었다. 따라서 오늘날 이 통로는 '워렌의 수직 통로' 라 불리며 서기전 1000년경 다윗이 예루살렘을 점령할 때 요압이 몰래 침투해 올라갔던 지하 '수구' 로 여겨지기도 한다사무엘하 5:8.

비록 예루살렘 당국의 반대로 전염병을 퇴치하기 위한 대규모 수로 공사는 좌절되었지만 영국의 공병대가 파견한 두 장교는 예루살렘의 정확한 측량과 발굴을 통해 성서 시대의 예루살렘을 밖으로 드러낸 최초의 고고학자들로서 인정받게 되었다.

솔로몬 성전

성서고고학사상 솔로몬 성전처럼 수많은 고고학자들의 가슴을 설레게 했으면서도 정작 이렇다 할 만한 변변한 유적이나 유물을 발굴하지 못한 경우도 매우 드물 것이다. 19세기 말 유럽 강대국들에 의해 경쟁적으로 진행된 팔레스타인 탐사 목록에서 맨 첫머리에 등장하는 유적지는 예루살렘의 성전산이었다.

바로 그 자리에는 오늘날 '바위의 돔'이라 불리는 이슬람교 사원이 있어서 더욱 서구 기독교인들의 관심을 집중시켰다. 이슬람 건축사에서도 길이 남을 만한 대작으로 여겨지는 눈부신 황금빛 돔과, 페르시아제 채색 타일로 외벽이 장식된 이 아름다운 팔각형 건물은, 무하마드가 승천하면서 남긴 발자국이 있다는 바위를 보호하기 위해 서기 691년에 건설되었다.

그런데 그 바위가 다름아닌 솔로몬 성전 터였다고 추정해 왔지만, 그곳이 이슬람 성지라는 이유로 아무도 발굴을 시도할 수 없었다. 1948년 이스라엘이 독립하면서 3천 년 전의 다윗 왕 시절에 했던 것처럼 예루살렘을 수도로 선포했지만, 성전산을 포함한 옛 성 지역은 당시 요르단의 영토여서 더 이상 접근할 수조차 없었다.

그러나 1967년 5월에 치러진 6일 전쟁은 이 모든 상황을 바꿔놓았다. 전쟁 발발 3일 만에 이스라엘 특공대는 치열한 교전 끝에 스데반 문을 통해 꿈에도 그리던 예루살렘 옛 성을 탈환하는 데 성공하였다. 이어서 전세계 1,600만 유태인들의 최고 성지인 통곡의 벽에는 다윗의 방패가 선명하게 그려진 이스라엘 국기가 펄럭였다. 이스라엘군 랍비가 부는 뿔나팔이 울려 퍼지는 가운데 군인들은 모두 통곡의 벽에서 기도하였다.

예루살렘의 옛 성이 이스라엘의 영토로 합병된 직후, 전쟁의 포격으로 폐허가 된 이 지역에 대대적인 건축 공사가 계획되었다. 공사에 앞서 고고학적인 발굴이 진행되었고 이 과정에서 신약 시대의 집터가 발견되었다. 또한 성전산과 통곡의 벽 근처에서도 대규모 발굴이 이루어졌다.

그 결과 성전산 내부 구조는 비록 알 길이 없었지만 신약 시대의 성전 터를 둘러싸고 있는 축대에 관해서는 비교적 자세히 밝혀졌다. 헤롯 성전이 자리잡은 14만 평방미터 규모의 넓은 성전 뜰은 북쪽을 제외하고는 20미터 이상 솟은 축대로 둘러싸여 있다. 통곡의 벽은 그중에서도 서쪽에 위치한 축대의 일부였다.

솔로몬은 궁전과 성전을 포함하는 대규모 건축 공사를 페니키아의 왕 히람에게 발주하였다. 아마도 그 이유는 건축 공법상 그들의 도움이 필요했다기보다는 이스라엘의 해외 무역이 '다시스 상선대'라 불렸던 페니키아 해운회사에 깊이 의존했기 때문인 것으로 보인다. 즉 이스라엘은 페니키아 뱃사람들의 도움 없이는 높은 수익을 올릴 수 있는 동방 무역에 관여할 수 없었고, 그 과정에서 무역 거래의 일환으로 진행된 사업 중 하나가 성전 및 궁전 건축이었던 것이다. 또한 고대 세계에서 가장 질 좋은 목재인 백향목은 페니키아 산지에서만 구할 수 있었기 때문에 그들의 도움은 필수적이었다. 백향목은 이스라엘 해안까지 뗏목으로 운반된 다음, 예루살렘까지는 육로로 이동되었다. 건축에 필요한 석재는 예루살렘에서 얼마든지 구할 수 있었다.

오른쪽 **성전 터 동쪽 축대의 이음새** 서기전 20년경 헤롯 왕이 새로운 성전을 건축하기 위해서 성전 터를 남쪽으로 확장하였다. 에스라 느헤미야 시대의 성전 터와 헤롯의 확장 부분은 오늘날 성전 터의 동쪽 축대를 면밀하게 관찰하면 그 차이를 구분할 수 있다. 사진의 오른쪽이 구약 시대의 축대이고, 왼쪽이 헤롯이 남쪽으로 확장한 새로운 축대이다.
이부분에는 헤롯 시대의 특징적인 "가장 자리를 다듬은 돌"로 축성되었다.

모두 7년이 걸린 성전 공사는 13년이 걸린 궁전 공사와 함께 과

다 지출로 인해 한때 이스라엘 국고를 바닥나게 하였다. 솔로몬은 공사 대금을 현물로 다 갚지 못하는 바람에 페니키아와 인접한 갈릴리 산악 지대의 20여 개 이스라엘 촌락을 통째로 넘겨주었고 이 사건은 이스라엘 역사를 통해서 항상 구설수에 올랐다. 심지어 히람은 이러한 거래에도 만족하지 못하고 불평했기 때문에 그 지역은 아직 정확한 의미는 모르지만 '불평'과 뜻이 가까운 '카불'이라고 불렸다 열왕기상 9:10~13.

솔로몬 성전의 설계도 열왕기상 6에 따르면, 이 건축물은 길이가 30미터, 폭이 10미터로서 가나안의 신전 양식 중 '긴 방 구조'에 해당된다. 고대 이스라엘의 대표적인 도시에서 발견된 서기전 1800~1600년 사이의 신전들 중 일부는 솔로몬 성전과 비슷한 형태로 밝혀졌다.

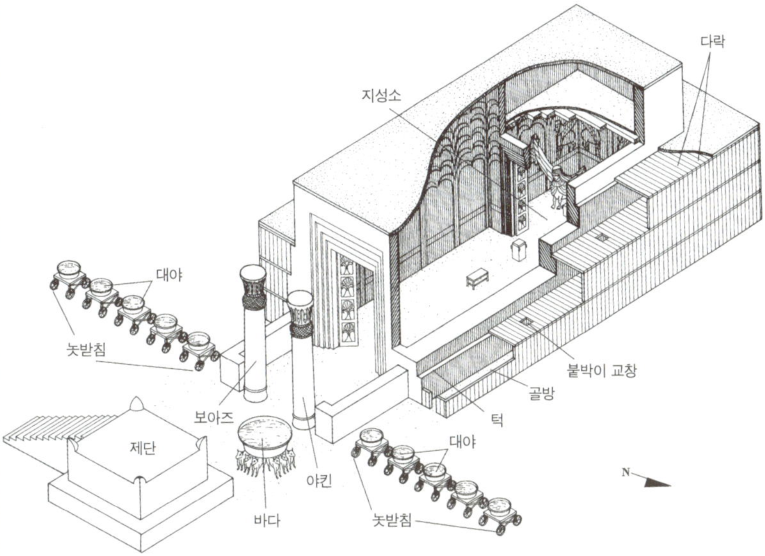

솔로몬 성전의 구조 열왕기상 6장의 설계도에 의한 솔로몬 성전의 복원도

솔로몬 성전의 유일한 유물 높이 4센티미터, 직경 2센티미터인 상아 석류의 어깨 부분에는 "거룩한 야훼 성전의 제사장들의 것"이라는 고대 히브리어 글귀가 새겨져 있다. 글자체로 보아 서기전 8세기의 것으로 판명된 이 석류 장식은 비록 '야훼'라고 씌어진 부분의 글자가 훼손되기는 했지만 솔로몬 성전의 유일한 유물로 간주된다. 이 장식은 제사장들의 제의용 홀의 머리 부분에 끼워져 있던 것이다.

비록 성전산을 발굴하지 못해 그 구조를 고고학적으로 확인할 수는 없지만 솔로몬 성전과 가장 흡사한 신전은 시리아의 텔 타이낫에서 발견되었다. 이 신전은 서기전 8세기 페니키아 민족에 의해 건설된 것으로, 아마도 솔로몬 시대 히람의 건축 양식이 그대로 전해진 것으로 추정된다.

한편 체계적으로 성전산의 동쪽 축대를 면밀히 관찰하던 고고학자들은 구약 시대의 축대와 헤롯이 확장한 신약 시대의 축대의 이음새를 찾아냈다. 땅 속에 파묻힌 부분을 확인해야 했지만 아랍인들의 묘지로 뒤덮여 있어 발굴을 할 수는 없었다. 단지 지상에 드러난 부분을 근거로 이 축대가 구약 시대의 성전 뜰을 받치고 있던 것이라고 추측할 뿐이었다.

상아 석류 예루살렘에 거주하는 프랑스 언어학자 르메르는 1979년 한 골동품 상점에서 석류 모양의 상아 장식품을 발견하였다. 높이 4센티미터에 직경 2센티미터인 이 조그마한 석류의 어깨 부분에는 고대 히브리어로 글귀가 새겨져 있어서 그는 금방 이 물건이 고고학적 가치가 있는 구약 시대의 유물임을 알아챘다.

글자체로 보아 서기전 8세기의 것으로 판명되었고 비록 몇 개의 글자는 훼손되어 잘 알아볼 수 없었지만, 그는 그 글귀가 "거룩한 야훼 성전의 제사장들의 것"이라고 발표하였다. 그런데 문제는 하필이면 '야훼'라는 글자가 훼손된 점이었다. 단지 훼손된 공백의 길이가 '야훼'라는 히브리어의 네 글자가 들어갈 정도라는 점을 들어 그 부분을 '야훼'라고 결론지었다.

다른 지역의 신전 발굴에서 출토된 유사한 유물들을 근거로 이 석류 장식은 제사장들이 성전에서 제사를 지낼 때 손에 쥐고 다니는 제의용 홀의 머리 부분임이 확인되었다. 솔로몬 성전에 속한 유일한 유물이 빛을 보는 순간이었다.

뜻있는 고고학자들은 이 상아 장식을 소유하고 있던 상점 주인에게 박물관에 기증해 줄 것을 요청하였다. 하지만 이미 상아 석류가 구약 시대의 성전에 속한 유일한 유물임이 권위 있는 고고학자들에 의해 밝혀지자 상점 주인은 쉽게 기증할 의사를 밝히지 않았다. 그로부터 7년 뒤 이 유물은 유럽으로 빠져나가 스위스 골동품 경매장에서 (약 6억원)에 팔리게 되었다. 이름을 밝히지 않은 유물 구입자는 이 상아 석류를 이스라엘 국립 박물관에 기증했다.

솔로몬은 십계명을 어겼는가?

서기전 167년 12월, 팔레스타인 지역을 통치하던 시리아의 안티오코스 4세는 예루살렘 성전에 '가증스런 파멸의 우상'을 세웠다 마카베오상 1:54. 이에 격분한 유대인들은 모디인 마을의 마타티야 가문을 중심으로 독립 운동을 펼쳤다. 이 집안 셋째아들의 이름을 따라 마카비 혁명이라 일컬은 대규모 민중 봉기는 시작된 지 3년 만에 예루살렘을 점령하고 성전의 우상들을 철거하였다.

헤롯 성전의 황금 독수리상 서기전 20년 헤롯 왕은 기존의 성전을 헐고 대규모 성전을 신축하여 대들보 위에 로마 제국을 상징하는 황금 독수리상을 세웠다. 서기전 5년 우상을 만들지 말라는 십계명의 제2계명을 강조했던 두 명의 랍비, 유다와 마티아스는 제자들에게 헤롯이 설치한 우상의 죄악성을 설파하였다. 그들은 곧 성전으로 달려가 황금 독수리상을 끌어내려 도끼로 부수어버렸다. 이에 화가 난 헤롯은 이들을 체포하여 모두 산 채로 화형에 처했다.

이스라엘 역사상 제2계명을 철저하게 지켰던 시대는 서기전 167년 마카비 혁명 시기부터 서기 135년 바르 코크바 혁명 시기까지 약 3백 년 동안이다. 고고학적 발굴 작업을 통해 출토된 이 시기의 동전에는 인물이나 동물상이 전혀 나타나지 않는다. 심지어 로마의 후광으로 유다의 왕에 임명된 헤롯이 찍어낸 동전에도 그의 초상은 새겨져 있지 않고 오직 식물적인 모티브만 나타난다.

하지만 구약 시대의 경우에는 전혀 다른 양상을 보인다. 야훼 자신이 직접 이스라엘 민족에게 성막 안에 안치한 법궤를 덮는 두 마리의 케룹을 만들 것을 명령했으며 출애굽기 25:18~21 성막의 천에도 여러 개의 케룹들을 장식하도록 하였다 출애굽기 26:1. 나아가 솔로몬은 예루살렘 성전의 지성소에 올리브나무로 만든, 길이 4.5미터, 높이 4.5미터 크기의 케룹 두 마리를 만들어 설치했고 열왕기상 6:23~28 성전의 내부 벽과 문짝에도 케룹들을 부조로 새겼다 열왕기상 6:29~35.

십계명의 두 번째 조항에서는 분명히 그 어떤 살아 있는 인물이나 동물의 형상도 조각하지 말 것을 명하고 있다. 그렇다면 솔로몬은 제2계명을 위반한 것인가?

스핑크스와 라마수 고대 이집트인들과 메소포타미아인들은 일찍이 세상에서 가장 뛰어나고 완벽한 존재인 합성 생물을 희망해 왔다. 이러한 꿈은 인간의 머리와 사자의 앞부분, 그리고 황소의 뒷부분과 독수리의 날개를 조합하여 이루어낸 이집트의 스핑크스 형상과 메소포타미아의 라마수 형상으로 구체화되었다.

앗시리아의 황소 인간 라마수 1840년대 메소포타미아 최초 발굴에서 출토된 가장 중요한 유물은 서기전 8세기 앗시리아 궁전 입구에 설치된 수호신 라마수 석상들이다. 오늘날 대영 박물관과 루브르 박물관의 메소포타미아 전시관을 장식하고 있는 라마수 석상들은 왕관을 쓴 사람의 얼굴에 황소의 몸, 그리고 독수리의 날개가 합성된 생물로 표현된다.

스핑크스는 '살아있는 형상' 이라는 의미의 고대 이집트어 '셰셉프 앙크' 라는 말에서 비롯되었으며, 그리스어로는 '교살자' 라는 뜻이다. 그리스 신화에서 스핑크스는 에키드나와 티폰 사이에서 태어난 딸로 등장한다. 여자의 얼굴과 가슴, 사자의 몸, 그리고 독수리의 날개를 지닌 이 괴물은 헤라 여신에 의해 테베스를 저주하기 위해 파견되었다.

스핑크스는 테베스의 입구 절벽 위에 자리잡고 모든 지나가는 자들에게 다음과 같은 수수께끼를 내어 정답을 대지 못하는 자들을 먹어치웠다.

"아침에는 네 다리로, 그리고 저녁에는 세 다리로 걸으며, 네 다리로 걸을 때 더 연약한 존재는 무엇인가?"

아무도 정답을 맞추지 못했는데 마침내 오이디푸스가 답을 말하자 스핑크스는 절벽에서 떨어져 자살하였다. 이로써 오이디푸스는 테베스의 왕이 되었고, 운명의 장난처럼 그 도시의 왕비였던 자신의 친어머니 요카스타와 결혼하게 되었다.

1842년 앗시리아의 코르사바드를 발굴한 프랑스의 보타는 궁전 입구에서 마주보고 서 있는, 사람 얼굴의 황소상을 발견하였다. 높이 4.2미터의 거대한 석상에는 독수리의 날개가 달려 있었다.

영국의 고고학자 레이야드가 니므루드를 발굴했을 때에도 역시 비슷한 동물상을 여러 개 발견하였다. 메소포타미아 문헌에서 라마수로 알려진 이 신화적 존재는 인간의 얼굴과 황소의 몸 그리고 독수리의 날개가 합쳐진 모습으로 궁전을 지키는 임무를 띠고 있었다. 바빌론의 이쉬타르 성문에 부조로 새겨진 마르둑 신상은 용의

시리아의 케룹 1928년 시리아의 하다투아슬란타쉬에서 발견된 서기전 9~8세기의 상아 조각에는 이집트 파라오의 왕관을 쓴 스핑크스가 등장한다. 인간의 머리에 사자의 몸, 그리고 독수리의 날개가 조합된 이 조각은 솔로몬 성전의 지성소에 설치된 두 마리의 케룹을 연상시킨다.

머리에 양의 뿔, 사자의 앞발과 독수리의 뒷발, 전갈의 꼬리, 그리고 온몸이 물고기의 비늘로 덮여 있는데, 이는 당시 고대인들이 지구상에서 상상할 수 있는 가장 완벽한 합작 생물을 만들어낸 것이다.

신으로 숭배되는 신상은 만들지 말라 오늘날 대부분의 구약 학자들은 십계명이 구체화된 시기를 솔로몬 성전보다 훨씬 후대인 서기전 5세기 페르시아 시대로 보고 있기 때문에 솔로몬 성전의 케룹 장식은 아무런 문제가 되지 않는다고 말한다.

오경의 우상 제작 및 숭배 금지 조항들을 자세히 분석한 이스라엘 벤구리온 대학의 후로비츠 교수는 야훼가 금지시킨 것은 일반적인 인물이나 동물 상이라기 보다는 이들 중에서 실제적인 신으로 숭배되는 신상득이라 주장한다. 따라서 지성소의 케룹은 인간의 얼굴과 사자 몸에 독수리의 날개를 지닌 전통적인 메소포타미아의 라마수나 이집트의 스핑크스를 닮았지만 이스라엘 민족이 이들을 신으로 숭배하지 않았기 때문에 제2계명과는 무관하다는 것이다.

후로비츠의 견해는 서기 12세기 스페인 출신의 유대교 대학자인 마이모니데스의 십계명 해설에 기초하고 있다. 마이모니데스는 처음의 세 가지 계명을 다음과 같이 정리하였다.

> 첫째 다른 신을 갖지 말고,
> 둘째 그것에 절하지 말며,
> 셋째 그것을 섬기지 말라.

살아 있는 동물의 형상을 만들지 말라는 명령은 곧 신격화되는 것에만 한정되며, 만일 신으로 섬기지 않을 경우에는 형상을 만들어도 괜찮다는 것이다. 이러한 해석은 출애굽기 20장 23절에서 야훼가 만들지 말라고 금지시킨 것은 일반적인 형상이 아니라 신적인 존재로 숭배되는 신상들이라는 점과도 일맥상통한다.

에스겔의 네 생물 지구상에서 가장 뛰어난 동물들이 합성된 케룹은 예언자 에스겔의 환상에서 더욱 구체화된다. 에스겔의 케룹은 각각 인간, 사자, 황소, 독수리 등 모두 네 개의 얼굴을 지녔다 에스겔 1:10.

이러한 구약의 전통적인 케룹은 신약 시대에 들어와 요한의 환상 속에서 각각 사자, 송아지, 인간, 독수리의 네 생물이 주님의 보좌 주위로 배치되어 있음을 알 수 있다 요한계시록 4:7.

한편 서기 4세기 비잔틴 시대 이래로 기독교 예술에서 자유스럽게 성서의 인물과 동물들을 형상화하는 분위기 속에서 에스겔서와 요한계시록의 네 생물은 신약성서의 네 복음서를 상징하는 모티브로 정착되었다. 마태는 인간, 마가는 사자, 누가는 황소, 그리고 요한은 독수리로 각각 상징된다는 것이다.

잃어버린 법궤를 찾아서

1992년에 출판된 그레이엄 헨콕의 『상징과 봉인』은 솔로몬 성전의 지성소에 안치되었던 법궤의 역사적 행방을 추적하였다는 관점에서 매우 수준 높은 저서로 평가된다. 영국의 경제 주간지 《이코노미스트》의 동아프리카 주재원으로 활약하던 헨콕은 에티오피아의 종교 중심지 악숨을 방문하여 그곳의 한 교회에 안치되어 있다는 솔로몬 성전의 법궤에 깊은 관심을 가졌다. 어떻게 해서 예루살렘의 보물이 머나먼 에티오피아까지 오게 되었을까?

인디아나 존스의 법궤 찾기 헨콕의 법궤 찾기는 1981년에 제작된 스티븐 스필버그의 '잃어버린 법궤의 추적자들', 일명 〈레이더스〉로 알려진 미국의 한 할리우드 영화에서 비롯되었다. 유대인 성서학자들의 자문을 받아 씌어진 이 영화의 시나리오에 의하면 예루살렘 성전의 법궤가 이집트 고센 땅 어느 곳에 파묻혀 있다는 것이다.

구약성서에는 솔로몬이 죽은 후 르호보암 제5년에 이집트의 파라오 시삭이 쳐들어와서 예루살렘 성전의 보물을 탈취해 간 사건이 언급되어 있다 역대기하12:9. 이때 파라오는 황금으로 씌워진 법궤를 전리품으로 획득해 당시 이집트 수도인 타니스의 한 신전에 안치해 두었다는 것이다. 주인공 인디아나 존스 박사와 나치 독일군은 타니스 지역에서 서로 경쟁적으로 보물찾기에 나섰다. 결국 각본대로 법궤는 고고학자의 수중에 들어와 배를 통해 미국으로 이송된다. 하지만 도중에 잠수함까지 동원한 독일군에 의해 법궤가 탈취되고 법궤의 신비스러운 위력을 시험하기 위해 뚜껑을 열었던 사람들은 강렬한 빛에 의해 두 주인공을 제외하고 모두 죽고 만다. 고고학과 모험, 사랑과 이념이 적절히 배합된 이 영화는 나무 상자에 포장된 법궤가 미국 국방성 창고에 보관되는 것으로 끝을 맺는다.

악숨의 기독교 왕국 에티오피아의 기독교 전승에 의하면 서기 350년경에 시리아의 프루멘티우스가 악숨 왕국에 처음으로 복음을 전파했다고 전해진다. 오늘날의 수단과 에티오피아 그리고 아라비아 반도 남쪽의 예멘 지역을 모두 통치했던 이 왕국은, 상아를 비롯해서 나일 강 유역의 황금 그리고 아라비아 반도의 향품 등을 거래하는 국제적인 무역 국가로 그 명성을 떨쳤다.

싯딤나무 싯딤나무는 히브리어로는 '쉬팀'이라 불리며 광야에 자생하는 아카시아의 일종이다. 싯딤나무는 대부분 겨울철 우기에 비가 올때만 잠깐 동안 물이 흐르는 건천(와디)에 뿌리를 박고 있다. 이스라엘 민족이 광야를 유랑할 때 법궤를 만들었다면 아마도 구할 수 있는 유일한 목재가 바로 싯딤나무였을 것이다.

서기 12세기에 최초로 기록된 것으로 보이는 한 연대기에 의하면 에티오피아 왕들의 조상은 솔로몬과 스바 여왕 사이에서 태어난 메넬릭이라는 것이다. 따라서 이곳 말로 '현자(솔로몬)의 아들'이라는 뜻을 지닌 메넬릭이 에티오피아의 초대 황제이며, 1930년부터 통치했던 하일레 셀라시는 225번째 황제로 여겨진다. 1974년의 군사 쿠데타로 셀라시는 3천 년 역사를 마무리하는 마지막 황제로 기록되었다.

악숨 교회의 법궤 법궤가 안치되었다는 악숨의 '시온의 성 마리아' 교회는 하일레 셀라시가 1965년 건설했으며 그 옆에는 서기 4세기로 거슬러 올라가는 역사 깊은 낡은 교회당이 있다. 헨콕은 1983년 군사 정권의 후원으로 에티오피아 관광 홍보 영상물을 제작하기 위해 이곳을 처음 방문했는데, 거기에서 법궤를 집중 조명하고자 했던 것이다. 하지만 끈질긴 노력에도 불구하고 법궤를 구경하기는커녕 교회 내부로 들어가는 것조차 허락되지 않았다. 왜냐하면 법궤가 있는 지성소에 들어갈 수 있는 사람은 오직 '법궤 수호자' 역할을 담당하는 한 사제였기 때문이다.

이 법궤 수호자에 의하면 스바 여왕의 아들 메넬릭이 스무 살이 되어 예루살렘을 방문하고 12지파의 지도자들과 함께 고향으로 돌아왔을 때 사독의 아들인 아자리우스가 법궤를 훔쳐왔다는 것이다. 헨콕은 법궤가 해마다 1월에 열리는 그리스도의 현현 축제인 '탐캇' 기간에만 교회 밖으로 나온다는 사실을 알게 되었다. 하지만 에티오피아 내전의 급박한 상황 속에서 이 축제에 참여할 수는 없었다.

황금으로 씌어진 나무 상자 모세가 시내 산에서 받은 두 개의 십계명 돌판을 보관하기 위해 만들어진 법궤는 길이 1.1미터, 폭과 높이가 각각 0.7미터인 아카시아나무 상자였다출애굽기 37:1. 상자 아랫부분에는 옮기기 쉽도록 두 개의 채가 있었고, 상자의 안팎은 순금으로 씌웠다. 금송아지와 함께 법궤는 이집트의 영향으로 등장하게 된 제의 기구였다.

1922년 투탕카문의 무덤에서 발견된 부장품 중에는 성서의 법궤를 연상시키는 유물이 있었다. 길이 0.9미터, 폭 0.5미터, 높이 0.6미터의 이 나무 상자는 황금 판으로 입혀져 있었으며 위에는 자칼 모양의 수호신 아누비스가 앉아 있었다. 쉽게 들고 다닐 수 있도록 배려한 2.7미터 길이의 채도 두 개 달려 있었다. 이스라엘 민족의 법궤와 구별되는 점은 상자 위에 아누비스 대신에 두 마리의 황금 케룹이 서 있다는 것뿐이었다.

법궤의 이동 법궤는 요단 강을 건넌 후 이스라엘 민족이 이동함에 따라 길갈에서 세겜으로 가게 되었다. 오늘날 성서의 길갈은 아직 그 지리적 위치가 확인되지는 않았다. 법궤는 세겜을 떠나 실로의 야훼의 전에 모셔졌다. 서기전 11세기 이스라엘은 블레셋 민족과 에벤에셀 전투에서 패하게 되자 실로의 법궤를 전장터로 가져갔다 사무엘상 4:3. 하지만 블레셋 군대는 법궤를 탈취해 아쉬도드의 다곤 신전에 안치한다. 법궤 때문에 불레셋에 재앙이 내리자 결국 그들은 법궤를 암소 두 마리가 끄는 수레에 실어 이스라엘 지역으로 되돌려보냈다. 블레셋 수중에 들어간 지 7개월 만의 일이었다. 나중에 예루살렘을 정복한 다윗은 법궤를 가져왔고 그 아들 솔로몬은 손수 지은 성전에 법궤를 안치하였다. 성서에 법궤에 관한 언급은 2백여 회 나타나는데 솔로몬 이후에는 거의 언급되지 않는 점으로 미루어 그 시기에 자취를 감춘 것으로 보인다.

헨콕은 십자군들의 전승을 인용해 다음과 같이 결론을 내렸다.

> 서기전 680년경 우상 숭배를 했던 예루살렘의 므낫세 왕은 아세라 목상을 성전에 세웠다 열왕기하 21:7. 이에 격분한 한 무리의 제사장들이 법궤를 가지고 이집트로 내려갔고, 법궤는 아스완 지방의 나일 강에 위치한 엘레판틴 섬의 유대인 신전에 안치되었다. 서기전 400년경 신전이 파괴된 후 법궤는 수단의 메로에로 옮겨졌다가 악숨 왕국이 이 지역을 통치하기 시작한 서기 1세기쯤에는 악숨의 '시온의 성 마리아' 교회에 들어오게 되었다.

하지만 헨콕의 이러한 결론에는 몇 가지 오류가 있다. 우선 성서에는 므낫세 시대까지 성전에 법궤가 있었다는 언급은 나오지 않는다. 또한 헨콕은 므낫세의 연대와 엘레판틴의 유대교 신전의 연대 사이에는 150년의 차이가 있음을 고려하지 못하였다. 나아가 이 신전이 파괴된 후 유대인들이 남쪽의 메로에로 이동했다는 어떠한 역사적, 고고학적 증거도 없다.

따라서 시삭이 빼앗아갔거나 아니면 악숨 교회의 '법궤 수호자' 말대로 스바의 아들 메넬릭이 솔로몬 시절에 이미 법궤를 에티오피아로 가져왔다는 해설이 더 타당할 수도 있다.

지금까지 발견된 유일한 솔로몬 성전의 고고학적 유물은 엄지 손가락 크기의 상아 석류 장식인 점으로 미루어보아, 법궤의 고고학적 행방은 역사 속에서 영원히 잃어버렸을 가능성이 크다.

1991년 1월 18일 헨콕은 8년 동안이나 고대하던 팀캇 축제에 참석할 기회를 얻었다. 법궤의 파괴적인 위력을 방지하기 위해 두꺼운 천에 덮인 법궤가 축제 행렬에 등장하였다. 하지만 헨콕은 이 법궤가 진품이 아닌 복제품이라고 확신하였다. 왜냐하면 법궤가 교회 밖으로 나왔음에도 불구하고 '법궤 수호자'는 여전히 시온의 성 마리아 교회 지성소를 떠나지 않고 향을 피우며 법궤를 지키고 있다는 사실을 알아차렸기 때문이다.

유다 왕들은 어디에 묻혔는가?

오늘날 순례자들은 시온 산에 위치한 다윗의 무덤을 방문하지만, 이것이 3천 년 전의 무덤이라고 믿는 사람은 아무도 없다. 원래 그곳은 서기 2~4세기에 건설된 교회 건물이었으며 십자군 시대부터 다윗 왕의 기념 묘로 숭배되었기 때문이다.

고고학적으로 다윗의 무덤을 찾는 작업은 1851년 처음으로 이루어졌다. 당시 예루살렘에서는 다윗 왕의 무덤이 발견되었다는 소문으로 들썩거렸다. 파리에 있는 포병 박물관의 한 큐레이터가 예루살렘에 성지 순례를 왔다가 '왕들의 무덤' 이라고 알려진 한 바윗굴 무덤에서 입구를 막고 있던 둥근 돌을 굴리고 그 안으로 들어가 깨진 석관 뚜껑을 갖고 나와서는 다윗 왕의 관을 발견했다고 발표한 것이다.

당시 예루살렘에 정착한 유럽인 외교관들과 선교사들은 그 소식을 듣고 놀라지 않을 수 없었다. 그들은 이집트의 경우와 같이 다윗을 포함한 총 23명의 유다 왕들의 무덤을 찾는 것을 최고의 영광으로 여겼기 때문이었다.

이 발견의 주인공인 드 소시는 1807년 오늘날의 벨기에에 위치한 릴르 지역의 한 전통적인 군인 가문에서 태어났다. 군인이 되기 위해 포병학교에 재학중 고고학에 흥미를 느껴 취미 삼아 연구 결과들을 발표하였고, 결국 파리에 있는 포병 박물관에 큐레이터로 취직하게 된다. 그는 43세 되던 해에 부인을 잃고 슬픔을 극복하기 위해 그리스와 소아시아를 여행한 후 예루살렘의 성지 순례를 계획한다. 경비 문제에 봉착하게 되자 그는 파리 귀족들의 문제 자녀들을 성지 순례로 교육시키는 프로그램의 후견인으로 나서면서 이를 해결한다.

1851년의 탐사 후 드 소시는 파리에서 정치가로 지내다가 프랑스 정부의 막대한 재정적 지원으로 1863년에 왕들의 무덤을 공식적으로 발굴할 수 있었다. 당시 드 소시는 '여왕' 이라고 기록된 석

베이의 '다윗 성의 무덤' 프랑스 고고학자 라이몽 베이Raymond Weill가 1913~4년에 다윗 성에서 발굴한 동굴들은 유다의 왕들이 다윗 성내에 묻혔다는 성서의 기록과 일치하는 점에서 왕들의 무덤으로 볼 수 있다. 하지만 그 구조가 무덤과는 차이가 있고 당시의 유물들도 발견되지 않았다.

에꼴 비블릭크의 '유다 왕들의 무덤' 스데반의 순교 터에 세워진 프랑스 도미니크 수도원 구내에서 대규모 가족 무덤 두 기가 발견되었다. 1970년대 바르카이와 클로네르는 '에꼴 비블릭크', 즉 '프랑스 성서와 고고학 연구소'로 더 잘 알려진 성 스데반 수도원의 무덤들을 정밀하게 조사한 결과 서기전 8~7세기 유다 왕들의 무덤이라고 결론지었다. 궁전의 방을 연상시키는 정교한 조각 장식과 유골 보관소 등의 특징을 통해서 왕의 무덤이라는 사실을 확인할 수 있다.

왼쪽 **유다 왕들의 유골(?)** "왕들이 죽어서 열조에게 돌아간다"는 열왕기서의 표현은 곧 에꼴 비블릭크 무덤의 안치대 밑에 파인 유골 보관소를 염두에 두고 있다. 새로운 시신이 들어올 때마다 기존의 유골을 보관소에 담아서 안치대의 자리를 마련하는 것이 당시의 독특한 매장 풍습이었다.

관을 발견하고는 이를 시드기야의 왕비로 해석하기도 하였다. 그러나 그 무덤은 전형적인 신약 시대의 가족 무덤임이 나중에 밝혀졌다. 요세푸스의 기록에 의해 바로 이곳이 당시 유대교로 개종했던 아디아베네 왕국 출신인 헬레나 여왕의 무덤이었으며 그녀의 가족 무덤으로서, 화려한 장식과 함께 축조된 것으로 확인되었다.

열왕기서에 의하면 다윗은 다윗 성에서 장사를 치렀다고 되어 있는데, 드 소시가 발견한 무덤은 성밖에서 한참 떨어진 곳에 있었기 때문에 다윗의 무덤이라고 볼 수 없었다. 나아가 느헤미야서는 좀더 구체적으로 다윗의 무덤이 성 남쪽에 있다고 기록하고 있다.

바로 이러한 점에 착안하여 프랑스의 고고학자 라이몽 베이는 1913~4년 다윗의 무덤을 찾기 위해 성의 남쪽 부분을 집중적으로 탐사하던 중 바닥을 파서 만든 여러 개의 바윗굴들을 발견하였다. 그중 베이는 길이 15.7미터, 폭 2.4미터에 달하는 가장 큰 동굴을 다윗의 무덤이라고 주장하였다.

그런데 문제는 이 동굴이 도무지 무덤 같은 구조를 갖추고 있지 않다는 것이었다. 물론 서기전 10세기의 무덤이 아직 한 군데도 발견되지 않았기 때문에 그 정확한 내부 구조를 알 길은 없지만, 여러 고고학자들의 지적대로 베이가 발견한 무덤은 그 구조상 창고나 물 저장소의 용도로 사용되었을 가능성이 많다. 또한 이곳은 후대에 채석장으로 이용되었는데 과연 누가 왕들의 무덤을 그렇듯 쉽게 훼손시킬 수 있었겠는가?

이러한 상황에서 제3의 왕들의 무덤이 1970년대 이스라엘 고고학자들에 의해 재발견되었다. 이 무덤은 오늘날 '에꼴 비블릭크',

기혼 샘과 히스기야 터널 에덴에서부터 흐르는 네 강 중의 하나가 기혼인데, 아마도 예루살렘의 우주적 중심성과 관계가 있는 것 같다. '솟구쳐 나온다' 라는 뜻을 가진 기혼 샘에는 오늘날에도 차고 맑은 물이 흐른다. 중세에 건설된 계단 밑으로 흐르는 샘물은 이곳에서부터 히스기야 터널을 거쳐 실로암 못으로 흐른다. 예루살렘의 유일한 수원지인 기혼 샘으로부터 실로암 못까지 525미터에 달하는 지하 터널은 앗시리아의 포위에 대비한 최대의 방어 공사였다. 터널의 기울기는 0.06퍼센트로 양쪽의 고도 차이가 32센티미터밖에 나지 않아 정밀한 토목공학 기술의 진수를 보여준다.

오른쪽 위 **실로암 못** 기혼 샘의 물은 히스기야 터널을 통과하여 실로암 못에 저장되었다. 실로암이란 원래 히브리어로 '수로' 라는 뜻이다.

즉 '프랑스 성서와 고고학 연구소' 로 더 잘 알려진 성 스데반 수도원 구내에 있으며, 1885년에 처음 발견되었지만 신약 시대의 무덤 정도로만 알려졌다. 하지만 바르카이와 클로네르가 재발굴한 이 가족 무덤은 전형적인 서기전 8~7세기의 무덤으로서 16평방미터 정도의 전실을 중심으로 일곱 개의 매장실이 둘러져 있었으며 한꺼번에 20여 구의 시신을 안치할 수 있는 큰 규모였다. 시신 안치대 밑에는 모두 네 개의 유골 보관소가 별도로 마련되어 있었다.

유골을 한 군데에 보관하는 풍습은 고대 이스라엘의 바윗굴 무덤에서 자주 볼 수 있는 가족 무덤의 특징이기도 하다. 여러 세대에 걸쳐 수많은 시신들이 안장되면서 안치대에 있던 기존의 유골들은 자리를 비워주기 위해 그 밑에 파놓은 유골 보관소로 옮겨졌다. 이는 바로 "유다 왕들이 죽어서 열조에게 돌아간다"는 열왕기서의 구절을 연상시키는 좋은 예다.

열왕기서에 의하면 다윗부터 아하스 왕까지는 다윗 성안에 묻혔고, 그 후의 왕들은 성밖에서 장사를 지낸 것으로 나타난다. 오늘날 다윗 성 지역에는 여러 채의 집들이 있어 당장 발굴이 불가능하지만 만일 그곳이 후에 발굴된다면 다윗 왕의 무덤이 앞으로 발견될 가능성이 있다.

따라서 현재로서는 에꼴 비블릭크의 무덤이 고고학적으로 가장 신빙성 있는 유다 왕들의 무덤으로 추정된다.

히스기야와 실로암 비문

서기전 701년 봄 앗시리아의 산헤립 왕은 맹렬한 기세로 유다를 초토화시켰다. 이미 라기스를 함락했고 유다의 수도인 예루살렘으로 올라오고 있었다. 이러한 다급한 상황을 성서는 다음과 같이 전하고 있다.

"히스기야가 산헤립이 예루살렘을 치러 온 것을 보고 그 방백들과 용사들과 더불어 의논하고 성밖에 모든 물 근원을 막고자 하매 저희가 돕더라" 역대기하 32:2.

왕의 명령이 떨어지기가 무섭게 곧 유다의 공병대가 동원되어 바윗굴을 파기 시작하였다. 만일 적들이 예루살렘을 포위하면 성밖의 수원지인 기혼 샘을 이용할 수 없기 때문에 그곳에서부터 지하 터널을 파서 성안의 실로암 못으로 물을 끌어들이기 위한 것이었다. 대규모 터널 공사는 오늘날과 마찬가지로 양쪽에서 뚫기 시작하였다. 두 사람이 한꺼번에 작업하기도 힘든 폭 60센티미터의

실로암 비문 여섯 줄에 모두 200 글자 중에서 177 글자만 보존된 이 비문은 터널을 팠던 양쪽 인부들이 중간에서 만나 지하 터널의 역사적 개통을 자축하는 극적인 장면을 묘사하고 있다. "3큐빗 1.3미터쯤 남았을 때 반대편에서 상대방을 부르는 목소리가 들렸다. 터널이 뚫렸을 때 동료들이 얼싸안고 도끼를 서로 부딪쳤다. 물은 샘으로부터 1,200큐빗 525미터을 흘러나왔다." 이스탄불 고고학 박물관 소장

좁은 공간에서 횃불의 그을음과 사방으로 튀는 돌가루를 뒤집어쓴 채 청동제 도끼로 바위를 쪼아내는 굴착 작업은 예루살렘을 향해 치닫고 있는 앗시리아 군대의 진격 속도와 겨루는, 이미 시작된 한 판의 전쟁이었다.

히스기야 터널의 실로암 비문 1838년 미국의 성서지리학자 로빈슨은 기혼 샘에서부터 실로암까지 최초로 좁은 터널을 탐사하였다. 2,500년 간 퇴적된 바닥의 진흙층 때문에 그는 거의 기다시피 하여 긴 터널을 빠져나올 수 있었다.

그로부터 약 30년 후 영국의 워렌도 히스기야 터널을 처음부터 끝까지 탐사하는 데 성공하였다. 더욱이 그는 기혼 샘 근처에서 수직으로 11미터나 위로 올라가는 통로를 발견하고는 다윗의 부하인 요압이 몰래 성안으로 들어갔다는 '수구' 사무엘하 5:8라고 해석하기도

제사장의 홀 시리아의 우가릿Ugarit에서 출토된 상아로 만든 제사장의 제의용 홀 끝에는 상아 석류 장식이 박혀 있다. 이를 근거로 예루살렘의 상아석류는 솔로몬 성전에서 제사장들이 제의용으로 손에 들고 다녔던 홀의 머리 부분에 끼워졌던 유물로 볼 수 있다.

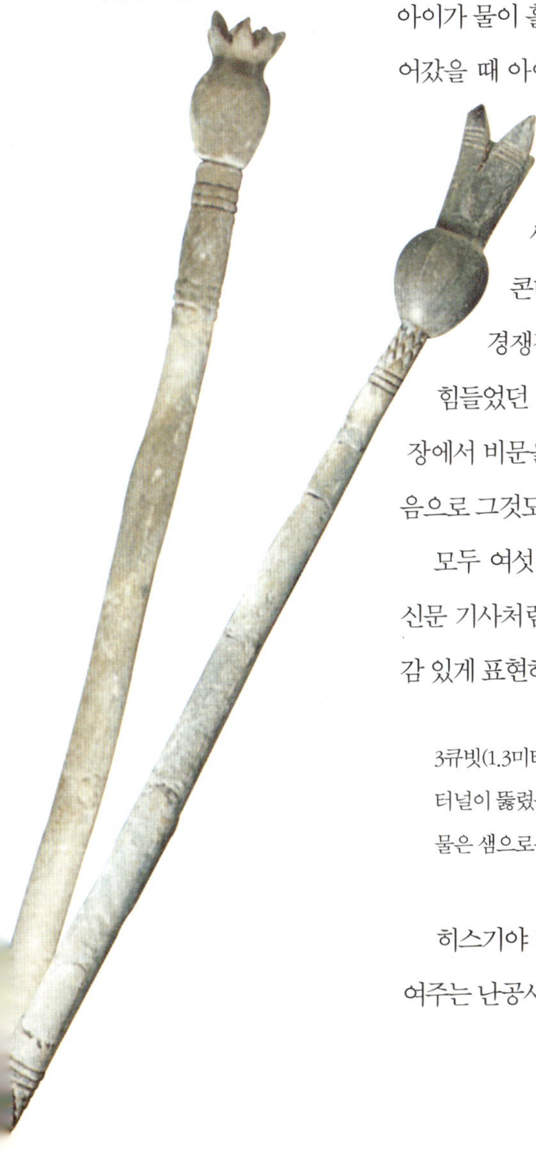

하였다. 하지만 히스기야 터널의 마지막 비밀은 1880년에 가서야 비로소 밝혀졌다.

그 해 여름 어느 날, 예루살렘 실로암 마을의 팔레스타인 아이들은 더위를 식히기 위해 실로암 못에서 물놀이를 하고 있었다. 그중 한 아이가 물이 흘러나오는 지하 터널 안쪽으로 들어갔다. 6미터쯤 들어갔을 때 아이는 터널의 입구로부터 들어오는 빛에 비춰진 벽의 글씨들을 발견하였다.

고문자가 새겨진 터널 속의 비문에 관한 소문은 금세 퍼져나갔다. 당시 예루살렘에서 활동하던 영국의 콘더와 세이스, 독일의 구테 등의 고고학자들은 모두 경쟁적으로 이 비문의 해독에 매달렸다. 탁본조차 구하기 힘들었던 10여 년 전의 메사 석비와 비교해 볼 때 언제든지 현장에서 비문을 확인할 수 있었고, 고대 히브리어 비문이 역사상 처음으로 그것도 예루살렘에서 발견되었기 때문이었다.

모두 여섯 줄에 200자로 구성된 실로암 비문은 마치 오늘날의 신문 기사처럼 당시 지하 터널 개통의 분위기를 다음과 같이 생동감 있게 표현하고 있다.

> 3큐빗(1.3미터)쯤 남았을 때 반대편에서 상대방을 부르는 목소리가 들렸다.
> 터널이 뚫렸을 때 동료들은 얼싸안고 도끼를 서로 부딪쳤다.
> 물은 샘으로부터 1,200큐빗(525미터)을 흘러나왔다.

히스기야 터널은 고대 이스라엘의 토목공학 기술의 진수를 보여주는 난공사였다. 525미터 길이의 이 지하 터널은 놀랍게도 기울기가 0.06퍼센트, 즉 양쪽의 고저 차이가 고작 32센티미터였다.

여기서 한 가지 질문을 던지지 않을 수 없다. 기혼 샘에서부터 실로암 못까지는 직선 거리로 315미터인데도 불구하고 적이 쳐들어오는 긴박한 상황에서 왜 당시 유다 사람들은 525미터나 되는 구불구불한 터널을 파야 했을까? 지금까지 많은 고고학자들이 이 의문에 대한 해답을 찾기 위해 노력하였다.

그중 가장 타당한 설명은, 터널의 지상 부분에 있는 유다 왕들의 무덤을 피하기 위해서라는 것이다. 하지만 1978년부터 다윗 성에 대한 본격적인 발굴에 참여했던 지질학자 단 길은 정밀 조사 결과 이 터널 지역이 본래 4만 년 전부터 형성된 바위 틈새로 이어져 있었음을 밝혔다. 즉 히스기야의 공병대원들은 단순히 물이 흐르는 기존의 바위 틈새를 따라 파다 보니 구불거리는 수로를 만든 것이었고, 당연히 도중에서 양쪽이 만날 수밖에 없었다는 것이다.

예루살렘을 포위한 앗시리아의 산헤립은 쿠데타 소문을 듣고 급히 본국으로 군대를 철수하기 시작했고, 결국 이사야의 예언대로 칼에 맞아 죽고 말았다 이사야 37:7. 어떤 학자들은 6~7개월 동안 비가 오지 않는 건기에만 주로 성을 포위하는 당시 전술에 비추어 볼 때 히스기야 터널 때문에 예루살렘이 충분히 버틸 수 있었다고 주장하기도 한다.

아무튼 성서고고학사에 있어서 히스기야 터널과 실로암 비문의 발견은 성서학, 고고학, 비문학, 앗시리아학, 지질학, 수리학, 토목공학 등 전문적인 지식들이 총동원된 학제간 연구의 좋은 본보기로 기록되었다.

한편 실로암 비문이 발견된 지 10년 후인 1890년, 예루살렘에 거주하던 한 그리스인은 어느 날 밤 아무도 모르게 혼자 연장을 가지고 히스기야 터널에 들어가 이 비문을 떼어내기 시작하였다. 그 과정에서 비문의 작은 조각들이 물 속으로 사라졌다. 이 도굴꾼은 예루살렘의 한 골동품 상점에 비문의 조각들을 팔아 넘겼고 소문을 들은 오스만 투르크 당국은 이 유물을 압수하였다. 당시 예루살렘에서 탐사와 발굴을 추진하던 스위스 출신의 콘라드 쉬크는 곧 이 비문의 모형을 완성했지만, 비문 자체는 이스탄불의 고고학 박물관으로 이송되었다. 지난 1996년 다윗에 의한 '예루살렘 정도 3천 주년' 을 맞이하여 실로암 비문을 이스라엘에 반환해야 한다는 목소리들이 거세게 일었다. 서기전 701년 기록된, 구약 시대의 고대 히브리어 기록 중 가장 긴 문장인 실로암 비문이 원래의 자리로 돌아와야 함은 당연한 이치다.

베데스다와 아스클레페이온

예수가 행한 수많은 기적 중 예루살렘의 베데스다 못에서 38년 고통에 시달린 병자를 고친 사건은 특히 관심을 끈다 요한복음 5:2~18.

그 이유는 이곳에서 가끔 물이 동하는 신비스런 현상이 일어나기 때문이었다. 하지만 베데스다가 유명한 이유는 다른 데에 있다. 왜냐하면 이곳은 온갖 종류의 중병 환자들이 모여드는 곳이었기 때문이다. 이곳은 신약 시대에 예루살렘의 요양소나 병원이었을까?

1860년대 예루살렘의 성 안나 교회를 차지한 프랑스의 '백의의 선교사회' 사제들은 근처의 유적들을 부분적으로 발굴하고는 고대 기록들을 근거로 그곳이 바로 양문 옆에 위치하였다는 요한복음서의 베데스다라고 여겼다. 가까이에 성전이 있었기 때문에 신약 시대에 여러 개의 저수장이 있었다는 것이다. 1957년부터 시작된 본격적인 발굴을 통해서 길이 52미터, 폭 40미터 규모의 북쪽 저수지와 길이 57미터, 폭 48미터의 남쪽 저수지를 확인할 수 있었다. 1952년 쿰란의 제3동굴에서 발견된 구리판에 기록된 한 두루마리 문서에도 예루살렘의 양의 못이 두 개의 저수지로 이루어져 있음을 시사하고 있다.

두 개의 저수지와 다섯 행각 베데스다에는 다섯 개의 행각, 즉 스토아가 있었다요한복음 5:2. 스토아는 그리스 건축에서 기둥으로 이루어진 회랑을 의미하며, 사람들이 붐비는 도심의 시장터인 아고라에 위치한 건물을 의미하였다. 이 안에서 철학자들이 모여 다양한 견해들을 교환하였다고 해서 스토아 학파가 유래되었다. 베데스다의 두 개의 저수지는 다섯 개의 회랑과도 그 구조면에서 일맥 상통한다. 두 개의 저수지 사이에는 폭 6미터의 분리 벽이 있었기 때문에 전체의 모양은 한자의 날일(日)자 형태를 띠고 있었다. 따라서 두 개의 저수지 가장자리에 회랑이 있었다면 사이의 분리 벽까지 합해 모두 다섯 개의 회랑이 있는 셈이다.

천사가 물을 움직일 때 두 저수지 사이의 분리 벽 아래쪽에서는 물이 흐를 수 있도록 만든 통로가 발견되었다. 높은 곳에 위치한 북쪽 저수지로부터 남쪽 저수지로 물이 흐르게 고안된 것이다. 신약학자 예레미아스는 이 장치를 '천사가 물을 움직이게 했던 현상'과 연관시켰다. 북쪽 저수지에 일정한 양의 물이 찰 때마다 병자들이 대기

베데스다 발굴지 1950년대의 집중적인 발굴을 통해서 베데스다에는 두 개의 저수장과 다섯 개의 행각이 있었던 것으로 밝혀졌다. 로마 시대 베데스다는 예루살렘의 종합병원인 아스클레페이온과 밀접한 관련이 있다.

하고 있던 남쪽의 목욕장으로 흘려 보냈다는 것이다.

그렇다면 왜 베데스다에 많은 환자들이 모여 있었을까? 발굴을 통해 베데스다의 유적은 서기전 200년경 최초로 건설된 것으로 추정되었다. 서기 1세기에는 저수지와는 별도로 깨끗한 물을 받아서 마실 수 있는 급수대도 설치된 것으로 밝혀졌다. 그렇다면 이 저수 시설은 단순히 성전 제사를 위한 도살에 필요한 것이라기보다는 그리스-로마 시대 도시들에 널리 퍼져 있었던 종합병원 즉, 아스클레페이온과 밀접한 관계가 있다. 베데스다가 원래 히브리어로 '베잇트 하스다', 즉 '자비의 전당'이라는 뜻이라는 것도 이를 뒷받침한다. 또한 서기 2세기 폼페이아 루킬리아라는 한 로마 여인이 이곳에서 치료를 받고 그 대가로 기부금을 냈다는 사실이 이곳에서 발견된 한 비문을 통해 밝혀졌다.

아스클레페이온 서기전 700년경부터 그리스 본토에서는 아스클레피오스가 의학의 신으로 숭배되기 시작했고, 서기전 6세기에는 신전을 중심으로 하는 클리닉이 세워졌다.

깨끗한 물을 마시고 목욕하는 것이 매우 중요한 치료 방법 중 하나였기 때문에 아스클레페이온에는 항상 맑은 물이 흐르는 분수대와 저수장이 있었다. 피부병을 치료하기 위해 진흙 마사지를 받게 했으며, 태양별 아래에서 맨발로 걷는 것도 중요한 치료 방법 중 하나였다. 음식 요법으로는 포도주나 기타 자극적인 음식을 피하게 하는 것과 경우에 따라서는 금식을 권장하기도 하였다. 증상에 따라 약초를 비롯한 각종 약재가 동원되었고 간단한 수술이 시행되기도 하였다. 한밤중에는 신전의 제사장이 하인들을 거느리며 환자들

페르가몬Pergamon의 아스클레페이온
페르가몬의 아스클레페이온은 지중해의 섬 지역인 로도스의 것과 함께 그리스-로마 시대의 가장 유명한 의료시설로 꼽힌다. 네모진 회랑을 중심으로 한가운데에는 분수대가 있고 극장, 도서관, 신전, 지하 요양소 등의 유적이 발견되었다.

의 병상을 방문하여 상태를 확인하고 처방을 내리기도 하였다.

아스클레페이온에서 가장 중시하는 치료법은 신에 대한 믿음이었다. 그럼에도 불구하고 극장이 있는 것으로 미루어보아 연극과 음악 감상을 통해 환자들의 안정을 유도한 심리 치료도 병행하였다는 사실을 알 수 있다. 병원 규모가 큰 경우에는 본격적인 운동을 위한 스타디움과 김나지움도 있었다.

페르가몬의 아스클레페이온 페르가몬의 아스클레페이온은 지중해의 섬 지역인 로도스의 것과 함께 그리스-로마 시대의 가장 유명한 의료 시설로 꼽혔다. 도시에서 병원까지는 820미터 길이의 대로인 '비아 텍타' 가 연결되어 있었다.

아스클레페이온에 들어서면 회랑으로 둘러싸인, 총 면적 14,000평방미터에 달하는 네모진 마당을 중심으로 여러 건물들이 자리잡고 있다. 오늘날 볼 수 있는 대부분의 구조물들은 로마의 하드리아누스 황제 시절인 서기 130년대에 건설된 것들이다. 마당 한 가운데에는 항상 맑은 물이 흐르는 분수대가 있고, 동쪽에는 도서관, 프로필론, 신전, 그리고 지하 원형 치료소가 있으며, 북서쪽에는 3,500명을 수용할 수 있는 극장이 있다. 페르가몬 출신의 유명한 의사로는 서기 2세기 후반에 활약했던 갈렌을 들 수 있다. 해부학으로 명성을 떨친 그는 페르가몬의 원형 경기장 소속 검투사들의 전문 치료사로 경력을 쌓았으며, 나중에 로마로 가서 황제들의 전문의로 활동하였다.

베데스다의 기념교회 서기 5세기 중엽 베데스다를 방문했던 한 순례자는 이곳의 기념교회를 '장애인의 교회' 로 명명하였다. 서기 6세기부터 이곳이 마리아의 생가라는 전승이 생겨났고, 다섯 개의 행각 중 하나에 이를 기념하는 교회가 건설되었다. 서기 1100년경 십자군들은 이곳에 마리아의 모친을 기념하는 성 안나 교회를 세웠는데, 오늘날 이곳은 이스라엘에서 가장 완벽하게 보존된 십자군 시대의 건물로 손꼽힌다.

피쿠악흐 네페쉬 예수가 안식일에 베데스다의 병자를 고쳤기 때문에 유대인들은 안식일 율법 위반을 문제삼기 시작하였다요한복음 5:16. 오늘날의 유대인들에게는 '피쿠악흐 네페쉬' 라 부르는 율법의 예외 조항이 있다. 가장 엄격한 안식일 율법이라 할지라도 사람의 생명이 좌우된다면 예외로 볼 수 있다는 것이다. 예를 들어 안식일에 양 한 마리가 구덩이에 빠진 것을 구해내는 것이 피쿠악흐 네페쉬에 속한다마태복음 12:11. 양 한 마리의 생명이 아까워서가 아니라 구덩이는 물웅덩이를 뜻하기 때문에 양이 빠져 죽을 경우 사람들이 더 이상 그 물을 마실 수 없기 때문이라는 것이다.

엘리아 카피톨리나와 박석

1860년대 예루살렘 성안에 새로운 수도원을 건설한 시온 수녀회는 낡은 건물을 수리하는 과정에서 지하에 펼쳐져 있는 로마 시대의 한 광장을 발견하였다. 사방 1미터 이상 크기의 잘 다듬어진 바위로 이루어진 광장 바닥에는 로마 군인들이 사용했던 장기판도 여러 개가 새겨져 있었다.

마침 이곳이 예수가 재판을 받았다는 안토니아 요새에 인접한 지역이었기 때문에 그들은 이 광장을 리토스트로토스, 즉 '예수가 빌라도에게 재판을 받았던 박석' 이라고 선포하였다요한복음 19:13. 더군다나 중세 십자군 시대부터 정해진 '비아 돌로로사', 즉 '십자가의 길' 의 출발점인 안토니아 요새 자리인 오마리예 학교 마당보다는 훨씬 더 역사적 가치가 있기 때문에 중요한 성지로 인정되었다. 따라서 오늘날에도 수많은 순례자들이 돌로 이루어진 바닥을 보기 위해 이곳을 방문한다.

리토스트로토스 요한복음서에 의하면 빌라도는 법정 안에 있는 박석, 즉 리토스트로토스에서 예수를 재판했다고 한다 19:13.

서기 1세기 유대인 역사가 요세푸스에 의하면 서기 70년 여름, 예루살렘의 성벽을 무너뜨리고 진입한 로마 제5군단은 성전산 북서쪽 모퉁이에 건설된 안토니아 요새를 무너뜨리기 위해 경사로를 쌓는 과정에서 근처의 저수장 위로 토성을 쌓았다고 한다. 이 저수장의 규모가 작기 때문에 '참새의 저수지'라 불리기도 했지만, 실제로 발굴한 결과 길이가 52미터, 폭 14미터에 달하는 대규모 저수장이었다.

바로 옆에는 십자군 시대 이래, 라틴어로 '에케 호모'라 불리던 세 개의 아치가 있다. 이 아치는 빌라도가 예수에게 '보라 이 사람이로다'라고 말한 현장에 세워졌다는 것이다요한복음 19:5. 십자군 시대의 전승으로만 여겼던 빌라도의 법정 자리가 고고학적으로 발견되는 순간이었다.

하드리아누스의 동부 포룸 1970년대 이래로 가톨릭 고고학자들의 치밀한 발굴 결과, 박석이라 불리는 리토스트로토스는 서기 135년 하드리아누스 황제가 새롭게 건설한 예루살렘의 동부 포룸 광장의 한 부분으로 밝혀졌다. 로마식 도시의 포룸은 그리스식 도시의 아고라

박석 시온의 성모 수녀원 지하에 위치한 박석에는 로마 군인들이 새긴 장기판이 있으며 마차가 미끄러지지 않도록 홈을 파놓기도 하였다. 이 박석은 서기 135년 하드리아누스 황제가 건설한 예루살렘의 동부 포룸의 광장 바닥으로 밝혀졌다.

에케 호모 Ecce Homo **아치** 서기 135년 유대인들의 반란을 진압한 로마의 하드리아누스 황제는 예루살렘을 로마식 도시 엘리아 카피톨리나로 변모시켰다. 그는 예루살렘 동부 지역에 포룸을 건설하여 승리를 기념하는 세 개의 아치를 세웠다. 오늘날 스데반 문을 통해 예루살렘 옛 성에 들어가면 로마 시대의 세 개의 아치 중에서 가운데 큰 아치의 일부분의 흔적을 볼 수 있다. 십자군 시대부터 이 아치는 라틴어로 '에케 호모' 아치로 불렸다. 즉 빌라도가 이 아치 근처에서 예수를 심문하면서 '보라 이 사람이로다' 라고 말하였다는 것이다요한복음 19:5.

의 전통을 이어받은 장소로서 도시민들의 만남과 공공 집회, 상거래가 이루어지는 일종의 시장터와 같은 곳이었다.

그런데 로마의 공병대가 이곳에 넓은 광장을 만들려고 했을 때 장애물이 되었던 것이 바로 참새의 저수장이었고, 이를 해결하기 위해 아치형 지붕을 덮고 그 위에 박석을 깔았다는 것이다. 이 광장의 서쪽 입구에는 승리를 기념하는 세 개의 아치가 세워졌고, 후대에 십자군들은 이 아치에 '에케 호모' 라는 이름을 붙였다.

동부 포룸의 전체 넓이는 15,000평방미터로 추정된다. 한편 예루살렘의 중심적인 중앙 포룸은 오늘날 골고다의 성묘교회가 위치한 곳에 있었다. 남북의 길이가 250미터, 동서의 폭이 150미터에 달하는 이 거대한 광장의 북쪽에는 비너스 신전과 바실리카가 자리 잡고 있었다.

마다바의 모자이크 지도 이러한 예루살렘의 로마식 도시 설계는 요르단 마다바의 한 비잔틴 교회 바닥에서 1884년에 발견된 모자이크 지도를 통해 알려졌다. 서기 6세기에 만들어진 이 지도의 한가운데에는 타원형 성벽으로 둘러싸인 예루살렘 성이 표시되어 있는데, 거기에는 남북으로 관통하는 대로가 눈에 띈다. 또한 북쪽의 성문 안쪽에는 높은 기둥이 서 있는 광장이 있는 것으로 나타난다.

1930년대 이후로 발굴을 통해 예루살렘의 북쪽 성문인 다마스쿠스 성문 아래에서 로마 시대의 성벽과 성문의 흔적을 찾아냈다. 1967년 이후 집중적인 발굴 결과 이 성문은 거대한 3중 성문 중 동쪽의 것으로 확인되었다. 성문 안쪽에는 박석이 깔린 광장의 일부도 발견되었다. 마다바의 지도대로라면 이곳에서부터 남쪽으로 카

마다바의 모자이크 지도 1884년 요르단 마다바에 위치한 비잔틴 시대의 교회 터에서 발견된 모자이크는 성지를 표현한 가장 최초의 지도로 알려졌다. 서기 6세기에 만들어진 이 지도에는 타원형의 성벽으로 둘러싸인 예루살렘과 남북으로 이어지는 회랑이 딸린 대로 카르도가 뚜렷이 묘사되어 있다.

르도가 이어져야 할 것이다. 하지만 아쉽게도 이 지역에는 아랍인들이 살고 있었기 때문에 더 이상의 발굴이 불가능하였다.

카르도 모든 로마식 도시에는 남북으로 관통하는 대로 카르도와 동서로 연결되는 소로 데쿠마누스가 있다. 1976년 히브리 대학의 고고학자 아비가드는 유대인 구역의 발굴을 통해서 카르도 중 180미터 부분을 발견하였다. 원래 도로의 폭은 12미터에 달하며 인도에는 지붕을 받치기 위한 기둥이 줄지어 있었고, 인도의 안쪽에는 상점들이 있었다. 그런데 문제는 도로 밑에서 로마 시대의 토기가 아닌 비잔틴 시대의 토기가 나왔다는 점이다. 그래서 이 부분은 하드리아누스 황제 시대보다 늦은 비잔틴 시대에 건설된 것으로 추정된다. 로마 시대에 이 지역에 제10군단의 진지가 있었기 때문에 카르도가 더 이상 연장될 수 없었던 것으로 보인다.

위 발굴 당시의 카르도
오른쪽 위 로마 시대 카르도의 복원도

엘리아 카피톨리나 서기 132년 유대인들은 바르 코크바를 중심으로 로마 정권에 항거하는 반란을 일으켰다. 한때 예루살렘을 장악한 로마 군인들을 몰아내고 화폐까지 발행하는 등 독립을 쟁취했지만 서기 135년 로마의 하드리아누스 황제의 진압으로 좌절되고 만다. 하드리아누스는 예루살렘을 로마식 도시로 만들기 위해 성문과 광장, 카르도와 포룸, 신전 등을 건설하고 자신의 이름과 로마의 신전 언덕을 상징하여 이 새로운 도시를 '엘리아 카피톨리나'로 명명하였다.

다윗이 정복하여 통일 왕국의 수도로 삼은 지 1,100년 동안 예루살렘은 이스라엘의 구심점 역할을 했지만, 이제는 로마식 도시로 탈바꿈되었고 유대인들의 종교적, 학문적 중심지는 북쪽의 갈릴리로 옮겨졌다.

카르도Cardo 서기 135년 로마 황제 하드리아누스는 예루살렘을 로마식 도시인 엘리아 카피톨리나로 변모시켰다. 가장 큰 변화는 남북으로 가로지르는 대로를 만들고 그 양쪽으로는 회랑이 딸린 인도와 상점들을 배치한 것이다. 1967년부터 발굴된 유대인 구역의 카르도는 비교적 늦은 시기인 서기 4세기 비잔틴 시대에 건설된 것이다. 원래 도로의 폭은 12미터이고 인도에는 지붕을 받치기 위한 기둥이 줄지어 있다. 인도의 안쪽에는 상점들이 있었다. 잘 복원된 오늘날의 카르도는 현대식 쇼핑가와 조화를 이루고 있다.

프레토리움은 어디인가? 오늘날 십자가의 길 제1, 2장소에 해당되는 안토니아 요새가 바로 빌라도의 법정이라는 주장은 마태복음서의 프레토리움, 즉 관정을 이 요새와 일치시켰기 때문에 생겨난 전승이다 27:27. 하지만 최근의 여러 역사학자들은 빌라도가 평상시에는 가이사랴에 머물다가 예루살렘을 방문할 경우에는 오직 군사적 용도로 건설된 답답한 안토니아 요새보다는 보안과 시설이 뛰어난 헤롯 궁전에 기거하였다고 주장한다.

그렇다면 예수의 재판도 오늘날 다윗 성채라 불리는 헤롯 궁전 터에서 이루어졌을 가능성이 매우 크다. 또한 십자가의 형장인 골고다도 바로 헤롯 궁전의 성벽 바깥에 위치해 있어서 형을 집행하기 훨씬 수월한 입지적 조건을 지니고 있다는 것도 이 주장을 뒷받침해 준다.

제8장

갈릴리의 성자

| 그리스도의 발자취를 더듬어 |

그리스도의 생애에 관한 고고학적인 증거는 최후의 현장인 골고다에서 확실하게 드러난다. 탄생지인 베들레헴은 아직까지도 발굴의 손길을 기다리고 있다. 예수의 수준 높은 학문적, 문화적 배경은 찌포리 발굴을 통해서 하나씩 밝혀졌다. 가뭄에 시달리던 갈릴리 호수는 드디어 신약 시대 어부들이 타고 다녔던 배의 잔해를 드러냈다. 과연 성서고고학은 갈릴리의 성자를 어떻게 묘사하고 있을까?

베들레헴 성탄교회

서기 1099년 6월 6일 유럽의 십자군들은 온갖 고생 끝에 꿈에 그리던 성지 이스라엘에 도착하여 엠마오에 진을 치고 있었다. 그들의 최종 목표는 450년 동안이나 이교도들의 손에 들어가 더럽혀진 기독교 최고의 성지인 예루살렘 성을 탈환하는 것이었다. 그런데 그날 밤 베들레헴으로부터 한 무리의 기독교인들이 엠마오에 도착하였다. 사라센 아랍인들이 성탄교회를 곧 파괴시킬 것 같으니 도와달라는 것이었다. 성탄교회의 운명을 지키기 위해 탄크리드의 지휘 아래 백 명의 십자군 기사들은 밤새 말을 달려 베들레헴으로 향하였다. 그들은 아무런 저항도 받지 않고 그 도시를 장악할 수 있었고 성탄교회 사제들의 환대를 받으면서 교회당 안으로 들어가 예수 탄생 동굴에서 무릎을 꿇었다. 약 한 세기 동안 지속된 성지 탈환의 서막이 열리는 순간이었다.

성탄교회 내부 오늘날의 성탄교회는 서기 6세기 유스티니아누스 황제에 의해 건설되어 1,500년 동안 보존된 것이고 바닥 군데군데에는 1930년대의 발굴에서 발견된 모자이크 바닥이 70센티미터 아래에 보인다. 양쪽에 두 줄씩 모두 네 줄로 이루어진 기둥과 벽에는 여러 종류의 성화와 성인들의 모습이 그려져 있다. 제단의 지하에는 예수 탄생의 자리가 보존된 성탄 동굴이 자리잡고 있다.

사실 이 교회당은 다른 성지들처럼 서기 638년 이후 이곳을 점령 통치했던 페르시아 아랍인들에 의해 파괴될 뻔하였다. 당시 그들이 교회에 불을 지르기 전에 안으로 들어가 구경을 하는 순간, 모두가 무릎을 꿇고 경의를 표하였다. 이는 아기 예수에 대한 숭배의 표시가 아니라 바로 벽화에 그려진 화려한 페르시아 복장의 동방박사들의 모습 때문이었다. 따라서 그들은 자신들의 조상의 모습이 그려진 교회당을 오히려 소중히 여기게 되었다. 이후로 이곳은 기독교인들과 이슬람교인들이 함께 예배드리는 종교적 공존의 장이 되었고, 현재까지 그 전통은 이어진다. 오늘날에도 순례자들이 베들레헴에 도착했을때 맨 처음 볼 수 있는 광경은 이슬람교 사원의 첨탑 끝에 달린 초승달과 교회당 종탑의 십자가들이 함께 조화를 이루는 모습이다.

'빵의 신전' 으로 불리는 기름진 곳이었고, 모압 여인 룻과 보아스의 밀밭에서의 사랑이 엮어졌으며, 이스라엘 최고의 왕 다윗이 태어났던 베들레헴은 예루살렘의 남쪽으로 10킬로미터 떨어진 곳에 위치한 한적한 동네였다. 하지만 신약 시대 다윗의 자손으로서 메시아가 태어나면서 초기 기독교인들의 이목이 집중되었고 순례자들의 발길이 끊이지 않았다. 서기 135년 하드리아누스 황제는 예수 탄생 동굴에 아도니스, 즉 탐무즈 신을 섬기는 제단을 건설함으로써 더 이상 메시아 전승이 전파되는 것을 막았다.

서기 313년에 기독교가 로마 제국의 국교로 선포되면서 헬레나 황후는 그리스도의 세 가지 사건인 탄생, 부활, 승천을 기념하는 대규모의 기념교회들을 건설하였다. 당연히 베들레헴에는 성탄 동굴을 중심으로 바실리카 양식의 교회당이 서기 339년에 준공되었다. 서기 6세기에 유스티니아누스 황제는 지진과 화재로 무너질 위기에 처했던 기존의 건물을 헐고 새로운 교회당으로 재건하였다.

서기 15세기 이래로 성탄교회의 운명은 유럽의 가톨릭과 그리스-러시아 정교회의 주도권 투쟁으로 점철되었다. 그리스와 이탈리아, 프랑스와 러시아 등 유럽의 열강들은 오스만 투르크의 후광 아래 자신들의 소유권을 주장하기 위해 거룩한 성탄교회 내에서 폭력 사태를 벌이기도 하였다.

성탄 동굴의 예수 탄생 자리에는 1717년에 정교회측이 설치한 14꼭지의 별 모양의 은판이 있고, '동정녀 마리아가 이곳에서 예수 그리스도를 낳았다' 라는 라틴어 글귀가 새겨져 있다. 바로 이 베들레헴의 은별은 1853년에 발생했던 러시아와 유럽 연합군 사이에 치러진 크리미아 전쟁의 한 원인이 되기도 하였다.

성탄 동굴의 예수 탄생 제단 성탄교회 제단 아래의 지하 동굴의 한쪽에는 예수 탄생의 장소를 기념하는 제단이 있다. 제단 바닥에는 은으로 만든 14꼭지의 별이 있고, 1717년에 새겨진 "이 곳에서 동정녀 마리아가 예수 그리스도를 낳았다"라는 라틴어 글귀가 있다. 별 한가운데 구멍 속으로 원래의 성탄 동굴의 바위를 만져볼 수 있다.

베들레헴에서의 본격적인 고고학적 발굴이 1934년부터 시작되었을 때, 교회 발굴사상 매우 드물게 성탄교회 내부를 파헤치기 시작하였다. 제단을 장식했던 대리석을 들어내자 한가운데에 원형과 세 겹의 팔각형으로 둘러싸인 독특한 구조의 초기 제단의 모습이 드러났다. 비잔틴 건축의 전통에서 팔각형은 승리를 기념하는 것으로서 가버나움의 베드로 장모 기념교회, 그리심 산 정상의 마리아 기념교회 등에서도 발견되었다. 또한 이 교회당의 바닥을 파 내려가자 약 70센티미터 아래에 온통 기하학적 무늬로 장식된 아름다운 모자이크 바닥이 드러났다.

교회 지하에는 여러 갈래의 동굴들이 있는데, 이중의 한 동굴은 헤롯에 의해 희생된 수많은 어린 영혼들 마태복음 2:16을 위한 것이었고, 또 다른 하나는 성서를 라틴어로 번역했던 서기 4세기의 성서학자 제롬을 기념하고 있다.

한편 이교도들이 점령한 그리스도의 무덤을 구하자는 슬로건으로 뭉친 유럽의 십자군 운동은 1099년부터 약 한 세기 동안 이 지역에 '예루살렘 라틴 왕국'을 건설함으로써 그 꿈을 실현하였다. 서기 1100년의 베들레헴의 성탄절은 매우 뜻 깊은 하루였다. 새로운 왕국의 초대왕 볼드윈 1세의 대관식이 바로 이날 밤 자정에 성탄교회에서 거행되었기 때문이다.

소아시아의 산타클로스

크리스마스의 전설적인 수호 성인 산타클로스는 신약 시대의 소아시아로 알려진 터키로부터 유래되었다. 1812년 영국의 카커렐과 1830년대 프랑스 건축가인 텍시어는 터키 남부 지중해 연안의 리키아 지방을 여행하던 중 고대 유적지 뮈라에 있다는 성 니콜라우스 교회 유적에 관심을 갖게 되었다. 1853년 러시아는 최고 통치자 차르의 수호 성인인 니콜라우스를 기념하기 위해서 뮈라의 교회 유적지를 구입하고 수도원을 세웠다. 이때부터 중세 이후 수백년 동안 잊혀졌던 소아시아의 산타클로스가 다시금 그 모습을 드러내기 시작하였다.

리키아 터키의 리키아 지방은 오늘날 테케 반도라 불리는 곳으로서 북쪽으로는 타우루스 산맥이 자리잡고 있으며, 최고봉이 해발 3,070미터나 되는 매우 험한 바위산 지역으로 이루어져 있어서 고

뮈라의 절벽 무덤 리키아 지방의 전통적인 무덤은 절벽에 굴을 파서 만든 것인데, 살아 있는 사람들의 집 모양을 연상시킨다

립된 지역이었다. 외부 지역과 유일한 교통로였던 바닷가에는 파타라, 안드리아케, 리뮈라, 텔메소스 등의 항구가 자리잡고 있다. 리키아의 전성기에는 70여 도시들이 있었고 신약 시대에는 26개의 도시가 번창했으며, 이 지방의 수도는 크산토스였다.

이 지역에 대한 고고학적 발굴 결과, 리키아에는 이미 서기전 2000년대 초기 청동기 시대부터 사람들이 살기 시작한 것으로 밝혀졌다. 힛타이트, 이집트, 우가릿 등지에서 출토된 문서들을 통해서 서기전 1500년경부터 이곳에 뤼카라 불리는 민족이 살고 있었으며 이로부터 리키아가 유래되었다. 리키아의 언어는 루위아어의 일종으로서 서기전 4세기 말 그리스어로 동화되기 전까지 모두 29개의 글자로 이루어진 알파벳을 갖고 있었다. 할리스 강 서쪽 지역에서 유일하게 강대국 리디아의 세력에 대항했던 리키아는 서기전

성 니콜라우스의 석관 서기 270년 터키 지중해변의 항구 도시 파타라에서 태어난 니콜라우스는 서기 300년 뮈라의 주교가 되었다. 성 니콜라우스는 11세기 이탈리아 뱃사람들에 의해 유럽으로 건너간 후 서서히 성탄절의 수호 성인으로 정착되었다.

546년부터 페르시아의 수중에 들어갔다. 알렉산드로스의 침공 이후 차례로 프톨레마이오스와 셀류코스 왕조의 지배를 받던 리키아는 서기전 189년부터는 로마의 통치하에 들어갔지만 서기전 169년부터는 자유도시 지역으로 그 지위가 격상되었다. 당시 리키아는 크산토스, 파타라, 프나라, 올림포스, 뮈라, 틀로스 등을 중심으로 하는 모두 23개의 도시들로 구성된 '리키아 동맹'을 결성하였다. 서기 74년 로마 황제 베스파시아누스는 로마에서 파견한 총독이 다스리는 리키아-팜필리아 주를 설립하였다.

뮈라 리키아 지방의 중심 도시인 뮈라는 향품의 일종인 몰약의 거래와 관계가 있어서 붙여진 지명이라는 학설이 있으나 역사적인 증거는 희박하다. 바울은 재판을 받기 위해 가이사랴를 떠나 로마로 출항할 때 시돈을 거쳐 리키아 지방의 뮈라에 도착하여 배를 갈아탄

뮈라의 산타클로스 뮈라의 기념교회 마당에는 성 니콜라우스를 기념하는 청동상이 세워져 있다.

적이 있다 사도행전 27:5~6. 뮈라의 요새는 해안에서 5킬로미터 정도 내륙에 위치해 있었기 때문에 바울이 들른 항구는 바닷가의 안드리아케 항구였을 것이다. 바울은 이곳까지 아드라미티움 배를 타고 왔으며 이곳에서 이탈리아로 가는 알렉산드리아 배로 바꿔 탔다.

고대 도시 뮈라의 유적들은 비교적 넓은 지역에 퍼져 있는데 북쪽의 바위언덕에 자리잡은 아크로폴리스, 남서쪽의 극장과 절벽 묘지가 있는 아고라, 남동쪽의 미로스 강가에 위치한 묘지와 수로 등 모두 세 지역으로 구분된다. 서기전 5세기에 최초로 건설된 뮈라의 아크로폴리스는 성벽으로 둘러싸인 요새 한가운데에 망대와 신전, 그리고 지하 물 저장소 등이 자리잡고 있다. 오늘날의 성벽은 서기 5세기경 비잔틴 시대에 건설된 것이다. 모두 35줄의 객석에 11,000명을 수용할 수 있는 뮈라의 로마식 극장은 절벽 지대에 건설되었으며, 현재의 것은 서기 141년 지진 후에 복원된 것이다.

극장의 서쪽으로는 소위 '바다 묘지'로 불리는 절벽 동굴 무덤군이 자리잡고 있다. 소아시아의 무덤 중에서도 가장 아름다운 건축양식을 보여주는 뮈라의 무덤은 사람들이 살고 있는 건물의 모습과 똑같게 입구를 장식했기 때문에 마치 고층 아파트를 보는 느낌을 갖게 한다. 특히 채색 무덤은 부조로 조각한 인물상 위에 여러 색깔을 칠함으로써 매우 화려한 장식을 보여주고 있다.

성 니콜라우스 교회 뮈라에는 성탄절의 수호 성인 성 니콜라우스, 즉 산타클로스의 기념교회가 있다. 서기 270년경 항구 도시 파타라에서 유복한 곡물 상인의 아들로 태어난 니콜라우스는 서기 300년경 뮈라의 주교로 선출되었다. 이때부터 니콜라우스는 여러 종류의 선행과 기적을 베풀었고 303년 디오클레티아누스 황제의 기독교 박해 당시 옥고를 치렀으며, 서기 325년에는 니케아 공의회에 참석했다고 전해진다. 난파당한 뱃사람들을 보살펴주고 뮈라에 기근이 닥쳤을 때 지나가던 곡물 운반선으로부터 곡식을 구해서 주민들에게 나눠주는 연고로 인해서 니콜라우스는 오늘날 지중해 지역 선원들의 수호 성인으로 추앙되고 있다.

서기 341년 니콜라우스가 죽은 후 그의 유해는 뮈라에 묻혔으나 서기 1087년 뱃사람들에 의해 이탈리아의 바리로 옮겨졌다. 중세 이후로 유럽 전역에 걸쳐 12월 6일을 성 니콜라우스의 축일로 기념하게 되었으며 뉴욕에 정착한 네덜란드 교민들에 의해 미국 개신교계에 전해져서 오늘날 산타클로스 관습의 직접적인 유래가 되었다.

뮈라의 현재 마을인 데므레에 자리잡고 있는 성 니콜라우스 교회는 그의 무덤 자리에 건설된 서기 6세기의 바실리카 양식의 건물로부터 유래되었다. 지진과 아랍인들의 침략으로 파괴와 복구가 여러 차례 반복된 후 11세기 이곳에는 수도원이 건설되었다. 하지만 13세기 이후로 미로스 강의 퇴적 작용으로 교회 주변이 서서히 흙 속에 파묻히면서 폐허로 변했다. 주변 지역보다 6미터나 낮게 묻혀 있던 교회 유적은 1960년대부터 본격적으로 발굴되기 시작하였다. 소아시아에 세워진 전형적인 비잔틴 양식의 성 니콜라우스 교회는 한가운데의 돔을 중심으로 사방으로 연결된 정방형의 건물로 구성되어 있으며, 동쪽에는 모두 열 개의 반원형 계단으로 구성된 벤치가 있고 그 앞에 네 개의 기둥으로 둘러싸인 제단이 설치되어 있다.

1989년부터 안탈리아 박물관과 이스탄불 대학에 의해 고고학적 발굴과 복원 작업이 진행중이며 오늘날 터키의 국교가 이슬람교임에도 불구하고 기독교인들의 성지 순례 차원에서 소아시아의 산타클로스를 대대적으로 홍보하고 있다.

찌포리 문화설

1931년 여름 미국 미시간 대학의 워터맨 교수는 찌포리라 불리는 나사렛 근처의 한 고대 유적지에 대한 발굴을 시도하였다. 당시 대부분의 고고학자들이 예루살렘을 비롯해서 사마리아, 벳샨, 므깃도 등 유명한 대도시들을 발굴하는 것과는 대조적으로 성서에도 등장하지 않는 초라한 폐허를 택한 데는 나름대로의 이유가 있었다. 신약 시대의 역사학자 요세푸스의 기록에서 찌포리가 갈릴리 왕국의 첫 번째 수도로 등장하기 때문이었다. 정성스런 두 달 동안의 발굴 결과 서기 1세기에 건설된 4,500명을 수용할 수 있는 로마식 극장과 별장의 흔적을 찾아낼 수 있었다.

비록 지속적인 발굴이 이루어지지는 않았지만 신약 시대에 나사렛은 문명과는 고립된 촌락이 아닌, 대도시의 영향권 아래에 있었다는 새로운 가설이 제기되었다. 따라서 어린 시절, 예수의 교육적, 문화적 배경을 이 도시로부터 찾으려는 새로운 관점의 연구가 시도되었다. 그 결과 청중을 사로잡는 비유, 현실적인 율법의 해설, 그리고 심오한 사랑의 윤리 등은 보잘것없는 나사렛 같은 시골 출신과는 거리가 멀다는 의구심이 걷히기 시작하였다. 하지만 소위 '찌포리 문화설' 로 불렸던 이 가설은 중단된 발굴과 함께 얼마 못 가서 학자들의 관심으로부터 멀어졌다.

1976년에 시행된 이스라엘 전 지역에 대한 체계적인 유적 조사에서 찌포리의 중요성이 다시 부각되었다. 그 결과 1985년부터 이스라엘의 히브리 대학과 미국의 듀크 대학 공동으로 본격적인 대규모 발굴이 시작되었다. 비록 1930년대에는 신약 시대의 유적을 중심으로 복음서의 해설에 초점을 맞추었지만, 눈부시게 아름다운 모자이크로 장식된 회당과 저택들이 속속 발견되면서 이제 찌포리는 로마-비잔틴 시대의 유대교 중심지로서 각광을 받기 시작하였다. 현재까지 발굴된 찌포리의 유적들은 대부분 신약 시대 직후인 서기 2~5세기의 회당과 귀족들의 저택 등인데, 특히 60여 군데에서 발견된 모자이크는 갈릴리 지역의 가장 화려한 모습을 보여준다.

주변을 감시할 수 있고 방어에 유리한 우뚝 솟은 언덕, 수량이 풍부한 샘과 근처를 흐르는 하천, 비옥한 농경지, 그리고 사방으로 연결되는 교통의 요지에 위치한 찌포리는 갈릴리의 중심지였다. 찌포리에는 서기전 7~5세기 경부터 사람들이 거주했던 흔적이 있지만 서기전 1세기 로마 시대에 들어와서 본격적인 이 지방의 수도로 자리잡았다. 서기전 40년 헤롯은 로마군의 도움으로 찌포리를 선점한 후 온 갈릴리를 점령했으며, 서기전 4년 그가 죽고 그 아들 헤롯 안티파스가 갈릴리 왕국의 분봉 왕으로 임명되었을 때 그는 자연스럽게 찌포리를 새 왕국의 수도로 삼았다. 서기 70년 예루살렘이 로마군에 의해 파괴된 후 유대 민족 최고의 의결 기관인 산헤드린은 여러 지방으로 옮겨다니다가 마침내 서기 200년경 찌포리에 설립되면서 이곳이 유대교의 중심지가 되었다. '기록된 토라' 인 구약성서와 견줄 만한 '구전 토라' 인 탈무드의 기본이 되는 미쉬나가

찌포리 발굴 전경 나사렛에서 북동쪽으로 6킬로미터에 위치한 찌포리는 모든 조건들을 고루 갖춘 갈릴리의 중심지였다. 언덕에 위치한 로마식 극장을 중심으로 펼쳐진 로마-비잔틴 시대의 대도시였던 찌포리의 발굴을 계기로 예수의 문화적 배경을 이와 연관시키려는 시도가 진행되었다.

최고 랍비 유다에 의해 최종적으로 편집된 곳도 바로 찌포리였다. 그러나 번창했던 찌포리는 유대교의 중심지가 티베리아스로 이동하면서 쇠퇴기를 맞게 되었다.

서기전 4년 헤롯 안티파스가 찌포리를 자율적인 도시라는 의미로 '오토크라토리스'로 명명하고 자기 나라의 수도로서 건축 공사를 실시했을 때 나사렛을 비롯한 근처의 마을 주민들이 이 공사에 대거 참여했을 것으로 짐작된다. 요셉과 예수의 직업으로 알려진 복음서의 '텍토노스'의 좀더 정확한 뜻은 '목수'라기보다는 일반적인 '건축 노동자'라는 학설이 제기되었다. 그렇다면 그는 어릴 때부터 아버지를 따라 찌포리 건설 현장을 오갔을 것이고, 어쩌면 이곳의 왕궁 부설학교에서 교육을 받을 기회도 있었을 것이다.

어릴 때부터 예수는 찌포리에 있는 극장에서 서커스와 연극 등을 구경했을 것이다. 그리스 고전에서 '휘포크리테스' 는 '연극 배우' 라는 뜻으로 사용되었는데, 오직 신약성서의 복음서에서는 배우라기보다는 '위선자' 의 의미로 자주 쓰였다. 아마도 원래 예수는 겉과 속이 다른 사람들을 '이 배우 같은 자들아' 라고 빗대어 꾸짖었을 것이다. 실제 생활과는 전혀 다른 삶을 연기하는 찌포리 극장의 배우들을 염두에 둔 예수의 언어적 유희는 로마식 극장이 없었던 나사렛 같은 시골에서는 도저히 상상할 수 없는 발상이었다.

나사렛의 분위기와는 거리가 먼, 성벽에 둘러싸여 군인들의 호위를 받으며 화려한 의상으로 치장한 왕궁의 일상 생활도 예수의 비유에서 구체적으로 잘 드러난다. 왕궁에 거하는 고급 의상을 차려입은 자들 마태복음 11:8, 빚진 종을 용서하는 왕 마태복음 18:23~35, 혼인 잔치를 베푸는 왕 마태복음 22:1~14, 왕과 왕이 전투를 벌이는 비유 누가복음 14:31, 그리고 예수의 추종자들 중의 하나인 헤롯 왕의 재무장관 아내인 요안나 누가복음 8:3 등은 모두가 찌포리나 티베리아스와 같은 왕도와 동떨어져서는 생각할 수 없는 내용들이다.

서기 20년경 갈릴리 왕국의 수도는 갈릴리 호수변에 새로 건설된 로마식 도시인 티베리아스로 옮겨갔다. 청년이 된 예수 자신도 이 건설 현장에서 일했을 것이다. 당시 대도시였음에도 불구하고 티베리아스가 복음서에 언급되지 않는 이유에 대해 후대의 랍비적인 해석은 이렇다. '하맛트' 라 불리는 유대인 마을의 묘지를 헐고 그 위에 새로운 도시가 건설되어서 유대인들이 정결 율법에 따라 일부러 이 도시를 피했다는 것이다.

따라서 찌포리의 영화가 사라지고 갈릴리 호수를 중심으로 하는 티베리아스의 새 시대가 열렸음을 직감한 예수가 자신의 선교 중심지로 가버나움을 택한 것은 당연한 이치였다.

찌포리의 십자군 전승 원래 히브리어로 '찌포리'는 '새'라는 뜻이다. 마치 언덕에 새가 한 마리 앉아 있는 모습을 보여준다는 것이다. 오늘날 멀리서 찌포리를 바라보면 새 한 마리 대신에 서기 12세기 초에 건설된 십자군 시대의 요새가 한눈에 들어온다. 당시 성전 기사단은 예루살렘 십자군 왕으로부터 찌포리를 넘겨받았다. 서기 1187년 기 들루시냥이 이끄는 십자군은 찌포리에서 전열을 정비한 후 히팀 언덕으로 출정하여 아랍군과 최후의 결전을 벌였다. 이 전투에서 십자군은 비참하게 패했고 아랍군은 찌포리의 요새를 파괴시켰다.

당시 전세가 불리한 십자군들이 예루살렘의 성묘교회에서 가져온 소위 '예수의 나무 십자가'를 들고 행진한 후 전투를 벌였으나 이마저 적들에게 탈취 당했다고 전해진다. 폐허로 남겨진 찌포리의 망대는 서기 18세기 중엽 갈릴리 지역의 통치자 다하르 엘-오마르의 아들에 의해 재건되었다.

십자군 시대부터 예수의 모친 마리아의 고향이 찌포리라는 전승이 생겨났고, 그들은 찌포리 언덕의 서쪽 지역에 마리아의 어머니 안나를 기념하는 교회당을 건설하였다. 따라서 십자군 전승을 인정하는 학자들은 예수가 어린 시절 외가에 자주 들렀다면 찌포리의 교육적 영향을 받았다고 주장하기도 한다.

갈릴리의 모나리자 1987년 찌포리에서 발굴된 서기 3세기에 건설된 한 귀족 저택의 모자이크에는 1700년이 지난 오늘날까지 비록 부분적으로 훼손되었음에도 불구하고 잔잔한 미소를 생생하게 전해주는 아름다운 여인의 얼굴이 장식되어 있다.

예수 시대의 배와 해저고고학

예수의 복음 전파는 배를 타고 갈릴리 호수로 나가 고기잡이로 생업을 꾸려가던 어부들을 중심으로 이루어졌다. 비록 그들이 배를 버려두고 예수를 따랐지만, 그들의 배는 때로는 설교의 연단으로, 때로는 선교 여행의 교통 수단으로 자주 이용되었다. 특히 호수의 둘레가 60킬로미터나 되고 당나귀를 타고 다녀야 한다는 점을 감안할 때 배를 이용해서 건너편으로 향해 지름길로 이동하는 것은 매우 효과적인 방법이었다. 예수는 심한 풍랑에 흔들리는 배의 고물에서 베개를 베고 주무시기도 하였다마가복음 4:38. 사방이 산으로 둘러싸여 내리 부는 골바람의 영향으로 파도가 칠 때면 2백 명 이상이 타는 현대식 유람선도 항해를 중단할 정도로 위험할 때도 있다.

고고학자들이 그토록 찾길 원했던 예수 시대의 배는 아주 우연한 기회에 발견되었다. 1986년 1월 이스라엘은 심한 가뭄에 시달렸다. 우기인 겨울철에 비가 제대로 와야만 밀과 보리 농사가 잘될 수 있는 형편인데, 높아지기는커녕 점점 낮아지는 갈릴리 호수의 수위 소식에 온 국민이 촉각을 곤두세우고 있었다. 당시 갈릴리 호수변에 위치한 노프 기노싸르 키부츠에 살고 있는 루판 형제는 백 년 만의 가뭄으로 수백 미터나 드러난 호수의 개펄 위를 산책하고 있었다. 며칠 전 발견된 로마 시대의 동전들 때문에 그들은 혹시 다른 종류의 유물들이 있지 않을까 궁금해서 바닥을 주의 깊게 살폈다. 한참을 거닐던 그들은 진흙뻘에 완전히 묻힌 타원형의 배의 윤곽을 발견하였다. 2천 년 동안이나 호수 속에 잠겨져 있던 신약 시대의 배가 최초로 발견되는 순간이었다.

항해중 난파되어 바다 밑바닥에 가라앉은 배의 잔해를 파헤치는 해저고고학은 지중해 지역을 중심으로 1950년대부터 본격적으로 발달되었다. 지상의 발굴과는 달리 수중 발굴은 강력한 모터를 이용한 진공 흡입식 파이프를 이용하여 배 주위의 모래들을 빨아들임으로써 유물이 드러나게 한다. 지금까지 발견된 것 중에서 세계에서 가장 오래된 배의 흔적은 터키의 울루 부룬 앞바다에 위치한 3,500년 전의 무역선이다. 주로 연안 무역선들이 많이 다녔기 때문에 난파선은 해변에서 가까운 곳에서 발견된다. 그 배에 실렸던 상품들, 즉 토기를 비롯하여 금속, 보석, 기타 일상 생활용품들을 한 자리에서 고스란히 건질 수 있기 때문에 난파선은 고고학자들에게 있어서 곧 보물선을 의미한다. 이스라엘에서 해저고고학이 대표적으로 적용된 유적이 바로 신약 시대에 헤롯 왕이 건설했던 가이사랴 항구였다. 특히 물에 잠긴 방파제 부분을 집중적으로 조사한 결과 당시에도 나무로 짠 틀에 방수 콘크리트를 채우는 고도의 토목 기술이 발달했음을 알 수 있었다.

배를 발굴하는 데는 막대한 비용이 들기 때문에 당시 고고학자들은 갈릴리 배가 어느 정도 오래된 것인지를 판단할 필요가 있었다. 이스라엘의 유명한 해저고고학자인 셸리 박스만은 우선 뱃전 부분의 나무 토막들을 잇는 방식을 유심히 살폈다. 못을 이용하지 않고 나무들을 이을 때 한쪽은 튀어나오게 다듬고, 다른 한쪽은 이에 꼭 맞는 네모진 구멍을 파서 끼워 맞추는 소위 '모르티스-테논 mortise-tenon 방식'은 서기전 2000년경부터 서기 7세기까지의 기간에만 적용되던 일반적인 선박 제조술이었다. 그렇다면 이 배는 적어도 1,300년 이상이나 되는 것이어서 충분히 발굴할 가치가 있는

예수 시대 배의 발굴 비가 내리기 시작해서 물이 점점 차오르는 개펄에서의 발굴 작업은 시간과의 싸움이었다. 물에 잠기지 않게 임시로 제방을 쌓고 밤에도 횃불을 밝히는 하루 24시간의 연속 작업 덕택에 발굴을 시작한 지 열흘 만인 2월 26일 드디어 배의 전체가 드러났다.

오른쪽 위 **2천 년 만의 항해** 밤낮을 가리지 않은 열흘 동안의 발굴을 통해 배 전체의 모습이 드러났다. 선체의 목재가 부서질 위험 때문에 그 자체를 끌어오지는 못하고 폴리우레탄과 유리섬유로 배를 감싼 다음 물 위에 띄워서 보관 장소로 이동시켰다.

것으로 판명되었다.

마침 비가 내리기 시작해서 물이 점점 차오르는 개펄에서의 발굴 작업은 시간과의 싸움이었다. 물에 잠기지 않게 임시로 제방을 쌓고 밤에도 횃불을 밝히는 하루 24시간의 연속 작업 덕택에 발굴을 시작한 지 열흘 만인 2월 26일 드디어 배의 전체가 드러났다. 하지만 문제는 이 배를 보관 장소까지 어떻게 안전하게 운반하느냐였다. 워낙 오랜 세월 동안 진흙 속에 묻혀 있어서 기중기로 들어올리거나 줄을 묶어 끌어당기다가는 배 전체가 산산조각으로 부서질 우려가 있었다. 발굴 팀은 묘수를 생각해 냈다. 배를 다시 물에 띄우자는 가장 상식적인 발상이었다. 물론 그 자체로서는 뜰 수 없었지만 폴리우레탄과 유리섬유로 배 전체를 감싼 다음, 3백 미터 떨어진 키부츠의 임시 저장소까지 운하를 파고 배를 띄운 것이다. 2천

보존 처리중인 신약 시대의 배 오랜 세월 물 속에 잠긴 목재를 갑자기 건조시킬 경우 금방 파손될 우려가 있어서 약 10여 년에 걸쳐 배를 화학 용액에 담가 단단해질 때까지 보존 처리를 하였다. 오늘날 갈릴리 호수의 서쪽에 위치한 노프 기노싸르 키부츠의 구내 박물관에 있는 이 배는 일반인들에게 공개되고 있다.

년 만에 다시 항해하는 신약 시대의 배를 보기 위해 전국 각지에서 많은 사람들이 몰려왔다.

길이 8.2미터, 폭 2.3미터에 달하는 갈릴리의 배에는 돛이 있었으며, 네 명 정도의 사공이 노를 저을 수 있는 중간 크기의 배로 밝혀졌다. 10년 이상이나 걸리는 배의 보존 처리를 위해 이 배는 노프 기노싸르 키부츠의 박물관 저수조에 담가졌고 나무의 섬유질 세포마다 스며 있는 물기를 화학 물질로 대체하는 과정을 겪었다. 선박 제조술, 함께 출토된 토기와 등잔, 그리고 나무 조각을 이용한 탄소 연대 측정 결과, 이 배에 사용된 나무가 벌목된 연대는 서기전 120~서기 40년 사이로 밝혀졌다.

유대인 역사가로서 오늘날 우리에게 신약 시대의 여러 사건들을 생동감 있게 증언해 주는 요세푸스는 서기 67년 로마군에 대항하는 갈릴리 사람들은 막달라 항구에서 치열한 전투를 벌였다고 기록하고 있다. 당시 막달라 주민들은 배를 타고 호수 건너편으로 도망쳤고 로마군은 근처 조선소에서 급조한 커다란 뗏목을 타고 이들을 추격해서 섬멸하였다. 막달라 전투에서 6,700명이나 죽었기 때문에 갈릴리 호수가 핏빛으로 물들었다고 한다. 따라서 발굴자들은 이 배가 당시 전투에서 침몰된 것들 중 하나로 보고 있다. 하지만 비슷한 시기에 예수가 제자들과 함께 이러한 종류의 배를 타고 다니셨다는 사실에도 의심의 여지는 없다.

선한 사마리아 사람

1983년 여름, 이스라엘 고고학자 마겐은 세겜에 있는 그리심 산 정상의 고대 유적지에 대한 발굴을 시작하였다. 그리심 산 발굴이 특히 우리의 관심을 끄는 이유는, 서기전 4세기 말 이곳에 건설되었다는 사마리아인들의 성전 때문이다.

서기 1세기 유대인 역사가였던 요세푸스는 사마리아인들에 관해 다음과 같이 전해준다.

> 페르시아의 마지막 왕 다리우스 3세는 산발랏을 사마리아의 총독으로 임명하였다. 산발랏은 유대인들과 친분을 맺기 위해 자신의 딸을 예루살렘의 대제사장 므나세의 동생 야두아와 결혼시켰다. 제사장이 이방 여인과 결혼한 사건은 유대인들을 격분시켰고 산발랏은 유대인 사위에게 그가 제사장 직을 수행할 수 있도록 그리심 산에 성전을 짓겠노라 약속하였다. 서기전 332년 마케도니아의 알렉산드로스가 이집트로 진격하는 도중 페니키아 지방의 두로를 공격할 때 산발랏은 군대 8천 명을 거느리고 알렉산드로스를 도와주었다. 알렉산드로스는 그 대가로 그리심 산 정상에 예루살렘 성전에 필적할 만한 사마리아인들의 성전을 짓도록 허락하였다. 서기전 4세기 말에 건설된 사마리아인들의 성전은 서기전 113년경 하슈몬 왕조의 히르카노스에 의해 파괴되었다.

대부분의 역사학자들은 요세푸스의 사마리아 성전에 관한 언급이 느헤미야서의 산발랏 기사느헤미야 13:28에 근거하고 있기 때문에 그 역사성이 매우 희박하다고 판단한다. 그러나 1964년 그리심 산의 북쪽 봉우리 에르-라스에 위치한 로마 시대의 신전을 발굴한 미국의 고고학자 불은 신전 밑바닥에서 요세푸스의 언급대로 서기전 4세기 말에 건설된 사마리아 성전을 확인했다고 발표하였다. 하지만 정밀한 조사 결과 로마 신전이 각각 서기 2세기와 3세기에 걸쳐 증축된 것으로 밝혀졌다. 그렇다면 사마리아 성전의 남은 후보지는 그리심 산 정상에 위치한 서기 5세기 말에 지어진 비잔틴 시대의 테오토코스 교회 터밖에 없다.

10여 년에 걸친 마겐의 발굴 결과 그리심 산 정상에는 서기전 2세기 초부터 사마리아인들이 주거지를 형성했음이 밝혀졌다. 이 주거지의 넓이가 자그마치 35만 평방미터에 달하기 때문에 1만 명 이상이 거주한 것으로 추정된다. 1988년 발굴에서 비로소 사마리아인의 성전으로 볼 수 있는 유적이 최초로 발견되었다. 이곳은 예루살렘 성전과 같이 요새처럼 성벽으로 둘러싸인 곳으로서 전체 면적이 약 2만 평방미터였다. 비록 서기 5세기 말 교회가 건설되면서 성전의 기초가 대부분 파괴되었지만 야훼라는 기록을 포함해 모두 60여 점의 종교적 기록물과 함께 불에 탄 가축의 뼈도 대량으로 출토되었기 때문에 이곳을 사마리아인들의 성소로 확인할 수 있다는 것이다.

'선한 사마리아 사람' 으로 우리에게 잘 알려진 고대 사마리아인들의 기원은 서기전 721년 북이스라엘의 수도 사마리아를 멸망시킨 앗시리아가 사마리아 지역에 강제로 이주시킨 이방 민족과의 혼혈에서부터 비롯되었다고 알려졌다 열왕기하 17:24. 하지만 그리심 산 발굴 결과와 여러 문헌들을 통해서 사마리아인들은 서기전 2세기 초에 유대교로부터 독립하여 독자적인 종교를 형성한 것으로 보인다. 또한 오늘날까지 이어져 내려오는 사마리아인들의 종교 의식과 절기 준수는 이방인들과의 혼합 종교에 의한 것이라기보다는 유대교 관습의 영향인 것으로 보인다. 심지어 모두 여섯 군데에서 발견된 사마리아인들의 회당도 그 방향이 그리심 산을 향하고 있다는

선한 사마리아 사람의 여관 자리 오늘날 예루살렘에는, 여리고에서 내려가는 길목에 언덕이 솟아 있고 비잔틴 시대로부터 전해져 내려오는 선한 사마리아 사람의 여관 자리가 있다. 원래 히브리어로는 '붉은 언덕'이라는 뜻의 '마알레 아두밈'이라 불렸고 아랍어로는 '자비의 여관'이라는 의미의 '칸 엘-하트루라'이다. 오늘날의 건물은 1903년에 오스만 투르크의 경찰서로 건설된 것이지만 내부의 바닥 모자이크 등을 통해서 서기 5세기경 수도원이 건설된 것으로 보인다.

점을 제외하고는 바닥의 모자이크 장식이 거의 비슷한 것으로 나타난다. 유대교와 다른 점이 있다면 모세오경만을 경전으로 삼고, 그리심 산을 야훼가 선택한 성지로 여기며, 오늘날에도 유월절에 어린양을 잡는 구약 시대의 제사를 지낸다는 것이다.

한 율법사가 예수에게 영생을 얻기 위해 무엇을 해야 하는지 물었다 누가복음 10:25. 자신을 시험한다는 사실을 알아챈 예수는, 율법은 이에 대해 어떻게 말하고 있는지 아느냐고 오히려 반문하였다. 율법사는 신명기 6:5와 레위기의 구절 19:18을 인용하여 "하나님과 이웃을 사랑해야 한다"고 대답하였다. 예수는 이 두 계명을 행하라고 권고하였다. 율법사는 이에 그치지 않고 이웃이 누구냐고 되물었다. 이때 비로소 예수는 선한 사마리아 사람의 비유를 들려준다. 종교 지도자들인 제사장과 레위인이 그냥 지나쳤던 강도 만난 자를

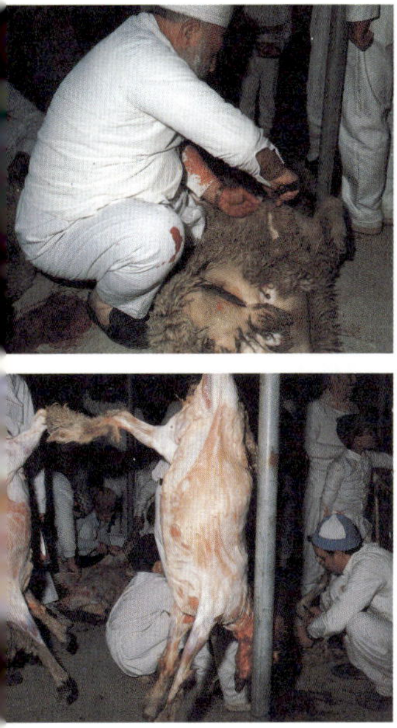

유월절 제사 사마리아인들은 오늘날에도 율법에 따라 어린양을 잡는 유월절 제사 의식을 갖는다. 해마다 춘분이 지난 첫 보름 전날 밤 자정에 사마리아인들은 흰옷을 입고 그리심 산에 올라가며, 여덟 군데 성소에서 의식을 행하고 어린양을 잡아 제사를 지낸다.

친절하게 도와준 사마리아 사람의 선행은 '굿 사마리탄' 이라는 국제적 박애의 상징으로 굳어졌다. 사실 따지고 보면 제사장과 레위인이 위선자였기 때문에 지나친 것이 아니라 율법에 의해 성전 제사를 수행키 위해서는 부정한 주검을 만지면 안 되기 때문에 거의 죽어 가는 피해자를 마음으로는 도와주고 싶지만 차마 가까이 할 수가 없었던 것이다. 심지어 오늘날에도 유대인 중에서 제사장 가문인 코헨 가족은 남의 장례식뿐만 아니라 자기 가족의 장례식조차 참석하지 않는 율법의 전통을 지키고 있다.

세겜과 예루살렘을 비교해 볼 때, 예루살렘이 원래 이방 민족 여부스의 도시임에 비해서, 세겜은 이미 아브라함을 비롯해서 야곱 등 족장들이 거주한 곳이고 요셉의 무덤이 있으며 여호수아가 제단을 쌓은 종교적 중심지였다. 세겜의 사마리아 성전이 서기전 113년에 파괴되었고 예루살렘의 유대교 성전도 서기 70년 로마에 의해 파괴되었다. 예루살렘 성전의 멸망과 함께 사두개파의 전통과 제사 의식이 사라졌다. 더욱이 서기 691년 예루살렘 성전산에는 무하마드가 승천하며 발자국을 남겼다는 거룩한 바위를 보호하기 위해 일명 황금사원이라고도 불리는 바위의 돔이 건설되었다. 이후로 오늘날까지 예루살렘의 성전산은 이슬람교의 3대 성지 중 하나가 되었고 현실적으로 이곳은 더 이상 유대인들의 성지가 아닌 셈이다. 하지만 세겜의 사마리아인들은 오늘날에도 모세와 여호수아에 의해 축복받은 그리심 산 정상에서 율법대로 희생 제사를 지내며 구약시대의 전통을 지키고 있다.

오늘날 이스라엘에는 세겜에 3백 명 홀론에 3백 명 등 모두 6백여 명의 사마리아 사람들이 그 명맥을 유지하고 있으며, 멸종 위기의 소수 민족으로서 국제적인 보호의 대상이 되고 있다.

십자가에 달린 요한

1968년 말 이스라엘 문화재 관리청의 실험실에서 최근 발견된 신약 시대의 유골을 분석하던 한 연구원은 철제 못이 관통한 발뒤꿈치 뼈를 확인하고는 놀라움을 금치 못하였다. 신약성서를 비롯해서 로마 시대의 여러 역사 기록에서 자주 언급된 십자가 처형의 고고학적인 증거가 처음으로 밝혀지는 순간이었다.

1967년 6일 전쟁의 결과 이스라엘은 요르단이 통치하던 동예루살렘을 합병하면서 새로운 도시 계획에 따라 북쪽으로 연결되는 도로를 확장하는 사업이 활발하게 진행되었다. 이 과정에서 1968년 여름철 어느 날, 예루살렘 북쪽의 '미브타르 언덕'이라 불리는 지역에서 신약 시대의 무덤들이 여러 개 발견되었다. 이중의 한 무덤에서 무려 여덟 개나 되는 유골함이 발견되었으며 가족으로 보이는 17구의 유골이 담겨져 있었다.

유골함 예루살렘 성벽을 둘러싼 모든 지역에는 바위에 굴을 파서 만든 암굴 무덤들이 산재해 있다. 구약 시대 가족 무덤의 경우 일단 시신을 무덤에 안치하였다가 1년 정도가 지나 썩으면 뼈만 추려서 무덤 안에 만들어진 별도의 유골 보관소에 모았다. 이러한 관습 때문에 고대 이스라엘의 왕들이 죽었을 경우 '열조에게로 돌아간다'는 표현을 사용하기도 하였다. 서기전 2세기경부터 페르시아 종교의 영향으로 유대교에 부활 사상이 들어오면서 유대인들의 매장 양식

오른쪽 **못이 박힌 발뒤꿈치 뼈** 1968년 예루살렘에서 발견된 철제 못이 관통한 발뒤꿈치 뼈는 지금까지 발견된 십자가형의 유일한 고고학적인 증거이다. 뼈와 못에 함께 붙어 있는 나무 조각들의 분석을 통해서 십자가는 올리브나무로 만들어졌음을 알 수 있다.

신약 시대의 유골함 유골함은 부활 신앙이 구체적으로 영향을 끼친 신약 시대에 유행했던 유대인들의 매장 양식이다. 십자가형의 주인공의 이름이 그의 유골함에 새겨져 있으며 '하그콜의 아들 요한난'으로 밝혀졌다.

도 변하기 시작하였다. 즉 개인의 뼈를 추려서 한꺼번에 모으는 것이 아니라 개인의 이름이 새겨진 유골함에 보관하게 된 것이다.

십자가형은 로마 시대에 처음으로 고안된 것은 아니다. 이미 신앗시리아 시대인 서기전 800년경 전쟁 포로들을 죽여서 나무에 매단 것을 부조를 통해서 알 수 있다. 이에 영향을 받은 페르시아와 페니키아에서도 십자가형이 자주 시행되었다. 구약 시대에도 사형에 처해진 사람을 죽여서 나무에 매달아놓을 경우 다음날까지 두지 말 것을 규정하고 있다 신명기 22:21~22. 십자가형은 사형 방법 중에서 가장 잔인한 방법으로서 사형수가 죽을 때까지 최대한 고통을 가하는 한편, 죽은 시신을 나무에 매단 채로 방치함으로써 주변 사람들로 하여금 사형의 끔찍함을 알리는 전시 효과를 노렸다.

유대인들의 전통적인 사형 방법은 돌로 쳐죽이는 것이었다. 하지만 그리스 통치자들의 영향으로 서기전 1세기 하슈몬 왕조 시대부터 십자가형이 자주 시행되었다. 따라서 서기전 87년경 알렉산드로스 야나이는 예루살렘에서 유대인 8백 명을 한꺼번에 십자가형에 처하기도 하였다. 서기전 1세기 말 로마 당국은 식민지 거주민들에게 해당되는 형벌로서 십자가형을 공식적으로 택하였다.

처음에 십자가형은 사형 방법이 아니라 채찍질 같은 형벌 중의 하나로 적용되었다. 대부분 중죄를 저지른 노예에게 부과된 십자가형은 우선 노예의 목과 양팔에 걸쳐 큼직한 나무 막대기를 묶어서 형장에까지 지고 가도록 함으로써 전시 효과를 노렸다. 당시만 해도 십자가형은 못을 박아 죽음에 이르도록 한 것이 아니라 나무에 묶어놓고 고통을 증가시키는 형벌로서 채택되었다. 하지만 서기 1세기에 들어와 십자가형은 차츰 로마 정권에 대항했던 반란자들에 대한 잔인한 사형 방법으로 정착되었다.

서기 70년 유대인 반란을 진압하기 위해 예루살렘을 포위한 로마의 장군 티투스는 여러 달에 걸쳐서 매일 유대인 포로 5백 명씩을 십자가형에 처하기도 하였다. 당시의 광경을 생생하게 전해들은 역사가 요세푸스는 티투스가 일부러 예루살렘 성안의 유대인들에게 보여주기 위해서 성벽 주위에 포로들의 십자가를 세웠는데 '더 이상 십자가를 세울 만한 공간과 나무 십자가를 구할 수 없을 지경이었다' 고 기록하였다.

사람이 십자가에 매달리게 되면 몸이 처지면서 숨쉬기가 곤란해지고 근육 경련과 질식 현상으로 수시간 내에 혼수 상태에 빠져 곧 죽게 된다. 하지만 로마의 사형 집행관들은 죄수가 금방 죽지 않고 장시간 살아 있으면서 고통을 느낄 수 있는 장치를 고안해 냈다. 즉 십자가 중간에 돌출 부분을 만들어 죄수가 그 위에 앉도록 하거나 발 받침대를 만든 것이다. 비록 통증이야 심하겠지만 몸을 지탱할 수 있기 때문에 숨을 계속 쉴 수 있다는 것이다.

뼈를 관통한 11.5센티미터 길이의 철제 못의 끝은 구부러져 있는데, 아마도 그것은 올리브나무로 된 십자가에 못을 박다가 내부의 단단한 옹이 때문에 생긴 결과로 보인다. 만일 못이 구부러지지 않았다면 시신 수거 과정에서 뼈와 쉽게 분리되어 십자가형의 증거는 영원히 보존되지 못했을 뻔하였다. 손목 뼈에 날카로운 흠집이 있는 것으로 미루어 팔목 두 개의 뼈 사이로 못을 박았거나, 또는 전혀 못을 쓰지 않고 밧줄로 묶었을 가능성도 있다.

유골 분석 결과, 무릎 아래의 두 개의 정강이뼈가 부러져 있음을 발견하였다. 이것은 유대인들의 장례법을 지키려 했던 결과로 해석된다. 즉 해가 지기 전에 시신을 거두어 매장해야 하는데 죄수가 아직 죽지 않았기 때문에 커다란 나무망치로 정강이 뼈를 부러뜨려 빨리 죽게 했다는 것이다. 따라서 예수와 함께 십자가에 매달렸던 두 강도의 경우에도 그들이 아직 살아 있었기 때문에 다리를 꺾었다고 볼 수 있다 요한복음 19:31~33.

십자가형을 당했던 주인공의 나이는 24~28살의 남자로 추정되며 함께 발견된 유골을 통해 키가 167센티미터로 밝혀졌다. 유골함에는 이 주인공의 이름이 히브리어로 '요한난 벤 하그콜', 즉 '하그콜의 아들 요한난'으로 새겨져 있었다. 요한난은 요한의 히브리어식 이름이다. 가족 묘지에서 함께 발견된 다른 유골함에는 '성전의 건설자 시몬'이라는 글귀가 있는 것으로 미루어 헤롯 성전의 건설공사에 동원된 전문적인 기술자 가족임을 알 수 있다. 주인공이 어떤 종류의 정치적 반란 음모를 꾸몄는지 알 수는 없지만, 적어도 그의 가족들은 무덤을 갖추어 정식으로 매장할 수 있었던 중산층이었음을 알 수 있다.

세계에서 유일하게 발견된 십자가형의 고고학적인 증거는 오늘날 더 이상 박물관에 보존되어 있지 않다. 왜냐하면 유대교의 장례법에 의해서 못 박힌 뼈는 발굴된 다른 유골과 함께 다시금 현대의 방식으로 예루살렘 묘지에 매장되었기 때문이다.

그리스도의 무덤은 어디인가?

서기 1099년 6월 7일 예루살렘에 도착한 십자군들은 성을 포위하기 시작하였다. 부족한 물과 식량, 더위 때문에 십자군들은 되도록 빠른 시간 내에 성을 공격하고자 했지만 역부족이었다. 한 달 동안의 노력에도 불구하고 성을 공략할 수 없자, 7월 6일 아침 십자군의 한 사제는 회개하는 마음으로, 3일 동안 금식을 하고 9일 동안 맨발로 예루살렘 성 주위를 돌 것을 제안하였다. 그 사제는 요단 강을 건넌 여호수아의 군대가 여리고 성 주위를 돌고 7일째 성벽이 무너진 기적을 다시 재현하고자 했을 것이다. 이러한 제의 행렬과 함께 멀리 사마리아 산지에서 운반해 온 목재로 공격용 장비를 보강하였다.

7월 10일, 잘 만들어진 세 개의 공격용 탑이 북쪽 성벽과 시온 산 근처에 설치되었다. 12,000명의 보병과 1,300명의 기병들로 구성된 십자군은 7월 13일 밤 본격적인 성 공격을 시도하였다. 쏟아지는 대포알과 불화살을 뚫고 14일 밤 공성탑을 성벽 가까이에 접근시키는 데 성공하였다. 마침내 서기 1099년 7월 15일 아침 예루살렘은 함락되었다. 십자군들은 눈물을 흘리며 골고다의 성묘교회로 들어가 그리스도의 무덤 앞에 무릎을 꿇었다. 서기 638년 예루살렘이 이교도의 손에 들어간 지 450년 만에 그리스도의 거룩한 무덤이 다시금 기독교인들의 성지로 회복된 것이다.

오늘날 골고다를 찾는 대부분의 순례자들은 예루살렘 성 내부의 복잡한 골목과 붐비는 인파 때문에, 그리고 무덤 자체가 건물 내부에 그것도 원형 광장의 한가운데에 위치해 있어서 도저히 그리스도의 무덤을 방문했다는 감동을 느끼기 어려운 실정이다. 수많은 십자군들이 목숨을 걸고 탈환하고자 했으며 신약 시대 이래 전세계 수십억 기독교인들이 최고의 성지로 여겨왔던 예루살렘의 골고다 성묘교회는 과연 역사적으로 신빙성이 있는 곳일까?

원래 골고다 지역은 구약 시대부터 채석장으로 활용되던 곳이었다. 신약 시대에 들어와 이곳은 더 이상 채석장으로 사용되지는 않았고 여러 개의 바윗굴 무덤들이 뚫려 있었다. 이때는 골고다가 성벽 밖에 있었지만 서기 41년 예루살렘의 헤롯 아그리파가 성벽을 확장했기 때문에 골고다가 성안에 들어오게 되었다. 따라서 당시 유대교 율법에 따라서 골고다에 매장되었던 모든 유골들은 성밖으로 이장됐을 것이다. 서기 135년 바르 코크바 반란을 성공적으로

서기 1세기 예루살렘의 바윗굴 무덤
성묘교회의 그리스도의 무덤에서 서쪽으로 20미터 떨어진 곳에서 서기 1세기에 만들어진 신약 시대의 한 무덤이 발견되었다. 가족묘 형태인 이 무덤을 통해서 그리스도의 무덤 구조를 구체적으로 확인할 수 있다.

진압한 로마의 하드리아누스 황제는 예루살렘의 명칭을 엘리아 카피톨리나로 바꾸고 전형적인 로마식 도시로 재건하였다. 이 과정에서 골고다 채석장 자리는 흙으로 메워져 거대한 언덕이 만들어졌고, 그 위에 비너스 신전이 건설되었다.

기독교를 받아들인 콘스탄티누스 황제의 어머니 헬레나는 서기 326년 비너스 신전을 헐어버리고 흙 속에 파묻힌 그리스도의 무덤

오른쪽 **성묘교회** 오늘날의 성묘교회는 서기 12세기 십자군들에 의해 재건된 건물로서 입구가 두 개의 아치로 되어 있으며, 골고다 언덕을 실내에 포함시키기 위해 2층 구조로 만들어졌다. 입구로 들어가서 오른쪽 2층에 골고다가 있으며, 왼쪽에는 원형 광장 한가운데에 그리스도의 무덤이 자리잡고 있다.

을 찾아냈다. 서기 4세기 가이사랴의 대주교로서 교회사를 집필한 유세비우스는 당시 인부들이 신전을 헐었을 때의 광경을 다음과 같이 묘사하고 있다. "공사가 진행되어 지표의 흙을 파내었을 때 주님 부활의 거룩한 현장이 드러났다".

이 구절은 훗날 그리스도의 나무 십자가를 발견하였다는 전승으로 확대된다. 10년에 걸친 대공사 끝에 서기 335년 최초의 성묘교회가 완성되었다. 무덤 위에는 부활을 뜻하는 아나스타시스 돔이 건설되었다. 무덤 주위로 거대한 바위를 평지로 쪼아내는 작업은 서기 380년이 되어서야 마무리되었다. 그 결과 바윗굴 무덤은 원형 광장의 한가운데에 자리잡게 되었으며, 무덤에서 동남쪽으로 50미터 떨어진 곳에는 누구든지 바라볼 수 있는 골고다 바위언덕이 자리잡고 있었다.

서기 638년 예루살렘을 정복한 아랍 통치자 오마르는 방문하여 기도해도 좋다는 성묘교회측의 초빙을 정중하게 거절하였다. 만일 그가 이곳에서 기도를 한다면 이 교회의 기독교적 거룩성이 훼손될 우려가 있다는 겸손의 표시였다. 하지만 이 사건은 훗날 서기 1009년 파티마 왕조의 통치자 하킴이 성묘교회를 완전히 파괴하는 계기가 된다. 왜냐하면 만일 오마르가 다른 교회들처럼 이곳을 이슬람교 사원으로 만들었다면 비잔틴 시대의 골고다 건축물이 오늘날까지 보존될 가능성이 있었기 때문이다. 하지만 성전산과 마찬가지로 어쩌면 골고다가 이슬람교의 성지로 둔갑했을지도 모르는 일이다.

서기 1009년 무슬림들은 그리스도의 무덤을 감싸고 있는 바위언덕을 정으로 쪼아내 버렸다. 이때부터 이곳은 더 이상 무덤이라

고 보기는 어렵게 되었다. 서기 1042년 비잔틴 황제 모누마쿠스는 파괴된 성묘교회를 재건하였다. 서기 1099년 예루살렘을 정복한 십자군들은 그 후 50년 동안 무덤과 골고다 언덕 사이에 교회당을 새로 건설하면서 성묘교회를 재건하였다. 비록 1808년의 지진과 1927년의 화재로 여러 부분이 파괴되었지만 오늘날의 성묘교회는 십자군 시대의 건물이 거의 원형 그대로 보존된 것이다.

조용한 정원 한가운데에 놓였을, 요한복음서에 묘사된 그리스도의 무덤을 예상한다면 온갖 제의 기구와 향불과 등잔이 어지럽게 장식된 성묘교회의 현실은 실망감을 안겨줄 수도 있다. 더욱이 골고다의 성묘교회는 라틴 가톨릭, 그리스 정교회, 아르메니아, 시리아, 콥트, 에티오피아 기독교 등 모두 여섯 교파가 각각 한 부분씩 차지하며 소유권을 주장하는 데 반해서 개신교의 자리는 전혀 없기 때문이다. 이때부터 새로운 골고다를 찾는 운동이 시작된다.

1894년 영국 성공회 소속의 '정원무덤협회'는 예루살렘 성벽 북쪽에 위치한 한 정원 지역을 사들였다. 이곳에 위치한 무덤과 근처의 바위언덕은 1883년 영국의 고든 장군에 의해 골고다로 인정된 곳이기도 하다. 그곳은 예루살렘의 성벽 밖에 위치해 있고 정원이 있으며, 무엇보다도 근처의 바위언덕이 해골의 형상을 나타내고 있기 때문에 그리스도의 무덤으로 적격이라는 것이다. 동시에 이때부터 골고다 성묘교회의 역사적 신빙성이 의심받기 시작한다.

1974년 이스라엘의 고고학자 바르카이는 정원 무덤을 공식적으로 조사한 끝에 이 무덤은 서기전 7세기에 건설된 전형적인 유다 왕정 시대의 것이라고 결론을 내렸다. 이 무덤은 근처에서 발견된 프랑스 고고학 연구소 마당에 위치한 유다 왕들의 지하 묘지의 일부이며 서기전 7세기의 토기가 함께 발견되었기 때문이다. 비록 예루살렘 주위에는 옛날 무덤을 다시 사용하는 사례도 있었지만 그리스도는 '아직 사람을 장사한 일이 없는 새 무덤' 요한복음 19:41 에 묻혔기 때문에 정원 무덤을 더 이상 그리스도의 무덤으로 여길 수는 없다. 반면 성묘교회의 그리스도의 무덤에서 서쪽으로 20미터 떨어진 곳에서 서기 1세기에 만들어진 또 다른 신약 시대의 한 무덤이 발견되었다.

그리스도의 수의

1999년 미국과 이스라엘의 저명한 식물학자 네 명은 『트리노 수의의 식물군』이라는 저서에서 이탈리아의 트리노 성당이 소장하고 있는 그리스도의 수의가 서기 6세기 이전 예루살렘 근처에서 만들어진 것이라고 주장하였다. 이들의 주장은 수의에 묻어 있는 여러 종류의 꽃가루를 분석하여 얻어진 결론이었다. 나아가 이 수의가 3~4월, 즉 부활절 기간에 피는 꽃가루가 주로 묻어 있다는 흥미로운 사실도 밝혀냈다.

실제로 1970년대 수의를 검사한 취리히 경찰서 과학수사연구소의 전문가들은 54종의 식물 꽃가루를 수의로부터 채취한 적이 있으며, 대부분 이스라엘과 터키에서 자생한다는 사실도 밝혔다. 하지만 1밀리미터의 1만분의 1 크기의 꽃가루를 현미경으로 관찰하여 그 모양을 통해 식물의 종류를 확인하는 것은 대단히 복잡하고 어려운 작업이며, 구체적으로 식물들의 종류가 확인되었다 할지라도 오직 이스라엘에서만 자라는 식물은 드물다. 왜냐하면 이스라엘의 식물은 대부분 지중해 연안에 넓게 분포되어 있기 때문이다.

꽃가루 분석을 통한 식물학자들의 이러한 파격적인 결론은 이미 수그러진 트리노 수의의 진위 논쟁에 다시금 불을 붙이는 계기가 되었다.

1988년 로마 교황청은 문제의 수의가 서기 14세기의 것이라는 최종 판정을 내렸다. 이러한 판정의 결정적인 근거는 옥스포드, 버클리, 아리조나 대학과 취리히의 한 물리학 연구소 등 모두 네 군데의 실험실에 의뢰한 탄소 동위원소 연대 측정의 결과였다. 모든 생명체는 살아 있는 동안 몸속에 탄소를 만들어 비축하지만 일단 죽으면 그 시점부터 특정한 탄소 동위원소C14가 빠져나가기 시작한다. 절대량에 관계없이 어떤 개체에서 원래의 탄소량에 비해 절반으로 줄어드는 시기는 5730년으로 모두 일정하다.

따라서 세마포로 만들어진 그리스도 수의에 남아 있는 탄소의 양을 측정하여 연대를 계산하면 이 천의 재료가 되는 마의 수확 시기를 알 수 있다는 것이다. 50년 정도의 오차를 감안하더라도 수의가 서기 14세기의 것이라는 판정에는 의의를 제기할 수 없는 실정이어서 교황청도 이를 받아들여 발표할 수밖에 없었다.

트리노의 수의는 1978년 일반에게 공개되면서 해묵은 논쟁을 불러일으켰다. 세마포로 만들어진 수의는 길이 4.2미터에 폭 1.1미터로서 중간을 기점으로 대칭되는 한 중년 남자의 알몸 자국이 앞면과 뒷면 모습으로 그려져 있다. 긴 머리에 턱수염을 길렀고 키가 180센티미터로 밝혀진 이 사람의 손목에는 못 자국이 있으며 머리,

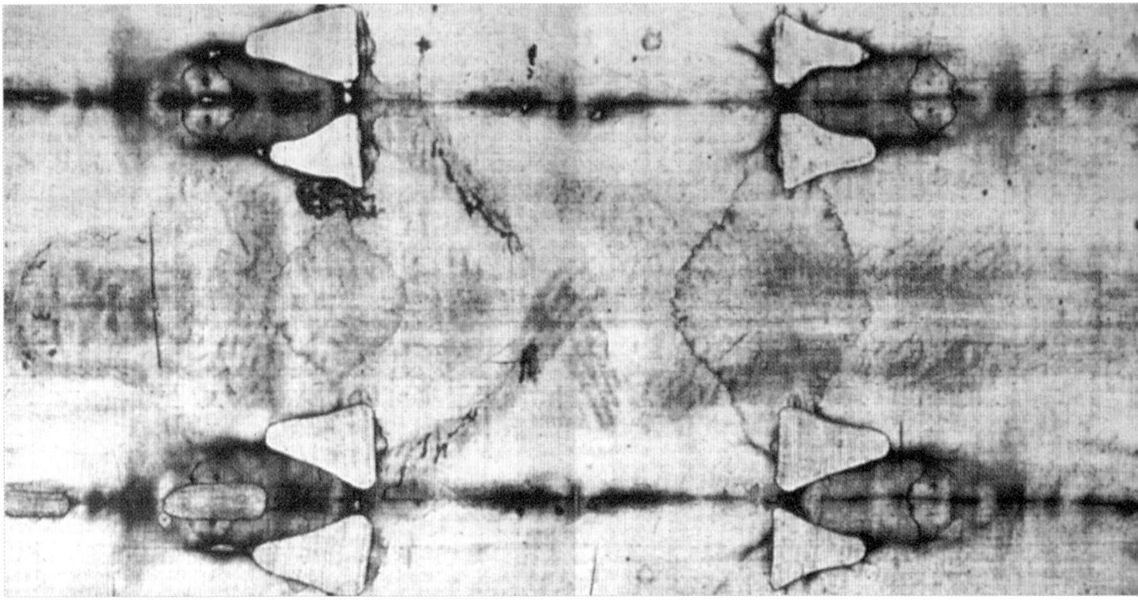

수의에 나타난 그리스도의 몸(?) 수의에는 한 중년 남자가 양손을 배 위에 가지런히 모은 채 누워 있는 모습이 그려져 있다. 회색 톤으로 그렸다 해서 프랑스어로 '그리사예Grisailler 테크닉'이라고 알려진 기법을 적용한 이 천 그림은 14세기에 유행했던 성화 중 하나인 것으로 밝혀졌다.

등, 옆구리 등에서도 핏자국이 발견되었다. 수많은 과학자들의 연구 결과 이러한 형상은 예수가 부활할 때 발생한 섭씨 3백도 정도의 열 때문에 마치 필름이 빛에 감광되는 것처럼 천이 열에 의해 탄 자국이 남았다는 것이다. 따라서 이 천을 네거티브로 촬영하면 원래 시신의 입체 모습을 얻을 수 있다는 것이다. 심지어 피가 흘렀던 방향을 통해 십자가 처형의 단서를 얻어냈으며 피에 섞인 일종의 효소도 장시간 고통 속에서 죽어간 의학적 증거를 보여준다고 해설하기도 하였다.

그리스도 수의에 관한 기록은 서기 4세기 가이사랴의 교회사가였던 유세비우스 시대로 거슬러 올라간다. 서기 30년쯤 예수의 열두 제자 중 하나였던 다대오는 예수의 얼굴 형상이 그려진 천을 에뎃사 왕 아브가르에게 선물로 가져갔다. 나병에 걸린 이 왕은 다대

그리스도의 수의 16세기 이탈리아의 화가 지오반니 바티스타는 시신을 덮은 예수의 수의와 그 펼쳐진 모습을 그림으로 표현하였다.

오가 가져온 천에 손을 댄 순간 병이 나았다. 그 후로 수많은 순례자들이 기적과 치유의 천을 보고 만지기 위해 에뎃사로 몰려들었다. 서기 944년 비잔틴 제국의 로마누스 1세는 '만딜리온(작은 손수건)' 이라 불리는 이 천을 탈취하기 위해 에뎃사를 포위했고, 결국 이 천은 콘스탄티노플로 옮겨졌다. 서기 1204년 제4차 십자군 원정의 성전 기사단은 만딜리온을 탈취하여 프랑스로 가져왔다.

1300년대 초 이 천은 영국으로 잠시 건너갔다가 다시 프랑스로 돌아왔고 1357년 리레이에서 대중에게 공개되면서 '예수의 수의' 라는 별명이 붙기 시작하였다. 1456년 이 수의는 사보이의 왕에게 증정되었고 샹베리 성에 보관되어 있었다. 1532년 이 성채에 화재가 발생해서 수의의 일부가 불에 탄 직후 수의는 이탈리아의 트리노로 옮겨져서 오늘날까지 보존되었다는 것이다.

1988년 로마 교황청은 비록 트리노의 수의가 예수의 수의는 아니지만 중세에 그려진 '매우 의미 있는 성화' 라고 논평하였다. 하지만 역사적으로 볼 때 트리노의 수의는 단순한 중세의 미술품이 아니라 오랜 기독교 전통에서 만들어졌던 성물 중 하나였다. 특히 이러한 성물을 그리스어로 '아케이로포이에토스' 라 부르는데 '사람 손으로 만들어지지 않은 것' 이라는 뜻을 지닌다.

그리스도의 나무 십자가, 최후의 만찬에 사용된 주님의 거룩한 잔, 옆구리를 찔렀던 로마 병사의 창, 예수의 손자국이 남아 있는 채찍 기둥, 겟세마네에서 예수가 흘린 피땀을 닦아낸 손수건 등이 성물의 범주에 속한다. 이중에서 가장 유명한 것은 서기 4세기에 기록된 신약성서의 위경 중 하나인 베드로행전에 나오는 '베로니

수의에 나타난 그리스도의 얼굴(?)
1898년 최초로 수의에 대한 사진 촬영이 이루어진 후 얼굴 부분을 네거티브로 인화한 결과 중년 남성의 얼굴이 입체적으로 나타났으며 이것이 곧 '그리스도의 얼굴'로 알려졌다.

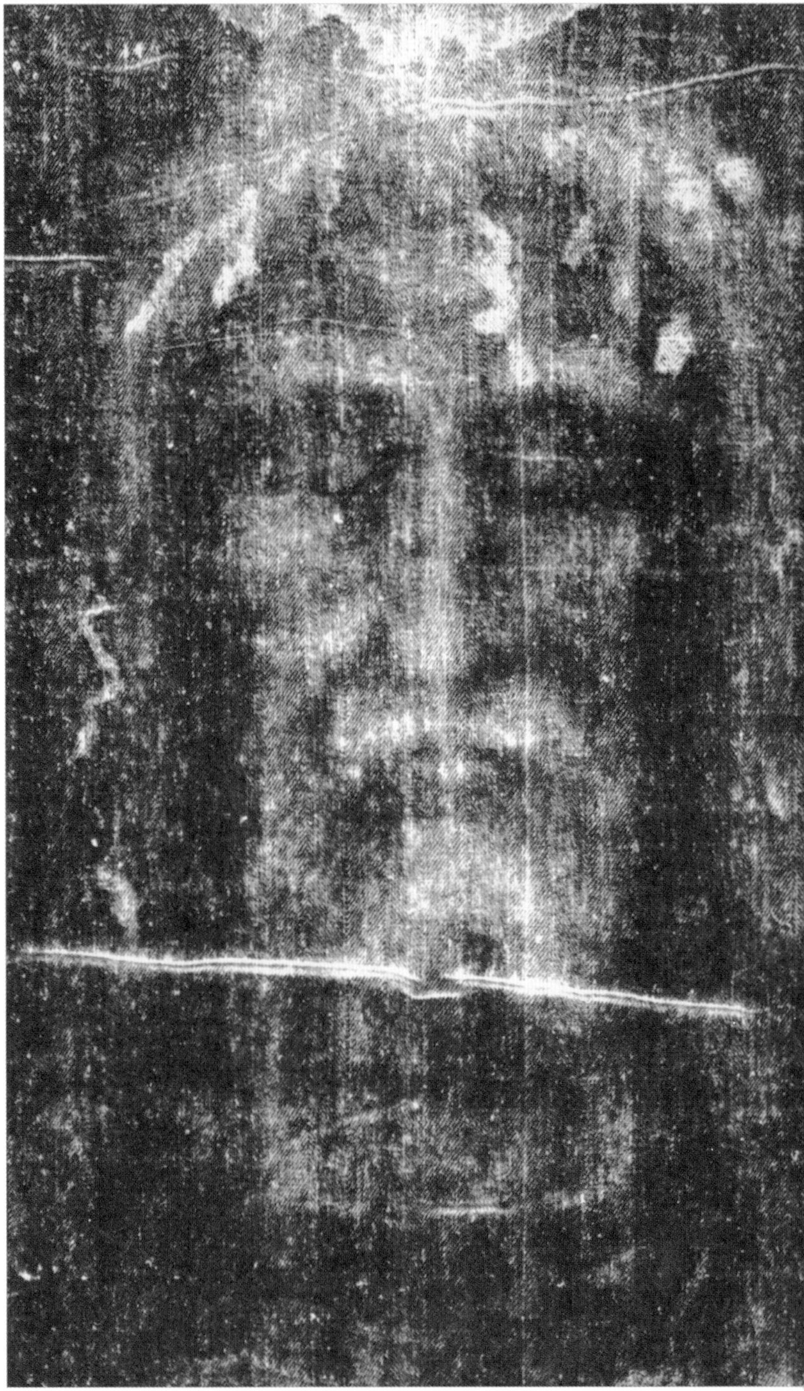

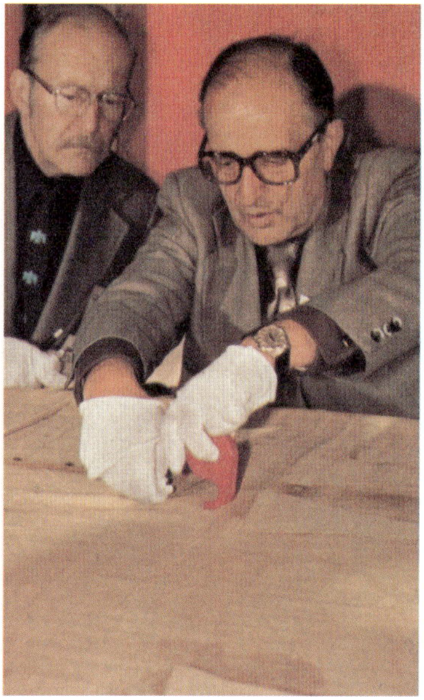

수의에 묻은 꽃가루 채취 1973년 스위스 취리히 경찰의 과학수사연구소 소속의 전문가들은 모두 열두 군데서 접착 테이프를 이용해 꽃가루를 채취하였다. 어떤 식물학자들은 모두 54종의 꽃가루 중에서 이스라엘과 터키에 많이 자라는 해바라기과 식물을 통해서 이 수의가 서기 6세기 이전 예루살렘에서 만들어진 것이라고 주장하였다.

카의 수건' 이다. 예수께서 십자가를 지고 가시는데 땀을 비오듯 흘리니까 곁에 있던 한 여인이 수건을 건넸고, 땀을 닦은 후 돌려받았는데 그 수건에 주님의 얼굴이 나타났다는 것이다. 이러한 기독교 전승 때문에 서기 12세기 십자군 시대에 확정된 빌라도 법정에서부터 골고다에 이르는 열네 개 장소의 '수난의 길' 중에서 제6장소가 오늘날까지 베로니카 사건의 현장으로 알려지고 있다.

그런데 문제는 비잔틴 시대에 베로니카의 수건이라고 알려진 성물이 30개가 넘는다는 사실이다. 중세 유럽에서 성물은 의도적으로 만들어지고 널리 알려졌다. 왜냐하면 성물이 있는 곳에는 각 지방에서 몰려든 순례자들로 붐볐고 이는 곧 비즈니스를 의미했기 때문이었다.

트리노의 수의를 진품이라고 믿는 사람들이 인용하기 꺼리는 다음과 같은 역사적 기록에 의하면 이 수의는 분명히 중세의 위작이었다. 서기 1357년 프랑스 귀족 죠프리 사르나이는 리레이에 있는 자신의 예배당에서 수의를 순례자들에게 공개하였다. 근처 트로예의 주교 앙리는 죠프리의 행동에 심한 불쾌감을 표시하였다. 왜냐하면 앙리는 그 수의를 직접 그렸다는 어떤 사람으로부터 수의에 관한 모든 내용을 이미 알고 있었기 때문이다. 희미한 회색 톤으로 그렸다고 해서 '그리사예' 테크닉으로 알려진 이런 종류의 성화는 14세기에 유행했었다.

서기 1389년 앙리의 후계자인 피에르 주교는 교황 클레멘트 7세에게 다음과 같은 내용의 편지를 올렸다. "이 수의는 인간 손에 의해 의도적으로 그려진 것입니다". 그리고 그는 교황이 직접 나서서 수의의 허구성을 밝혀주기를 간청하였다. 클레멘트 7세는 수의가 진열되는 것은 허락하되, 단 주교가 현장에 참석하여 모든 순례자들에게 다음과 같은 주의 사항을 우렁차고도 지적인 목소리로 알리는 조건하에서였다.

> 분명하게 말하지만 이 수의는 우리 주님 예수 그리스도의 수의가 아니라 수의를 가장하기 위해 의도적으로 만든 그림에 불과합니다.

이미 6백 년 전에 너무나도 분명하게 문제의 수의는 사람이 그린 것으로 판명되었다. 그럼에도 불구하고 1973년부터 1988년까지 내로라 하는 수많은 과학자들이 이것을 서기 1세기 그리스도의 수의라고 주장했으니 우리는 과연 이를 어떻게 받아들여야 할까?

카슈룻트와 성찬 예식

매주 금요일 저녁, 유대인들은 빵과 포도주에 관한 기도문을 낭독하면서 안식일 만찬을 시작한다. '키두쉬' 라 불리는 이 의식은, 농사를 지어 백 배의 수확을 거둔 바 있는 이삭이 야곱에게 장자권을 부여하는 축복 기도에서 비롯되었다 창세기 27:28. 유대인들의 모든 절기 만찬에서, 가장이 빵과 포도주에 의미를 부여하며 가족에게 나누어주는 유대교 전통은, 대부분 유대인들이었던 초대교회의 교인들에게로 확산되었다.

젖과 꿀이 흐르는 땅 만일 가인의 아벨 살해 사건이 정착민과 유목민의 갈등을 표현한 것이라면, 살인자 가인이 농사꾼이었기 때문에 이스라엘 사람들은 목축업에 좀더 친밀감을 갖고 있었다고 볼 수 있다. 비록 족장들과 초기 이스라엘 민족이 유목민적인 배경을 갖고 있었지만 일단 가나안에 정착하여 왕국을 형성한 이상, 농사는 모든 경제의 근본이었다. 성서의 기본적인 일곱 가지 식물은 가나안의 토산물로서 밀과 보리의 두 가지 곡식과 포도, 무화과, 석류, 감람, 대추야자 등 다섯 가지의 과일이 포함된다 신명기 8:8. 가나안을 '젖과 꿀이 흐르는 땅'이라고 할 때 젖은 양, 염소, 소 등 가축의 젖뿐만 아니라 이로부터 만들어진 버터, 치즈, 요구르트 등을 모두 포함한다. 꿀은 벌꿀뿐만 아니라 당도가 매우 높은 대추야자, 포도, 무화과 등을 말린 건과류를 염두에 두고 하는 말이다.

카슈룻트 유대교에서 '카슈룻트'라 불리는 독특한 음식과 식사에 관한 율법은 다음과 같이 신명기의 세 가지 금기 사항과 레위기의 유월절에 관한 규정에서 유래되었다.

첫째, 부정한 것을 먹지 말라 신명기 14:3. 신명기서에는 정결한 식품으로서, 산 짐승들 중에서는 발굽이 갈라지고 새김질 하는, 즉 초식 동물류를 주로 먹도록 권장하고 있다. 물고기 중에서는 지느러미와 비늘이 없는 것들을 금기시하고 있다. 조류 중에서 금기시되는 것은 독수리를 비롯한 맹금류가 주류를 이룬다. 또한 날기도 하고 기어다니기도 하는 곤충, 파충류, 그리고 벌레 등도 부정한 식품으로 분류되었다. 돼지의 경우, 발굽은 갈라졌어도 새김질을 하지 않기 때문에 부정한 동물로 규정되었다. 돼지는 전통적으로 농사를 짓는 정착민의 가축이어서 오늘날 유대인뿐만 아니라 유목민적인 배경을 지닌 중동의 아랍인들도 금기시하고 있다.

둘째, 염소 새끼를 그 어미의 젖에 삶지 말라 신명기 14:21. 유대인들은 한 식탁에서 고기 식사와 우유 및 치즈 등의 유제품 식사를 함께 하지 않는다. 단, 아침식사에 자주 등장하는 계란을 비롯한 조류의 알과 생선은 유제품과 함께 먹어도 무방하다는 유권 해석이 있다. 중세 이후 유대교의 중심지였던 동유럽과 러시아의 전통적인 아침 식사에서 소금에 절인 생선을 먹는 관습에서 유래된 것으로 보인다.

셋째, 피를 먹지 말라 신명기 15:23. 유대인들은 인도주의적 관점에서 짐승을 죽일 때 되도록 고통을 주지 않고 빨리 숨을 끊어버리는 기술을 강조하고 있다. 이를 '슈케타'라 부르며, 오늘날 유대인들이 운영하는 모든 도살장에서는 랍비가 직접 이 율법의 적용을 감독한다. 또한 생명을 상징하는 피를 먹지 말라는 규정을 지키기 위하여 원심분리기 등을 이용하여 피를 최대한 뽑아낸다.

넷째, 7일 동안 너희는 무교병을 먹으라 레위기 23:6. 해마다 음력 니산 제14일 저녁부터 7일 간 무교병인 '마쪼트'를 먹게 되어 있다. 이 기간 동안에는 누룩이 들어간 맥주, 비스켓, 케익 등도 먹지 못하게 되어 있다. 유월절 전날에 행하는 누룩 찾기 행사를 통해서 집안을 청소한 다음 누룩을 불에 태워버리고, 그릇도 끓는 물에 삶거나 불에 달구어 누룩의 잔재를 완전히 제거해 버린다.

카슈룻트의 해제 구약 시대의 부정한 동물에 대한 규정은 신약 시대에 들어와 이방인 선교와 관련하여 해제되는 암시가 나타나기 시작한다. 욥바에 머물던 베드로는 환상 중에 하나님이 내려준 온갖 종류의 짐승들을 부정하다 하여 먹지 않겠다고 하였다 사도행전 10:14. 즉 유대인으로서 카슈룻트를 지키겠다는 것이다. 하지만 먹으라는 하나님의 명령은 이방인에게도 아무런 조건 없이 선교하라는 상징으

예루살렘의 마가의 다락방 오늘날 시온 산에는 십자군 시대의 2층 건물 중 윗부분을 '마가의 다락방'이라고 부르고 있으며, 아래층에는 다윗의 기념묘가 자리하고 있다. 이 장소는 전통적으로 예수가 잡히기 전, 제자들과 함께 유월절 만찬을 가진 장소로 알려져 있다. 또한 마가의 다락방은 오순절에 모인 제자들에게 성령 강림 사건이 일어난 곳이기도 하다.

로 이해되었다. 이방인과의 공동 식사에 관한 논쟁은 유대인들이 할례 받지 않은 이방인과 자리를 함께 하지 않는다는 단순한 인종차별의 문제가 아니라 근본적으로 전혀 다른 종류의 음식을 먹을 수 없는, 즉 카슈룻트 율법의 준수와 직결되는 심각한 문제였다. 비록 바울이 이를 해결했다고는 하지만 그는 여전히 로마인들의 제사 음식, 즉 돼지고기에 대한 금기만큼은 지키고자 했을 것이다.

유월절의 쎄데르 유월절 만찬은 히브리어로 '쎄데르'라 불리는 의식

정통파 유대인 예루살렘의 메아 쉐아림 동네는 구약 시대의 율법대로 살아가는 정통파 유대인들의 구역이다. 이들은 아직까지도 철저하게 음식 율법인 카슈룻트를 준수하며 지낸다.

과 함께 진행된다. 쎄데르에는 모두 15단계의 순서가 있는데, 참석자들은 『유월절 하가다』라 불리는 의식서를 통해 출애굽 사건과 관련된 축복문, 성경 구절, 노래, 전설 등을 함께 읽으며 진행한다. 식탁에 반드시 올려놓아야 하는 음식물은 누룩 없는 빵인 마쫏트와 포도주, 닭다리와 날개 부분, 쓴 나물을 상징하는 상추, 삶은 계란, 그리고 달콤한 소스 등이다. 닭고기는 유월절 어린양을 상징하고, 달콤한 소스는 이스라엘 민족이 고센 땅에서 흙벽돌을 만들 때 벽돌 사이에 발랐던 모르타르를 상징한다.

예수의 최후의 만찬은 유대인들이 행하던 유월절 쎄데르로 볼 수 있다. 우선 제자들은 이 특별 만찬을 예루살렘의 특정한 장소에서 갖기를 원하였다 마태복음 26:17. 예수 자신도 "내가 고난 받기 전에 너희와 함께 이 유월절 먹기를 원하였다" 누가복음 22:15고 고백한다.

유월절 만찬 유월절 만찬은 히브리어로 '쎄데르'라 불리는 의식과 함께 진행된다. 먼저 식탁에 반드시 올려놓아야 하는 음식물은 누룩 없는 빵인 마쫏트와 포도주, 닭고기의 다리와 날개 부분, 쓴 나물을 상징하는 상추, 삶은 계란, 그리고 달콤한 소스 등이다.

예수는 쎄데르의 순서에 따라 먼저 마쫏트를 떼어 의미를 부여하고 축복한 다음, 제자들에게 나누어주었다. 하지만 그리스어 본문에는 문제의 빵이 무교병(아쥐모스)이 아닌 유교병(아르토스)으로 표기되어 있어서 두고두고 신학적인 논쟁거리가 되고 있다. 마찬가지 방법으로 포도주에 대한 의미를 부여하고 잔에 부어 나누어주었다.

오늘날 유월절 쎄데르에서는 모두 네 차례에 걸쳐 포도주를 마시는 순서가 있다. 예수는 제자들에게 자신을 배반하려는 가룟 유다를 "나와 함께 그릇에 손을 넣은 사람" 마태복음 26:23으로 암시하였다. 유월절 쎄데르에서도 쓴 나물을 옆 사람과 함께 소스에 찍어 먹으면서 조상의 힘들었던 노예 생활을 상기시킨다.

제9장

소리지르는 돌들

| 역사의 증언과 기록물 |

고고학적 유물은 크게 기록물과 비기록물로 나누어질 정도로 고대인들의 기록물은 매우 소중한 증거들이다. 수천 년 동안 잊혀졌던 고대의 언어들은 19세기에 들어와 여러 언어학자들의 끊임없는 노력으로 하나씩 빛을 보게 되었다. 우리에게 너무나도 친숙한 야훼나 다윗 같은 이름들은 성서 외의 자료에서는 거의 찾아볼 수가 없다. 기록물의 유무가 경제적 수준과 비례되는 만큼 이스라엘은 상대적으로 가난했지만, 후대 유대인들의 노력으로 세계 최고의 책, 성서를 탄생시킬 수 있었다.

쐐기문자의 비밀을 찾아서

진흙을 빚어 인간을 창조하는 이야기, 대홍수를 피해 방주를 만드는 이야기, 그리고 이스라엘의 왕들에 관련된 전쟁 이야기 등 구약성서에 등장하는 여러 사건들은 '쐐기문자'라 불리는 메소포타미아의 언어로 기록된 토판 문서들의 해독을 통하여 그 역사성이 차례로 확인되었다.

마치 목공소에서 사용하는 나무못인 쐐기 모양와 닮았다고 해서 그 이름이 붙여진 쐐기문자는 고대 메소포타미아 사람들이 주위에서 쉽게 구할 수 있는 진흙으로 만든 서판에 뾰족한 갈대 펜으로 글씨를 새기다 보니까 자연스럽게 형성된 문자이다. 처음 형태는 있는 그대로의 사물의 모양을 그린 상형문자였기 때문에 누구든지 그림으로 보고서 그 내용을 쉽게 알 수 있는 뜻글자로 출발했다. 하지만 시간이 지남에 따라 그림이 여러 개의 획으로 이루어진 쐐기

그로테펜트Georg Friedrich Grotefend, 1775~1853 독일의 고등학교 교사인 그로테펜트는 고페르시아어 비문들을 분석한 결과, 사용된 글자의 종류는 42개밖에 되지 않음을 확인하였다. 그는 1802년 베를린 왕립학술원에서 이 사실을 발표했지만 무시되고 말았다. 하지만 그로테펜트는 오늘날 최초의 쐐기문자 해독자로 인정받고 있다.

롤린슨Henry Creswicke Rawlinson, 1810~1895 영국 출신의 장교로서 25세 되던 해에 쿠르디스탄 지역에 파견된 후 베히스툰 비문에 관심을 갖기 시작했고 15년1835~1850 동안의 끈질긴 현장 탐사와 탁본 작업을 통해서 고 페르시아어, 엘람어, 그리고 바빌로니아 아카드어를 해독하였다. 따라서 그는 '쐐기문자의 아버지'로 불린다.

문자로 변하면서 언어의 성격도 우리에게는 생소한 음절 문자로 발전되었다. 음절 문자란 한 마디로 말해서 한글이나 영어와 같은 소리글자와 중국의 한문과 같은 뜻글자가 한데 어우러진 언어라고 볼 수 있다. 따라서 한 글자가 여러 소리로 발음될 수 있고, 또한 소리가 없이 단순히 뜻만 나타내는 글자도 있어서 고대 언어 중 가장 복잡한 형태의 것으로 분류된다.

그리스어와 이집트어로 기록된 로제타 석비가 해독에 결정적인 열쇠가 되었던 이집트의 상형문자와는 달리 메소포타미아의 쐐기문자의 해독에는 꽤 오랜 세월이 걸렸다. 유럽인들에게 매우 생소하게 느껴진 쐐기문자는 1621년 페르시아의 고도 페르세폴리스를 방문했던 이탈리아의 탐험가 델라 발레가 최초로 스케치하면서 유럽에 알려지기 시작하였다.

특히 페르세폴리스 근처에는 바위 절벽에 새겨진 여러 비문들이 있었는데, 이들은 대부분 세 종류의 언어로 기록되었다. 덴마크 출신의 여행가 니버는 1760년대 이 지역을 돌아보면서 세 종류의 언어로 된 '페르세폴리스 비문'들을 체계적으로 베끼고 탁본도 만들었다. 그는 이중에서 첫 번째 언어가 모두 42종류의 글자들로만 기록된 일종의 알파벳과 같은 것임을 처음으로 밝혔다.

독일 괴팅겐의 한 고등학교에서 라틴어를 가르치던 그로테펜트는 니버의 연구 결과에 관심을 갖고 그의 비문들을 해독하면서 똑같은 결론을 얻었다. 즉, 비록 수백 줄로 이루어진 장문이지만 사용된 글자의 종류는 42개밖에 되지 않으며, 나아가 그는 문장 중에서 페르시아의 유명한 왕들인 다리우스, 크세르크세스 등을 확인하였다. 1802년 그로테펜트는 베를린의 왕립 학술원에서 자신의 연구 내용을 발표했지만 그가 단지 고등학교 교사라는 이유로 그의 연구 업적은 무시되고 말았다.

영국의 장교로서 페르시아에 파견된 롤린슨은 1835년 베히스툰이라는 곳에 위치한 한 절벽의 비문에 관심을 갖기 시작하였다. 이 비문은 5백 미터 높이로 솟아 있는 거대한 절벽 중에서, 밑에서 약 백여 미터 올라간 지점에 높이 7미터, 폭 18미터의 규모로 조각되어 있었다. 다리우스 1세가 서기전 520~519년에 만든 이 부조에는, 두 명의 신하가 뒤에서 보좌하는 가운데, 왕 자신이 한 명의 엎드린 포로를 발로 밟고, 손과 목이 밧줄로 묶인 아홉 명의 포로들 앞에서 위용을 드러내는 장면이 조각되어 있다. 그 밑으로는 모두 1,200줄이 넘는 쐐기문자 기록이 촘촘히 새겨져 있었다.

라쌈 실린더 1853년 라쌈이 고대 앗시리아 제국의 수도였던 앗슈르 발굴에서 수집한 팔각 기둥에는 티글라트 필레세르 1세 서기전 1114~1077의 승전의 업적인 아카드어로 기록되어 있다. 이 실린더의 문자는 1857년 유럽의 대표적인 네 명의 학자들에 의해 해석되었는데, 결과는 모두 정확하게 일치했다 대영 박물관 소장.

워낙 험한 낭떠러지여서 올라가기 힘든 곳이었지만 그는 위험을 무릅쓰고 절벽에 접근하여 기록들을 베끼기 시작하였다. 그는 1846년에 첫 번째 언어로 기록된 비문의 내용을 발표했고, 이어서 두 번째 비문도 어느 정도 해독할 수 있었다. 하지만 가장 높은 곳에 새겨진 세 번째 비문은 목숨을 걸고 밧줄에 매달려 탁본을 뜬 한 쿠르드 소년의 도움으로 1850년에 가서야 최종적으로 그 내용들을 밝힐 수 있었다.

첫 번째 언어는 고페르시아어로서 모두 42종류의 글자들을 이용하여 4백 줄이나 되는 문장을 기록한 단순화된 음절 문자로 밝혀졌다. 두 번째 언어는 엘람어로서 백여 종류의 글자들이 사용되어서 첫 번째의 것보다는 훨씬 복잡한 구조를 가진 것으로 밝혀졌다.

베히스툰Behistun **비문** 바그다드에서 테헤란으로 가는 길목에 위치한 베히스툰에는 높이가 5백 미터나 되는 절벽에 여러 사람들의 모습이 부조로 조각되어 있고 그 밑에는 천 줄이 넘는 쐐기문자의 기록이 새겨져 있다. 페르시아의 다리우스 1세의 승전 기념비로서 같은 내용이 고페르시아어, 엘람어, 그리고 바빌로니아 아카드어 등의 세 언어로 기록되어 있다.

세 번째 언어는 바빌로니아 아카드어로서 모두 5백여 종류의 글자들로 구성된 가장 발전된 음절 문자 체계를 보여준다.

쐐기문자들의 공식적인 해독은 1857년에 가서야 만족할 만한 성과를 거두었다. 영국의 왕립 아시아학회는 '라쌈 실린더'라 불리는 진흙으로 만든 팔각 기둥의 쐐기문자 기록의 사본을 유럽의 저명한 네 명의 학자들에게 보낸 후 각자 독자적으로 해독할 것을 부탁하였다. 영국의 탈봇트, 롤린슨, 아일랜드의 힝크스, 그리고 프랑스의 오페르 등은 몇 달 후 자신들의 해석 결과를 제출했고, 이들을 비교한 주최측에서는 모든 해석 작업이 정확하게 일치했음을 발표하였다. 2천 년 이상 베일에 가려졌던 쐐기문자의 비밀이 벗겨지는 순간이었다.

세계적으로 유명한 박물관들의 수장고에 보관된 수십만 점의 쐐기문자의 기록들과 계속해서 출토되는 토판 문서들의 내용은 이제 더 이상 미지의 수수께끼가 아니다. 이들의 새로운 해석을 통하여 성서의 내용들이 역사적으로 조명되는 기회가 점차 많아질 것이다.

나폴레옹의 이집트 정복과 상폴리옹의 상형문자 해독

1817년 3월 초, 프랑스 남부의 그르노블에서는 한때 이집트를 점령했었고 유럽 대륙 전체를 호령했던 프랑스의 황제와 상형문자 해독의 열쇠를 쥔 학자와의 극적인 만남이 있었다. 나폴레옹은 패전의 책임을 지고 엘바 섬에 유배된 지 1년도 채 지나지 않아 다시금 권력을 쟁취하고자 1,200명의 근위병을 거느리고 파리를 향해 진격하던 중이었다. 그르노블 대학의 고대사 교수였던 상폴리옹은 정치

샹폴리옹 Françoise Champollion, 1790~1832 어릴 때부터 고대어에 천재적인 소질을 보였던 그는 17세에 이집트 파라오들의 연대기를 재구성할 만큼 이 분야에 대단한 집착을 가졌다. 고대 이집트어를 그리스어 알파벳으로 표기한 콥트어야말로 상형문자 해독을 위한 단서라고 믿고 있었던 그는 그르노블 대학 교수 재직시 여러 해에 걸쳐 방대한 콥트어 사전을 편찬하였다. 로제타 석비를 토대로 샹폴리옹은 1822년에 고대 이집트의 상형문자를 해독하는 데 성공하였다.

왼쪽 **피라미드 전투** 1798년 7월 섭씨 40도를 넘는 무더위 속의 사막 한가운데에서 유럽식 정장의 전투복을 갖춘 프랑스 군대는 당시 이집트를 통치하던 마멜룩 군대와 처음으로 본격적인 전투를 치르게 된다. 프랑스군의 승리는 전투 전에 행한 나폴레옹의 다음과 같은 연설의 결과인지도 모른다. "병사들이여! 4천 년의 역사가 피라미드의 정상에서 그대들을 내려다보고 있지 않은가!"

가인 형의 소개로 그를 만나 자신이 몇 년 동안 심혈을 기울여 완성하고 있는 콥트어 사전에 관해 짤막한 대화를 나누었다. 이집트학의 초석을 놓은 정복자와 언어학자의 역사적인 만남이었다.

그로부터 20여 년 전인 1798년 5월 19일 스물아홉 살에 프랑스 군대의 최고 사령관이 된 나폴레옹은 38,000명의 군대를 실은 328척의 함대를 이끌고 툴롱항을 떠나 이집트로 향하였다. 인도의 식민지로 통하는 지중해의 동서 교통로를 확보하고 있는 영국에 맞서 이미 프랑스의 식민지가 된 이탈리아와 이집트를 남북으로 연결함으로써 영국의 위상에 치명타를 가하고자 했던 것이다.

나폴레옹의 선단에는 이집트를 체계적으로 탐사하기 위하여 175명에 달하는 고고학자, 언어학자, 지리학자, 물리학자, 토목 기사, 측량사, 화가, 시인 등과 함께 탐사에 필요한 모든 장비와 참고 서적 등이 실려 있었다. 나폴레옹의 전기 작가 중 가장 뛰어난 인물로 평가받는 에밀 루드비히는 이를 두고 그가 소규모의 종합대학을 이집트에 상륙시켰다고 비유하기도 하였다.

한편 넬슨 제독이 이끄는 영국 함대는 한달 내내 지중해의 길목을 지켰으나 결정적인 순간에 짙은 안개로 그만 프랑스 함대를 놓치고 말았다. 약 40일 간의 항해 끝에 알렉산드리아에 도착한 프랑스 군대는 피라미드 전투를 승리로 이끌면서 이집트 내륙으로 진격하기 시작하였다. 8월 7일에 영국 함대는 아부키르에 정박해 있던 프랑스 함대를 찾아내어 무자비한 포격을 가한 끝에 단 두 척만을 남겨놓고는 모조리 침몰시켰다. 하지만 이미 이집트의 내륙으로 진출한 프랑스군은 이집트를 요새화하였고, 두 세력의 대결은 소강상태로 접어들었다.

이듬해인 1799년 7월 15일, 한 무리의 프랑스 공병대가 지중해 연안의 로제타 근처에서 쥴리앙 요새를 건설하기 위하여 오래된 건물을 허물고 있었다. 그중의 한 병사가 새카맣고 단단한 돌판 하나를 발견하였는데 한쪽 면에는 촘촘히 글씨가 새겨져 있었다. 높이 1.25미터, 폭 0.7미터, 두께 28센티미터의 이 현무암 석비에는 상형문자와 이의 흘림체인 민용문자, 그리고 그리스어 등 모두 세 종류의 문자가 기록되었기 때문에 매우 중요한 유물로 판정되어 곧 알렉산드리아의 프랑스 탐험대 본부로 옮겨졌다.

프랑스 학자들은 우선 쉽게 읽을 수 있었던 맨 밑의 그리스어 비문을 해독한 결과 이 석비는 프톨레마이오스 5세의 업적을 찬양하는 공적비로서 서기전 196년 3월 27일 당시 북부 이집트의 중심 도시였던 사이스의 한 궁전 광장에 세워졌던 것임을 알게 되었다. 우여곡절 끝에 프랑스 군대는 1801년 9월 영국에게 이집트를 양도하는 항복 문서에 조인하였다. 나폴레옹은 이미 1년 전에 프랑스로 도망한 뒤였고, 그 동안 이집트에서 수집한 수많은 유물들은 고스란히 전리품으로서 영국의 대영 박물관이 차지하게 된다.

어릴 때부터 고대 언어에 천재적인 소질을 보였던 샹폴리옹은 열일곱 살이 되던 해 「파라오 지배하의 이집트」라는 논문을 발표하여 학술원의 인정을 받았고, 로제타 석비의 탁본을 갖고서 본격적인 상형문자의 해독을 시도하였다. 열아홉 살에 이미 그르노블 대학의 고대사 교수로 발탁되었으나 1821년에는 나폴레옹 지지로 인한 반역죄에 몰려 대학에서 쫓겨나고 말았다. 하지만 이러한 위기 상황에서 비로소 상형문자의 해독이라는 위대한 업적을 달성하게 된다.

샹폴리옹은 먼저 로제타 석비의 그리스어 부분을 통하여 프톨레마이오스라는 파라오의 이름을 찾아냈다. 상형문자 기록에서 왕의 이름은 반드시 타원형의 카르투쉬 안에 들어 있기 때문에 쉽게 구분되었다. 그는 프톨레마이오스와 함께 필레 섬의 오벨리스크에 새겨진 클레오파트라의 두 이름을 비교하여 중복되는 상형문자들의 음가를 하나씩 찾아내기 시작하였다.

1822년 프랑스 학술원장인 다씨에르에게 보내는 서한에서 그는 「소릿글자로서의 상형문자 알파벳에 관하여」라는 제목의 논문을 발표하였다. 1,500여 년 동안 인류의 기억 속에서 완전히 잊혀졌던 이집트 상형문자가 드디어 그 비밀을 드러내는 순간이었다.

나폴레옹의 이집트 탐사는 모두 24권에 이르는 방대한 『이집트 묘사』의 출판으로 결실을 보게 되었고, 샹폴리옹의 업적은 그 속에 묘사된 수많은 유적과 유물들의 정체를 밝혀주는 결정적인 계기를 만들었다.

나폴레옹이 고대 이집트라는 보물상자를 유럽으로 가져왔다면, 열쇠를 찾아내어 그 상자를 연 사람은 바로 샹폴리옹이었다. 이 두 프랑스인의 노력에 힘입어 그 후 많은 학자들은 아브라함의 이주에서부터 예수의 피난까지 이스라엘과 밀접한 관계를 맺었던 이집트의 찬란했던 문명을 하나씩 구체적으로 이해할 수 있게 되었다.

메샤 석비와 모압 고고학의 기원

1869년 10월 어느 날, 예루살렘 주재 프랑스 영사관에서 통역관으로 일하던 20대의 젊은 프랑스 고고학자는 여러 조각으로 찢어지고 구겨진 한 고대어 비문의 탁본을 해독하고 있었다. 이미 비슷한 글자인 페니키아어 비문이 발견되었기 때문에 끌레몽-가노라 불리는 이 고고학자는 별 어려움 없이 한 줄씩 읽어나갈 수 있었다. "나 모압 왕 메샤는 이스라엘 왕 오므리가 통치하던 땅을 되찾았다." 열왕기하 3장에 나오는 모압과 이스라엘 사이의 전쟁에 관한 내용이었다. 계속해서 그는 더욱 놀랄 만한 사실을 발견하였다. "나는 느보에 있는 야훼의 기물들을 끌어내어 그모스 앞에 바쳤다." 서기전 850년경 기록된 성서 외의 자료에서 야훼라는 이름이 처음으로 발견되는 순간이었다.

메샤 석비라 불리는 이 유물의 최초 발견은 1868년으로 거슬러 올라간다. 그 해 8월 19일 독일인 선교사인 클라인 목사는 에돔 지역의 케락을 선교차 방문하기 위해 예루살렘을 출발하여 요단 강을 건너 길을 가던 중 모압 지방의 디본에서 하룻밤을 지내게 되었다. 저녁식사 후 베두인들은 그를 마을 한 구석으로 안내했는데, 그곳에는 새까만 석비 하나가 땅 속에 반쯤 파묻힌 채 놓여 있었다. 한쪽 면에 알 수 없는 글씨들이 빽빽하게 새겨져 있는 것을 본 이 선교사는 어림잡아 크기를 재고 그중 몇 글자들을 스케치하여 비망록에 적어 두었다. 선교 활동을 마친 그는 열흘 뒤인 8월 29일 예루살렘 주재 독일 영사인 피터만에게 이 사실을 알렸다.

고대어 전문가인 독일 영사는 이 글자들이 모압어라는 사실을 즉각 알아차렸고 곧 베를린 제국 도서관에 도움을 요청하였다. 도

모압 평야 해발 천 미터 이상의 고원 지대인 모압은 예로부터 양과 염소의 목축으로 유명하였다. 열왕기하 3장에는 모압의 왕 메샤가 양털 20만 마리 분을 이스라엘에 조공으로 바쳤다고 기록되어 있다.

서관측은 유물의 중요성을 인식하여 당시로서는 파격적인 2천 프랑이라는 비싼 가격으로 이 석비를 구입할 것을 지시하였다. 그들은 곧 아랍 중개인을 내세워 흥정을 시작했지만 실패하고 말았다. 왜냐하면 메샤 석비가 묻혀 있는 땅 주인과 직접 거래하지 못하고 자신들이 알고 있는 근처의 부족과 연락했기 때문이었다. 독일측이 이 사실을 비밀에 부쳤지만 이듬해 봄부터 예루살렘에서 활동하던 영국의 워렌과 프랑스의 끌레몽-가노가 소문을 듣고 이 유물에 관심을 갖기 시작하였다.

1869년 6월 독일은 외교력을 총동원하였으나 당시 오스만 투르크와 요단 건너편의 부족들의 관계가 악화되었기 때문에 별 효과가 없었다. 탁본을 뜨려고 해도, 현지 베두인들은, 이 검은 석비에 신비스러운 정령이 들어 있는데 만일 이교도들이 탁본을 뜨면 그 정령이 빠져나간다고 믿고 있어서 시도조차 할 수 없었다. 그 해 7월 영국의 워렌은 공식적으로 런던의 팔레스타인 탐사재단에 메샤 석비의 존재와 독일이 흥정을 벌이고 있다는 사실을 알리고 대영 박물관이 나서서 적극적으로 메샤 석비를 사들여야 함을 강조하였다. 하지만 재정난에 시달리던 탐사재단은 이 석비에 별로 관심을 두지 않았다. 10월에 독일은 액수를 높여서 2,400프랑을 제시했고 석비의 소유권을 주장했던 바니 하미디 부족은 동의를 했지만, 이를 운반할 때 반드시 거쳐야 하는 북쪽의 아드완 부족이 통행세를 요구해서 문제가 발생하였다. 훗날 학자들은 프랑스측에서 아드완 부족을 매수하여 독일의 석비 획득을 방해하였다고 주장하기도 한다.

독일은 단순히 돈을 주고 이 석비를 사려고만 했지 그 내용의 중요성에 비추어 적극적으로 탁본을 시도하지 않은 것이 큰 실수였다. 이 사실을 안 프랑스측은 곧바로 세 명의 아랍인들을 파견하여 메샤 석비의 탁본 뜨기를 시도하였다. 이들이 현장에서 탁본을 뜨고 있을 때 현지 아랍인들 사이에 다툼이 벌어졌고 급기야 총을 쏘는 바람에 탁본을 뜨던 한 아랍인이 부상을 당하였다. 하지만 옆에 있던 동료가 목숨을 걸고 아직 마르지 않은 탁본 종이를 급하게 뜯어서 가죽 부대에 구겨 넣고는 전속력으로 말을 몰아 도망쳐 나왔다. 비록 완전한 상태는 아니지만 메샤 석비의 내용이 처음으로 공개되는 순간이었다.

하지만 그 해 12월 성서고고학 역사상 유래 없는 비극이 발생하였다. 이 귀중한 석비가 현지인들의 손에 의해 산산조각으로 파괴된 것이다. 워낙 단단한 돌이지만 몇 시간 동안 그 밑에 장작불을

오른쪽 **메샤 석비** 높이 1.1미터, 폭 0.6미터의 메샤 석비는 성서 외의 자료에서 최초로 '야훼'라는 이름이 발견된 유물이다. 열왕기하 3장에 나오는 이스라엘과 모압의 전쟁이 자세히 기록되어 있다 파리 루브르 박물관 소장.

● **'야훼'의 이름** 메샤 석비의 18번째 줄에는 선명한 글씨로 '야훼'의 이름이 등장한다. 복원된 부분이 아닌 원래 석비 조각에 새겨져 있어서 더욱 신빙성이 있다.

지피고 돌이 뜨겁게 달구워졌을 때 찬물을 끼얹어 깨트린 것이다. 아마도 하나를 통째로 판매하는 것보다는 여러 조각으로 나누면 훨씬 비싼 값을 받을 수 있다는 속셈이었을 것이다. 일설에 의하면 도대체 이 석비 안에 무슨 보물이 들어있기에 유럽의 강대국들이 서로 차지하려고 그토록 애쓰는지 궁금해서 깨트렸다는 말도 있다. 아무튼 현지의 베두인 족장들은 석비의 조각을 하나씩 나누어 가졌고 농사가 잘되리라는 일종의 부적으로 곳간에 이 돌을 넣어두었다.

이 사실을 안 독일은 석비 구입을 완전히 포기했지만 영국의 워렌과 특히 프랑스의 끌레몽-가노는 부서진 조각들을 수집하는 작업을 시작하는 한편, 각자가 입수한 것들과 그 내용을 공동으로 연구하기로 합의하였다. 메샤 석비의 전문은 끌레몽-가노에 의해 1870년 4월 3일에 발표되었다. 그 해 일어났던 독일과 프랑스 간의 전쟁이 이 석비와 무관하다고 보는 이들은 아무도 없다. 전체의 약 65퍼센트 정도만 회수된 메샤 석비는 1873년 결국 프랑스의 루브르 박물관으로 이송되었다. 메샤 석비의 발견을 계기로 모압 지역의 성서고고학이 탄생되었다.

단 석비와 역사적 다윗

1993년 7월 21일, 이스라엘 북부의 중요한 유적지 텔 단의 한 발굴자는 성문 밖 광장의 나지막한 돌담을 파헤치던 중 잘 다듬어진 새까만 돌 조각 하나를 발견하였다. 대부분의 구조물들이 냇물에 다듬어진 매끈한 석회암이기 때문에 이 조각은 쉽게 눈에 띄었다. 하지만 이 돌을 들쳐낸 순간 지금까지 아무도 예상치 못했던 일이 벌어졌다. 그 뒷면에는 히브리어와 모양이 비슷한 고대 아람어 기록이 새겨져 있었기 때문이다. 기록 문화가 발달했던 이집트나 메소포타미아 지역에서도 이러한 기념비의 발견은 대단한 일인데, 기록물이 매우 드물게 나타나는 이스라엘에서 그것도 석비의 형태이기 때문에 커다란 관심을 불러일으켰다.

이 석비가 발견된 단은 이스라엘의 전통적인 북쪽 경계를 이루는 도시였다. 원래 단 지파는 중부 지역을 분배받았는데 해안에 이미 정착해 있던 블레셋 사람들 때문에 그곳에 자리잡을 수 없었다. 할 수 없이 그들은 북쪽으로 올라가서 맑은 물이 흐르고 숲이 우거진 도시 레센여호수아 19:47, 또는 라이스사사기 18:29를 점령하고 자신들의 지파 이름을 따서 이 도시를 단이라 명명하였다. '요단 강' 이라는 이름은 원래 단으로부터 흘러 내려온다는 뜻이며, 세 군데의 원류 중 단의 샘이 가장 규모가 크기 때문에 유래된 것으로 보인다.

단Dan의 다윗 왕조 석비 1993년과 1994년에 텔 단에서 발견된 석비에는 모두 13줄의 아람어 기록이 있는데, 아람의 왕이 이스라엘의 요람과 유다의 아하시아를 죽인 내용이 담겨져 있다. 특히 아홉 번째 줄에는 '베잇트 다비드', 즉 '다윗 왕조'라는 단어가 나오기 때문이 다윗의 역사성을 입증하는 결정적인 단서로 여겨진다.

길이 32센티미터, 폭 22센티미터 크기의 석비 조각에는 고대 아람어로 모두 13줄이 기록되어 있었다. 여러 가지 정황으로 미루어 이름이 밝혀지지 않은 아람의 한 왕이 이스라엘의 왕을 죽이고 정복하는 내용을 담고 있었다. 발굴자들은 곧 아람의 왕 벤하닷이 단을 정복하였다는 열왕기상 15:16~22의 사건을 떠올렸다. 서기전 9세기

초 북 이스라엘과 남 유다는 치열한 세력 다툼을 벌이고 있었다. 두 왕국의 끊임없는 전쟁은 유다의 아사 왕이 아람 세력을 끌어들임으로써 새로운 국면을 맞게 된다. 아사는 자신의 적 이스라엘을 징벌해 달라는 청탁과 함께 예루살렘 성전과 왕궁의 금고에 보관된 은과 금을 끌어모아 다메섹 아람 왕에게 조공으로 바쳤다. 아람의 왕 벤하닷은 아사의 부탁을 받고 단을 비롯해서 이스라엘 북부 지역을 유린했고 그 결과가 단에 세운 승전비에 기록되었다는 것이다.

그런데 이 석비를 더욱 유명하게 만든 것은 아홉 번째 줄의 '베잇트 다비드', 즉 '다윗 왕조'라는 단어이다. 이때부터 고대 이스라엘 역사에 관심 있는 고고학자, 역사학자, 성서학자들 사이에 '역사적 다윗'에 관한 논쟁이 오늘날까지 뜨겁게 이어진다.

역사적 다윗 베들레헴에서 여덟 형제의 막내로 태어나 들에서 하프를 켜면서 양떼나 돌보던 미천한 한 목동이 블레셋의 거장 골리앗을 돌멩이 하나로 쓰러뜨리고, 마침내 왕이 되었다는 동화 같은 다윗 이야기는 구약성서뿐만 아니라 서양 역사를 통틀어 가장 드라마틱하게 출세했던 영웅전의 전형으로 손꼽힌다.

다윗은 사울 왕의 궁정 악사로 입문했지만 왕의 질투로 죽을 고비를 넘기며 유대 광야를 전전했고 그렇게도 미워했던 사울이 블레셋과의 전투에서 죽었음에도 불구하고 그는 자신의 고향 헤브론에서 통치자가 되는 데 만족해야만 했다. 왜냐하면 사울의 아들 이스보셋이 요단 건너편 길르앗 지방의 마하나임에서 왕위를 계승했기 때문이다. 하지만 기브온 전투에서 이스보셋의 세력을 물리치고 난공불락의 요새 예루살렘을 지하 통로를 타고 들어가는 '트로이 목

성문 앞 광장의 재판장석 단의 안쪽 성문 앞 광장에서 모두 네 개의 나무 기둥을 세울 수 있는 돌 받침대가 발견되었다. 이 자리는 바로 단의 왕이 백성을 재판하던 곳이라고 여겨진다.

오른쪽 위 **단의 성문** 단 지파가 점령하여 단이라 불렸던 이 도시는 요단 강의 가장 중요한 원류인 샘 곁에 위치해 있다. 이미 서기전 3000년경부터 사람들이 거주했던 유서 깊은 곳이었다. 서기전 850년경 아합 왕은 아람의 공격에 대비하여 단의 성벽을 높이 쌓고 특히 가장 취약적인 성문을 3중으로 요새화하였다.

마' 같은 기발한 전술로 점령한 후 그는 이스라엘 최초의 통일 왕국을 형성하였다. 그의 위상은 4백 년 이상 유다 왕국이 그의 이름으로 왕조가 이어졌다는 사실 하나만으로도 충분히 짐작할 만하다. 그런데 이스라엘 역사상 가장 위대했던 다윗의 역사성이 왜 의심을 받게 되었는가?

가장 큰 이유는 다윗의 시대를 입증할 만한 고고학적인 증거가 충분치 않다는 것이다. 다윗이 태어난 베들레헴이나 초창기 7년 반을 통치했던 헤브론, 심지어 그가 정복해서 통일 왕국의 수도로 삼았던 예루살렘에서조차 다윗 시대인 서기전 10세기 전반의 고고학적인 흔적을 거의 찾아볼 수 없다. 우선 그가 태어났던 베들레헴은 오늘날까지 지속적으로 사람들이 건물을 짓고 살아왔기 때문에 왕정 시대의 몇 개의 무덤을 제외하고는 구약 시대의 주거층을 발굴하기는 거의 불가능한 상태이다. 헤브론의 경우에도 단편적인 발굴 결과만 있을 뿐 다윗이 통치한 시대의 주거 흔적은 아직 발견되지 않았다. 하지만 역사적 다윗에 대한 결정적인 부인 요소는 예루살렘 발굴에서 여실히 드러났다. 고고학자들은 1950년대와 특히 1980년대에 집중적으로 다윗 성이라 불리는 예루살렘의 남쪽 언덕을 발굴했지만 33년 가까이 통치하며 건설했던 다윗 시대의 왕궁을 받치던 축대의 일부만 발견했을 뿐이다.

하지만 단의 석비 내용을 통해서 유다 왕국은 '다윗 왕조'라는 이름으로 불렸다는 새로운 사실을 확인하게 되었다. 나아가 아람 왕까지도 통일 왕국을 건설했고 다메섹까지 진격했던 다윗의 위상과 업적을 충분히 인정했다고 볼 수 있다.

이스라엘의 요람과 다윗 왕조의 아하시아 최초의 석비 조각이 발견된 지 1년이 지난 1994년 6월 두 개의 작은 비문 조각이 더 발견되었다. 이 비문에는 이스라엘의 왕 요람과 다윗 왕조, 즉 유다의 왕 아하시야가 언급되어 있었다. 따라서 1년 전의 해석을 변경하지 않을 수 없었다. 그런데 문제는 비문의 내용과 성서의 내용이 다르다는 점이다. 성서에서는 쿠데타를 일으킨 예후가 이 두 왕을 차례대로 살해한 것으로 나타나지만 열왕기하 9:21~28, 단의 석비에서는 아람 왕이 이 둘을 죽인 것으로 나타난다.

과연 어느 것이 더 역사적 신빙성이 있는 기록일까? 실제로는 예후가 죽였겠지만 예후의 쿠데타 자체가 이미 아람 왕의 전폭적인 지원하에 이루어졌기 때문에 아람 왕 하사엘은 자신이 이스라엘과 유다의 두 왕을 죽였노라고 기념비에서 당당하게 밝힐 수 있었다.

엘레판틴의 유대교 신전

1908년 이집트의 엘레판틴 섬에서 2년 전에 발견된 아람어 파피루스 기록을 검토하던 독일의 언어학자 자코는 이 섬에 정착했던 유대인들이 이미 서기전 5세기 페르시아 시대에 신전을 건설했다는 놀라운 사실을 밝혀냈다. 이스라엘의 종교적 관점에서 오직 예루살렘만이 야훼가 스스로 선택한 거처인데 또 다른 신전을 그것도 이방인 지역에 만든다는 것은 상상할 수도 없는 일이기 때문이다. 이 때부터 엘레판틴의 유대교 신전 문제가 학자들 사이의 논란거리가 되었다.

믹돌에서 수에네까지 구약성서에서 이집트의 영토는 흔히 '믹돌에서 수에네까지' 라는 말로 표현되는데, 이 두 지역은 각각 이집트의 북쪽과 남쪽의 경계를 이루는 곳이다. 수에네로부터 오늘날의 지명 아스완이 유래되었다. 대부분 연한 석회암 지대를 완만하게 흐르는 나일 강이 아스완 지역의 화강암 지대에 이르러 길이가 10킬로미터에 달하는 급류를 형성했기 때문에 더 이상 배가 다닐 수 없어서 천연적인 이집트의 남쪽 국경이 되었다. 아스완은 단단하고 아름다운 핑크빛 화강암 채석장이 있어서 예로부터 파라오들은 오벨리스크나 대형 조각을 위해서 이곳을 개척하였다. 또한 황금과 상아, 흑단목, 노예 등 남쪽 누비아 지역의 특산품을 얻기 위한 무역의 관문으로도 개발되었다.

엘레판틴과 크눔 신 아스완의 나일 강 한가운데에 길이 2킬로미터, 폭 5백 미터에 달하는, 제법 큰 섬인 엘레판틴이 자리잡고 있다. 이미 초기 왕조 시대인 서기전 3000년경부터 이 섬은 이집트의 남쪽을 지키는 수비대의 요새로 개발되었다. 수양 머리를 한 크눔 신은

크눔 신전 터 주변이 바위투성이인 급류 지역에 위치한 엘레판틴 섬의 수호신은 수양 머리를 한 크눔 신이다. 인간 창조의 신이기도 한 크눔은 사텟트를 배우자로 거느렸으며 엘레판틴에는 서기전 2800년경 최초로 건설된 크눔의 신전터가 고고학적 발굴을 통해서 발견되었다.

인간 창조의 신인 동시에 나일 강 급류의 신이기도 하다. 따라서 엘레판틴에는 서기전 2800년경 크눔과 그의 배우자 사텟트를 기념하는 신전이 건설되었다. 또한 아스완은 나일 강의 신 하피의 중심지이기도 하다. 고대 이집트인들은 나일 강물이 아스완에 있는 하피가 거주하는 동굴에서 흘러나온다고 여겼다. 급류 때문에 더 이상 배를 타고 상류로 거슬러 올라갈 수 없기 때문에 생겨난 전설이다.

나일 눈금 엘레판틴 섬에는 고왕국 시대부터 만들어진, 강의 수위를 측정하는 나일 눈금이 있다. 다른 지역과 달리 고대 이집트에 있어서 강이 범람하는 홍수는 풍년을 약속하는 전제 조건이었다. 겨울 곡식인 밀과 보리를 재배했던 고대 이집트에 있어서 나일 강은 농한기인 여름철에 강의 원류인 중부 아프리카의 고산 지대의 눈이 녹으면서 강 양편의 농경지를 완전히 잠식시킨다. 이러한 나일 강

나일 눈금 Nilometer 엘레판틴 섬에는 고왕국 시대부터 만들어진 나일 눈금이 있다. 나일 강의 홍수는 농사의 성패를 좌우하기 때문에 강물의 정확한 수위 측정이 필수적이다. 이 지점의 수심을 기준으로 8미터가 평년작이고 이보다 2미터 이상 낮으면 흉년이기 때문에 농사꾼들은 미리 대비해야만 하였다. 엘레판틴의 나일 눈금은 20세기 초까지도 사용되었다.

오른쪽 위 **엘레판틴 섬** 이집트의 전통적인 남쪽 경계인 아스완의 나일 강 한가운데에는 길이 2킬로미터, 폭 5백미터에 달하는 제법 큰 섬인 엘레판틴이 자리잡고 있다. 이곳에 서기전 5백년경부터 유대인 용병들이 주둔하고 있었으며, 야후 신전을 건설하고 독특한 관습을 유지해 온 사실이 파피루스 기록을 통해 밝혀졌다.

의 범람은 새로운 흙을 실어다주고 물기를 머금은 비옥한 토지를 만들어주기 때문에 물이 빠지는 10월경 씨앗을 뿌리기만 하면 이듬해 봄에는 풍성한 수확을 거둘 수 있었다. 그러나 만일 홍수가 나지 않으면 흉년이 된다는 것이다. 따라서 곡물을 세금으로 징수하는 중앙 정부는 해마다 미리 농사의 성패를 예측해야 하는데 이러한 장치가 바로 엘레판틴 섬에 설치된 나일 눈금이다. 이 지점의 수심을 기준으로 8미터가 평년작이고 이보다 2미터 이상 낮으면 흉년이기 때문에 미리 대비해야만 하였다. 엘레판틴의 나일 눈금은 20세기 초까지도 사용되었다.

유대인 공동체 비록 1906년에 엘레판틴의 유대인들의 존재가 처음으로 밝혀졌지만 이 연구에 본격적인 박차를 가한 것은 1953년 크랠링이 미국의 브루클린 박물관 소장의 파피루스를 출판하면서부터였다. 모두 17점에 달하는 이 파피루스 문서는 1893년 미국의 이집트 학자인 윌버가 엘레판틴에서 구입한 것으로서 그의 가족들에 의해 1947년 박물관에 기증되었다. 윌버의 파피루스와 세계 각지에 흩어져 있는 엘레판틴 문서를 종합한 결과 모두 35통의 편지와 43건의 계약서가 확인되었으며 이들의 기록 연대는 서기전 495년부터 399년까지 약 백 년의 기간으로 밝혀졌다. 문서의 주인공들 중의 하나인 아나니야의 경우 야후 신전의 제사장으로서 귀족의 노예와 결혼한 후 다음 세대에까지 재산을 양도하는 등 비교적 자유로운 경제 활동을 한 것으로 나타난다.

야후 신전 예루살렘 외의 이방 지역에 최초로 건설된 유대인들의 야후 신전은 '이 신전이 파괴되었다' 는 기록을 통해서 처음으로 밝혀졌다. 서기전 410년 크눔 신전의 제사장들이 유대인들의 야후 신전을 파괴시켰고 2년 뒤 유대인들은 예루살렘의 총독에게 원조를 요청한다. 19세기 말 이후로 수많은 고고학자들이 파괴된 야후의 신전을 찾기 위해 엘레판틴 섬을 발굴했지만 아직 그 흔적은 발견되지 않았다. 또한 이곳의 유대인 공동체가 왜 야훼를 야후로 표기했는지도 정확히 알 길이 없다. 다만 유대인들의 이름에서 야훼를 의미하는 줄임말로서 '예레미야(후)' 나 '이사야(후)' 와 같이 야후가 접두사나 접미사로 붙는 경우가 많기 때문에 자연히 야후로 불렸을 가능성이 있다. 만일 구약성서의 단편들이 함께 발견되었더라면 이를 확인할 수 있겠지만 아직 발견되지 않았다. 따라서 어떤 학자들은 구약성서의 오경이 페르시아 시대에도 여전히 최종적으로 편집되지 않았다고 주장하기도 한다.

페르시아와 유대인 용병 그렇다면 엘레판틴의 유대인들은 무엇 때문에 이 먼곳까지 이주해 왔을까? 서기전 586년 예루살렘이 바빌로니아에 의해 함락된 후 포로로 끌려가던 예레미야는 극적으로 구출된 후 이집트로 피난 가게 되었다. 실제로 예레미야는 여생을 이집트에서 보내면서 예언 활동을 지속하였다. 서기전 539년 페르시아의 고레스에 의해 유대인 포로가 석방되고 예루살렘 성전이 재건되었다. 서기전 525년 페르시아의 황제 캄비세스가 이집트를 점령하면서 이곳의 유대인들에게도 희망이 생겼다. 비록 페르시아가 남쪽의 누비아로부터 이집트를 보호하기 위해서 엘레판틴의 요새에 유대인들을 용병으로 배치했지만 그 대가로 그들은 자율적인 공동체를 형성하고 신전을 건설할 정도의 종교적 자유도 누릴 수 있었다.

서기전 399년, 130년에 걸친 페르시아의 통치가 끝나고 이집트에는 새로운 왕조가 들어섰다. 페르시아 당국에 의해 정착된 엘레판틴의 유대인 용병 공동체도 더 이상 존재할 명분이 없어졌다. 파괴된 야후 신전과 함께 그들의 기억은 역사 속으로 사라졌다.

알렉산드리아 도서관

불타는 도서관 서기전 47년 알렉산드리아의 케사르를 추격하던 폼페이우스의 군대가 포위해 들어오자 빈 배에 불을 붙여 이를 저지하려는 과정에서 창고에 보관중이던 도서관의 책들이 불에 탔다. 클레오파트라가 케사르에게 선물로 준 5만 권이었다. 서기 391년에는 알렉산드리아 감독인 테오필루스가 이방제의를 처단하려는 목적으로 세라페이온에 불을 질렀다. 이 신전은 5만 권의 책을 소장

카잇트 베이 Kait Bey **요새** 고대 세계의 7대 불가사의 중의 하나인 알렉산드리아의 파로스 등대는 서기전 280년경 프톨레마이오스 1세에 의해 세계 최초의 등대로 건설되었다. 로마의 역사가 플리니우스Plinius에 의하면 등대 건설 비용은 모두 은 20톤(시가 약 60억 원)이며, 최대 높이 180미터로서 50킬로미터 떨어진 해상에서도 등대의 불빛이 보이는 정도였다고 한다. 파로스 등대는 각각 사각형, 팔각형, 그리고 원통형의 세 층의 탑으로 구성되었으며, 등대의 꼭대기에는 제우스상이 세워져 있었다. 로마 시대와 비잔틴 시대에 계속해서 운용되었던 파로스 등대는 서기 956년과 1303년 두 차례의 대지진으로 완전히 파괴되었고, 그 자리에는 15세기의 술탄 카잇트 베이가 축성한 요새가 자리잡고 있다.

한 일종의 공공 도서관이었다. 서기 642년 이집트를 정복한 무슬림 점령군은 당시 세계적인 학문의 보고였던 알렉산드리아 도서관의 수많은 서적들을 탈취하고 건물에는 불을 질렀다. 천 년 동안 이어져 내려오던 알렉산드리아의 학문적 전통이 하루아침에 무너지는 순간이었다.

황제의 도시 알렉산드리아 고대 메소포타미아와 이집트, 그리고 그리스 문명을 총체적으로 담고 있었던 세계 최대 규모의 도서관은 이집트의 지중해변에 자리잡은 항구 도시 알렉산드리아에 설립되었다. 서기전 332년 마케도니아의 알렉산드로스는 이집트를 점령하였다. 스스로 이집트 최고의 신 아문의 아들임을 신탁받고자 리비아 사막에 위치한 시와 오아시스로 가기 위해 그는 지중해 바닷가의 조그만 어촌 라코티스를 방문하였다. 서기전 323년 알렉산드로

그리스-로마 박물관 비록 이집트 땅에 건설된 도시이지만 지중해 건너 그리스-로마식 유물을 간직하고 있는 알렉산드리아의 대표적인 박물관이다.

오른쪽 위 **폼페이우스 기둥** 폼페이우스 기둥은 서기전 3세기에 건설된 알렉산드리아의 세라페움 자리에 서 있다. 폼페이우스의 기둥은 중세에 붙여진 이름이며, 실제로는 서기 300년경 디오클레티아누스 황제를 기념하여 세운 기둥이다. 당시 로마 황제는 8개월이나 지속된 알렉산드리아의 폭동을 진압하고 기근으로부터 시민들을 구했다는 것이다. 아스완의 붉은 화강암으로 만든 이 기둥의 높이는 29미터에 달한다.

스가 죽은 후 그의 부하였던 프톨레마이오스는 이곳에 대규모 메트로폴리스를 건설했고 바빌론에서 죽은 알렉산드로스의 시신을 미라로 만들어 그곳에 안치하였다.

알렉산드리아 도서관 프톨레마이오스 1세는 자기 아들의 교육을 위해 대학자 스트라토를 아테네로부터 초빙하였다. 그는 조직적인 교육을 위해 서기전 306년 무세이온을 설립했고 이것이 알렉산드리아 대학과 도서관의 기원이 된다. 서기전 300년경 아테네의 데메트리오스가 초대 도서관장으로 임명되면서 도서관이 단순히 책을 보관하는 곳뿐만 아니라 지속적으로 학문을 연구하는 대학으로 발전되었다. 프톨레마이오스는 '지구상의 모든 민족들의 책' 을 수집하여 보관할 것을 지시하였다. 도서관의 사서들은 아테네와 페르가몬 등에 파견되어 책을 사들이거나 베꼈다. 심지어 알렉산드리아 항구에 들어오는 모든 배를 수색하여 책들을 압수한 다음 출항시 돌려 주었는데, 이 기간 동안 필사하거나 필사본과 바꿔치기하는 수법으로 책들을 수집하였다.

기존의 아테네나 페르가몬의 도서관과 경쟁하기 위해 기발한 방법을 쓰기도 하였다. 당시 모든 책은 이집트산 파피루스로 제작되는데, 알렉산드리아 당국은 파피루스 수출을 금지했고 이를 계기로 페르가몬 등의 도시에서는 양가죽을 얇게 가공하여 책을 만드는 새로운 방법을 고안하였다. 이러한 끊임없는 수집 노력 덕택에 알렉산드리아 도서관은 장서가 50만 권이나 되는 고대 세계 최대의 규모로 발전했고, 서기 1세기에는 무려 백만 권에 달했다고 한다.

피나케스: 세계 최초의 도서분류표 '서판' 이라는 뜻의 피나케스는 '모든 그리스 문화의 유명한 작품들의 서판' 의 줄임말로서 알렉산드리아 도서관에서 고안된 역사상 최초의 체계적인 도서분류표이다. 모두 120개의 두루마리로 구성된 피나케스는 아마도 장르별로 책들이 보관된 장소에 걸어놓았던 팻말에서부터 유래된 것으로 보인다. 피나케스에는 특정한 책에 대한 참고 정보가 기록되어 있는데 제목과 저자 이름, 출생지, 저자의 부친과 스승, 교육 장소와 교육의 성격, 저자에 관한 간단한 전기, 작품의 첫 줄, 작품의 내용 요약, 책의 구입 장소 및 경위, 전체 내용의 분량 등이 포함되어 있다.

알렉산드리아의 학풍은 천 년의 기간 동안 시대별로 다섯 단계를 거쳤다. 초기의 학문적 주류는 아리스토텔레스의 영향을 받아 자연과학을 장려하였다. 이 시대의 대표적인 학자들은 유클리드와 에라토스테네스였다. 서기전 150년 이후로는 플라톤적인 철학이 중심 역할을 하면서 형이상학과 종교학이 발달하였다. 서기 1세기에는 필로를 중심으로 하는 유대교학파의 전성기였고 이어서 서기 150년 이후는 클레멘트와 오리게네스 같은 기독교 교부 철학자들이 활동하였다. 서기 350년 이후부터는 소위 '알렉산드리아 학파'라 불리는 독특한 철학이 발전되었다.

파로스 등대 알렉산드리아에는 진리의 등불인 도서관 외에도 고대 세계의 7대 불가사의 중의 하나인 파로스 등대가 있었다. 서기전 280년경 건설된 이 등대의 총 비용은 모두 은 20톤(시가 약 60억원)이며, 최대 높이 180미터로서 50킬로미터 떨어진 해상에서도 등대의 불빛이 보이는 정도였다고 한다. 파로스 등대는 각각 사각형, 팔각형, 그리고 원통형의 세 층의 탑으로 구성되었으며, 등대의 꼭대기에는 제우스상이 세워져 있었다. 등대의 불빛은 지하에 위치한 연소실의 불빛을 탑 꼭대기에 설치한 거대한 청동제 반사경을 이용하여 사방으로 비춰게 했고, 낮에는 연기를 뿜어내거나 햇빛을 반사시키기도 하였다.

칠십인역 서기전 280년경 이집트 제국의 황제인 프톨레마이오스 2세는 알렉산드리아 도서관장에게 유대인들의 경전을 수집하라는 명령을 내렸다. 이 도시의 유대인 지도자였던 아리스테아스는 그 대가로 이집트에 구금되어 있는 10만 명의 유대인 포로를 석방해 줄 것을 요구하였다. 각 지파별로 6명씩 모두 72명의 학자들이 예루살렘으로부터 알렉산드리아에 파견되어 72일에 걸쳐 히브리어 구약성서를 그리스어로 번역하였다. 번역자의 숫자를 따라 '칠십인역'이라 불리는 그리스어 구약성서는 예수와 제자들이 즐겨 읽었던 성서였으며 복음서 기자들도 구약의 본문을 인용할 때마다 『칠십인역』을 참고하였다.

1099년 7월 팔레스타인을 점령하여 예루살렘 왕국을 건설한 십자군들은 야만인들로 알려진 아랍인들의 발달된 학문 수준에 놀랐다. 특히 천문학과 기하학 분야에서는 도저히 상상할 수 없을 정도로 그들을 압도하였다. 이 모든 것이 알렉산드리아 도서관에서 탈취했던 그리스어와 라틴어 책들을 아랍어로 번역하여 계속 연구했던 결과였다. 고향으로 돌아간 십자군들에 의해 다시 전파된 신학문의 영향으로 유럽에서는 대학이 생겨나고 나아가 르네상스를 일으키는 원동력이 되었다. 서기전 306년에 최초로 설립된 알렉산드리아 도서관의 전통이 오늘날까지 이어진 것이다. 1988년 이집트 대통령은 현대 감각의, 새로운 알렉산드리아 도서관 기공식의 테이프를 끊었다. 유네스코가 중심이 되어 2천억 원의 예산이 배정되었고, 8백만 권을 목표로 옛 도서관의 영화를 부활시키려는 것이다.

성전 두루마리는 여섯 번째 토라인가?

다윗의 성전 설계도 출애굽 이후 광야를 유랑하던 이스라엘 민족의 가장 큰 소원은 야훼를 모신 성전을 건설하는 것이었다. 하지만 유목민들은 임시 이동 성소인 성막에 만족해야만 하였다. 나중에 예루살렘을 점령한 다윗은 그 아들 솔로몬에게 성전의 설계도를 넘겨주면서 다음과 같은 말을 덧붙였다. "이 모든 것은 야훼의 손으로 기록된 것으로서 (그가) 나에게 건축 양식의 공사들을 가르쳐준 것이다 역대기상 28:19." 대부분의 구약 학자들은 역대기의 편집은 비슷한

쿰란Qumran 사해변에 위치한 쿰란 유적지는 서기전 130년경부터 엣세네파 유대인들의 공동체 본거지로 개발되었다. 근처의 골짜기에 댐을 막아 겨울철 우기의 물을 확보하고 여름철 건기에는 사해 변의 아인 페쇼카 오아시스를 활용하였다. 1956년 이곳을 발굴했을 때 안식일 공동체 만찬을 위한 식당과 구약성서를 비롯한 문서들을 베끼는 필사실 등을 발견하였다.

내용의 열왕기보다 시대적으로 늦기 때문에 역왕기상 6장의 성전 설계도가 역대기의 다윗에게 반영된 것이라고 주장해 왔다. 하지만 성전 두루마리를 통해서 성전에 관한 설계도가 이미 율법서의 형태로 보전된 사실이 밝혀지면서 새로운 해석이 요구되고 있다.

사무엘의 왕 규범집 외적의 침입에 시달렸던 이스라엘 민족이 왕을 구했을 때 예언자 사무엘은 사울을 제비뽑아 왕으로 세우면서 왕이 지킬 임무와 경영에 관한 제반 규정들을 책으로 기록하였다 사무엘상 10:25. 이러한 전통은 이미 광야 시대부터 비롯된 것으로서 이스라엘의 왕이 되는 사람은 규정들을 책으로 기록하여 지킬 의무가 있다는 것이다 신명기 17:18~19. 과연 이스라엘 왕이 지켜야 할 규범집은 어떤 책인가? 새로 발견된 성전 두루마리에 왕의 의무 규정들이 상세하게 나타나기 때문에 두루마리의 해석자들은 이스라엘의 왕 규

범집이 별도로 보전된 것이라고 주장한다.

성전 두루마리의 존재는 이미 서기 11세기에 기록된 사무엘서의 주석서인 『미드라쉬 사무엘』을 통해 밝혀진 바 있다. 이 주석서에 의하면 야훼가 성전 두루마리를 모세에게 전해주었고, 이것이 나중에 다윗을 통해 솔로몬에게 전달되었다는 것이다.

모두 66개의 단으로 이루어진 두루마리의 전체 길이는 8.1미터로서 당시까지 발견된 것 중 가장 긴 이사야서 두루마리보다 1.5미터나 더 길다. 두루마리의 가죽의 두께는 0.1밀리미터 정도로 지금까지 발견된 사해 사본의 두루마리 중에서 가장 얇은 것이었다. 글씨체로 미루어 성전 두루마리 자체는 서기 1세기 초에 기록된 것으로 추정되지만 좀더 오래된 다른 조각들을 통해서 이 율법서는 원래 서기전 150년경 처음으로 기록된 것으로 보인다. 성전 두루마리를 입수하고 내용을 해석했던 고고학자 야딘은 엣세네파의 '의로운 교사'가 기록한 것이며, 이 공동체의 대표적인 율법서로 인정된 문서라고 주장하였다.

하지만 독일 괴팅겐 대학의 슈테그만 교수는 야딘과는 달리 이 두루마리는 엣세네파와 상관없는 율법들의 모음집이며, 서기전 5세기 에스라에 의해 오경이 편집될 때 제외되었던 부분들이라고 주장하였다. 그의 이러한 주장은 성전 두루마리의 문체가 다른 여러 점의 엣세네 문서들과 다른 점에 착안한 것이다. 또한 그는 성전 두루마리를 기록한 사람들은 오경과 마찬가지로 이 문서가 같은 권위를 갖길 바라는 목적에서 기록하고 편집하였다고 주장한다.

쿰란 제11동굴 사해 변의 쿰란 근처에서 고대 문헌들이 발견된 11개의 동굴들 중에서 가장 늦게 발견된 동굴이다. 1956년 이곳에서 베두인들은 성전 두루마리를 비롯한 여러 점의 사해 사본들을 발견하였다.

성전 두루마리는 여섯 번째 토라인가? 토라는 유대교에서는 절대적인

성전 두루마리의 '왕의 규범집' 두루마리의 제56~59단에는 이스라엘의 왕이 지켜야 할 규범들이 자세하게 나타난다. 이 부분은 사울을 왕으로 세우면서 사무엘이 기록하였다는 왕의 규범집 사무엘상 10:25을 연상시킨다.

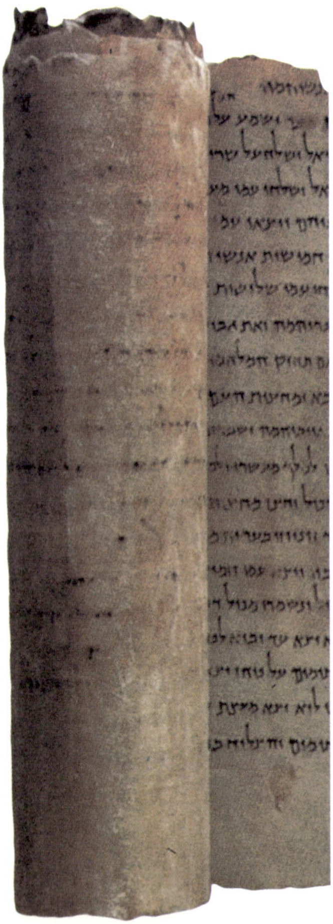

권위를 지닌다. 유대인들은 기독교와는 달리 구약성서만을 경전으로 인정하는 동시에 모두 세 부분, 즉 토라, 예언서, 성문서로 나누어 차등을 두고 있다. 그들의 관점에서 일점 일획도 변경될 수 없는 야훼의 명령은 오직 오경에만 해당되고, 예언서나 성문서는 어느 정도 후대의 해석이 가감될 수 있다는 융통성을 보여준다는 것이다. 따라서 매주 토요일 아침 회당에서 진행되는 안식일 예배에서 가장 중요한 순서는 오경을 읽는 것이며 그 다음으로 예언서를 읽고 해설하는 순서를 갖는다. 오경에는 모두 613가지의 율법이 있다고 한다. 이중에서 한해의 날수와 같은 365개는 무엇을 시행하라는 긍정적인 명령이고 나머지 248개는 하지 말라는 부정적인 명령이다. 과연 성전 두루마리가 구약성서의 오경에 필적하는 여섯 번째 토라인가, 아니면 단순히 쿰란 공동체의 주인공들인 엣세네 파가 자체적으로 기록한 율법서인가? 이에 대한 정확한 해답은 오경의 최종 편집 연대와 밀접한 관계가 있다.

새로운 성전 설계도 성전 두루마리의 내용 중 절반은 새로운 성전에 대한 자세한 설계도를 포함하고 있다. 이 밖에도 이스라엘 왕들의 임무와 권리를 다루는 부분과 우상 숭배와 제의에 관한 내용도 나타난다. 가장 기본적인 성전의 개념은 성전을 중심으로 모두 세 개의 정방형의 구역으로 이루어진다는 점이다. 가장 안쪽의 구역에 성전이 자리잡고 있으며 이곳에는 사방으로 모두 네 개의 성문이 있다. 중간 구역과 바깥 구역에는 한 변에 세 개씩 모두 두 개의 성문이 있는 것으로 나타난다. 성전 자체는 길이가 42미터에 폭이 21미터로서 솔로몬의 것보다 무려 네 배나 큰 규모로 나타난다.

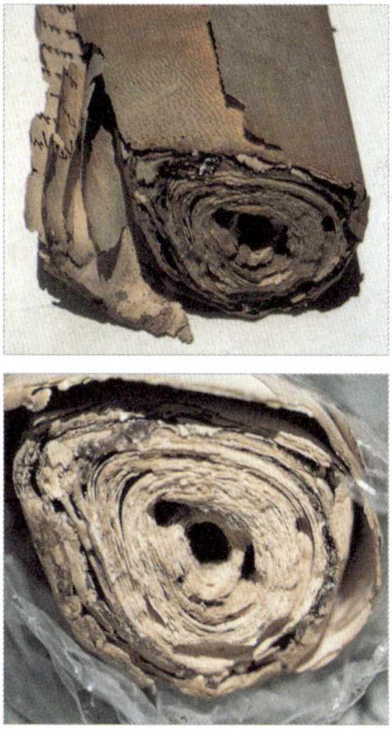

1967년 발견 당시의 성전 두루마리
1967년 '6일 전쟁' 중에 이스라엘 군인들에 의해 베들레헴의 골동품 상인의 집에서 발견된 성전 두루마리는 길이가 8.1미터로서 가장 긴 두루마리이다. 내용 중 절반에 걸쳐 성전의 자세한 설계도가 나오기 때문에 성전 두루마리로 불린다.

전쟁중에 입수된 성전 두루마리 성전 두루마리의 구입 과정은 1960년으로 거슬러 올라간다. 그 해 8월 1일 야딘은 미국의 버지니아 주에 살고 있는 한 목회자로부터 요르단 상인이 갖고 있는 사해 사본을 중계하고 싶다는 편지를 받았다. 두루마리의 값은 무려 1백만 불에 달하였다. 1961년 11월 미국으로 건너간 야딘은 이 사람을 만나 13만 불에 합의하고 1만 불을 선금으로 지불했지만 도중에 가격이 20만 불로 올라갔다. 그나마 1962년 5월 편지를 마지막으로 연락이 끊겨버렸다. 선금까지 지불했던 야딘은 이스라엘의 국보가 타인의 손에 넘어가는 줄로 여기고 모든 것을 포기해야만 하였다.

하지만 성전 두루마리는 우연한 기회에 이스라엘의 수중에 들어오게 된다. 1967년 6월 7일, 전쟁 발발 3일 만에 이스라엘 군대는 동예루살렘과 베들레헴을 점령하였다. 다음날 야딘은 수상으로 하여금 이 두루마리의 가치를 부각시켰고, 이 보물이 보관된 곳으로 알려진 동예루살렘의 골동품 상점으로 정보 장교를 파견하였다. 갑자기 들이닥친 이스라엘의 무장 군인들 앞에서 골동품 상인은 순순히 시키는 대로 할 수밖에 없었다. 그는 베들레헴에 있는 자신의 집 바닥 밑에 파묻어놓았던 구두 상자 속의 두루마리를 건네주었다. 이미 습기로 인해 두루마리의 윗부분은 심하게 훼손된 후였다. 그날 밤 야딘은 처음으로 성전 두루마리를 접할 수 있었다. 2천 년도 넘게 신비에 쌓였던 성전 두루마리가 빛을 보는 순간이었다. 나중에 이스라엘 정부는 골동품 상인에게 보상금으로 10만 5천 불을 지불해주었다. 당시로서 매우 큰 액수의 이 대가는 두루마리를 갖고 있는 다른 골동품 상인들을 유혹하기 위한 본보기였다.

티셴도르프와 시내 사본

1844년 5월 어느 날 독일의 한 성서학자는 시내 산의 성 카타린 수도원 구내 도서관에서 큰 바구니에 담긴 양피지 뭉치에 관심을 갖고 있었다. 그곳의 한 수도사는 이 뭉치 중 일부가 이미 불쏘시개로 아궁이에 던져졌노라고 말하기도 했다. 언뜻 보기에도 그리스어 대문자로 구약의 예언서들을 기록했음을 알 수 있었다. 그는 구약성서의 내용을 담고 있는 모두 129쪽의 양피지들을 하나씩 골라서 수도원측에 건네주었고 그들로부터 43쪽을 선물받았다. 1,500년 동안 잊혀졌던 세계 최고의 그리스어 성서가 빛을 보는 순간이었다.

이 역사적인 위업의 주인공은 복음서의 진실성을 의심하는 자유주의 신학자들에 대항하여 가장 오래된 신약성서를 찾고자 했던 29세의 티셴도르프였다. 1815년 독일의 렝겐펠트에서 태어난 그는 라이프찌히 대학에서 신약학 전공으로 박사학위를 받은 다음 1840년에 이미 자신의 독자적인 그리스어 신약성서를 출판할 만큼 이 분야의 전문가로 성장하였다. 당시 유럽의 강대국들은 기독교 국가답게 정통성 있는 최고의 성서들을 보유하고 있었다. 영국의 알렉산드리아 사본, 프랑스의 에프라임 사본, 그리고 이탈리아의 바티칸 사본들인데, 아직 이렇다 할 만한 고대 성서를 갖지 못한 독일은 티셴도르프의 시내 사본을 국가적 영광으로 받아들였다.

티셴도르프는 1846년 삭소니 지방의 왕을 기념하여 『프레드릭 아우구스투스 사본』이라는 제목으로 자신이 입수한 43쪽을 출판하였다. 1852년 말 그는 두 번째로 성 카타린 수도원을 방문하여 나머지 부분을 찾으려 했으나 이미 중요성을 알아챈 수도사들의 반대에 부딪혀 빈손으로 그곳을 떠날 수밖에 없었다. 하지만 그는 여기서

성 카타린 수도원의 도서관 이 도서관은 모두 8천 점에 달하는 희귀한 성서와 문서들로 가득 차 있다. 시내 사본이 빠져나간 후 오늘날 이곳에서 가장 소중한 책은 1891년에 캠브리지 대학의 정밀한 사진 판독으로 발견된 서기 5세기에 기록된 시리아어 성서 Codex Syriacus이다.

오른쪽 위 **시내 사본 Codex Sinaiticus** 서기 350년경 기록된 시내 사본의 한 양피지에는 요한복음서 1:38~2:17의 내용이 당시의 특징적인 대문자 그리스어로 기록되어 있다. 두세 줄 만에 한 번씩 펜에 잉크를 채웠기 때문에 진한 글자들이 반복적으로 나타난다. 시내 산 지역의 건조한 기후 덕분에 1,600년 이상이 지났음에도 불구하고 완벽하게 보존되었다. 가로 세로가 38~40센티미터 크기의 양피지는 한 마리의 양에서 겨우 두 장만 얻을 수 있다. 런던 대영박물관 소장

좌절하지 않고 1859년 1월 러시아 황제의 후원으로 세 번째이자 마지막으로 수도원을 방문하였다. 어렵게 사귄 한 수도사가 자신의 방에서 붉은 천으로 싸서 보관했던 347쪽에 달하는 성서를 보여주었다. 필체로 보아 이미 입수한 43쪽과 같은 것임을 금방 알아볼 수 있었다. 이 사본은 그토록 찾길 원했던 신약 전체와 구약의 일부를 담고 있었다. 흥분을 가라앉힌 그는 어떻게 하면 이 엄청난 보물을 수도원 담장 밖으로 빼돌릴 수 있을지를 고민하기 시작하였다.

마침 수도원장이 카이로에 있었기 때문에 그는 그곳의 부속 수

성 카타린 수도원 서기 330년 헬레나 황후는 시내 산 중턱 1,500미터 지점 샘이 흐르는 골짜기에 성모 마리아 기념교회와 모세의 불붙는 가시덤불을 보호하는 망대를 건설하였다. 서기 548~565년 사이에 유스티니아누스 황제는 성벽을 건설하고 수도원을 확장하였다. 서기 726년부터 시작된 성상 파괴 운동의 영향을 받지 않았기 때문에 수도원 구내에는 희귀한 고대의 성화들이 수백 점 남아 있다.

도원으로 가서 허락을 받기로 하였다. 수도원장은 카이로에서 내용을 베끼는 것만 허락했고, 그는 한 번에 8쪽씩만 건네받아서 두 달 동안 347쪽 모두를 베끼는 데 성공하였다. 이제 남은 일은 수도원측이 러시아 황제에게 증정하도록 일을 꾸미는 것이었다. 하지만 아무리 외교력을 동원해도 수도원측은 기증 의사를 밝히지 않았다.

할 수 없이 티셴도르프는 양피지에 전문적으로 필사본을 복제하기 위해 잠깐 동안만 러시아로 빌려주도록 요청했고 외교 문서가 오간 끝에 정식으로 임대가 성사되었다. 1859년 11월 시내 사본은 러시아 황제에게 증정되었다. 러시아는 돌려주기로 한 약속을 어겼고 이를 무마시키기 위해 수도원측에 9천 루블을 지불했지만 이후 서양 학자들은 더 이상 수도원에서 호의적인 대접을 받을 수 없었다. 나중에 밝혀진 일이지만 아궁이에 던져질 운명의 고대 성서를 구하였다는 티센도르프의 진술도 거짓임이 밝혀졌다. 왜냐하면 누가 보더라도 잘 보존된 양피지에 또렷하게 기록된 그리스어 성서를 그리스 정교회 수도사들이 불쏘시개로 태울 리가 없었기 때문이다.

시내 사본의 기록 연대는 복음서 부분의 여백에 기록된 예수의 생애와 관련된 일련의 숫자 표시로 알 수 있는데, 이것은 유세비우스가 처음으로 고안한 것이므로 그의 사망 연도인 서기 340년경으로 추정된다. 기독교를 국교로 선포한 로마 제국의 콘스탄티누스 황제는 서기 331년 가이사랴의 성서학자인 유세비우스로 하여금 그리스어 성서를 50권 제작하여 제국 내의 중요한 교회에 배포하도록 명령하였다. 이중의 하나가 가이사랴에 보관되어 있다가, 서기 638년 페르시아가 팔레스타인을 점령했을 때 그들의 박해를 피해 빠져나온 한 피난민에 의해 성 카타린 수도원까지 오게 된 것으로 추정된다.

시내 사본의 내용상의 가장 중요한 신학적 논쟁은 마가복음서의 끝부분에 예수의 부활 기사16:9~20가 없다는 점이다. 당시의 모든 신약 학자들이 마태복음서를 가장 초기에 기록된 문서로 여겼기 때문에 티센도르프는 자연스럽게 필사자의 실수라고 해석하였다. 하지만 이 문제는 마가복음서가 최초의 기록이라는 사실이 밝혀진 19세기 말부터 복음서 논쟁의 뜨거운 쟁점으로 떠올랐다.

한편 공산화된 러시아는 자금 부족으로 1933년 시내 사본을 영국에 10만 파운드를 받고 팔아넘겼다. 1975년 5월 성 카타린 수도원 구내의 한 방에서 불이 났다. 불을 끄고 내부를 샅샅이 정리하는 과정에서 47상자분에 달하는 고대 문헌들이 발견되었고, 이중에는 10여 장이 넘는 시내 사본의 일부가 포함된 것으로 밝혀졌다.

찾아보기

ㅁ

ㅂ

ㅈ

ㅊ

ㅋ

ㅌ

김성 교수의
성서고고학 이야기

1판 1쇄 펴낸 날 • 2010년 6월 30일

지은이 • 김성
펴낸이 • 채주희
펴낸곳 • 엘맨
주 소 • 서울특별시 마포구 신수동 448-6
전 화 • 02) 323-4060, 322-4477
팩 스 • 02) 323-6416, 080-088-7004
메 일 • elmanl1985@hanmail.net

ISBN 89-5515-395-0 (93230)
값 30,000원